中国轻工业“十四五”规划教材
高等院校电子商务类专业系列教材

跨境电商实训教程

赵彦龙　李　爽　主编

中国轻工业出版社

图书在版编目（CIP）数据

跨境电商实训教程 / 赵彦龙，李爽主编. --北京：中国轻工业出版社，2025. 3. -- ISBN 978-7-5184-5336-8

Ⅰ. F713. 365. 1

中国国家版本馆 CIP 数据核字第 2025ED7693 号

责任编辑：李寅寅

策划编辑：崔丽娜　　　责任终审：许春英　　　　封面设计：锋尚设计

版式设计：砚祥志远　　责任校对：刘小透　晋　洁　　责任监印：张　可

出版发行：中国轻工业出版社（北京鲁谷东街 5 号，邮编：100040）

印　　刷：三河市国英印务有限公司

经　　销：各地新华书店

版　　次：2025 年 3 月第 1 版第 1 次印刷

开　　本：787×1092　1/16　印张：14

字　　数：330 千字

书　　号：ISBN 978-7-5184-5336-8　定价：49. 80 元

邮购电话：010-85119873

发行电话：010-85119832　010-85119912

网　　址：http://www. chlip. com. cn

Email：club@ chlip. com. cn

221588J1X101ZBW

PREFACE 前言

党的二十大报告指出："加快发展数字经济，促进数字经济和实体经济深度融合，打造具有国际竞争力的数字产业集群。""推动货物贸易优化升级，创新服务贸易发展机制，发展数字贸易，加快建设贸易强国。"这表明国家层面对于促进包括跨境电商在内的新型贸易方式的发展持积极态度，旨在推动构建更高水平的开放型经济新体制。跨境电商是数字经济发展的重要组成部分，作为连接国内外市场的重要桥梁，有望在这一战略中发挥更大作用，从而帮助中国企业更好地融入全球经济体系。为了适应这一趋势，培养具备跨境电商知识和技能的优秀人才显得尤为重要。为此，我们编写了这本跨境电商实训教材，旨在帮助学生深入理解跨境电商的运作机制和实务操作，掌握跨境电商的核心知识和技能。

本教材注重实用性和可操作性，在系统介绍相关理论知识的基础上，通过丰富的案例和实践操作，帮助学生了解跨境电商的各个方面。我们详细阐述了跨境电商基本理论、跨境电商政策法规与监管制度、跨境电商选品与产品定价、跨境电商账号注册与产品发布、跨境电商物流、跨境电商网络营销与推广、跨境电商支付与结算、跨境电商订单处理与客户服务、跨境电商产品页面优化等内容，旨在帮助学生掌握跨境电商的基本流程和操作方法。

本教材是哈尔滨学院与黑龙江信息港云科技有限公司校企合作教材立项项目，是黑龙江省高等教育教学改革研究项目（新文科背景下电子商务课程混合式智慧教学模式研究，项目编号：SJGY20220494）、哈尔滨学院首批"专创融合"示范课程建设项目（课程名称：电子商务；课程编号：2023ZC010）的研究成果。

本教材主要特色如下：

1. 项目任务式设计：本教材以实际工作任务为核心，将跨境电子商务的各个环节分解为具体的项目，每个项目都围绕一个实际任务展开。学生通过完成这些任务，能够逐步掌握跨境电商的运营流程和关键技能。

2. 模拟公司运营：本教材模拟了一家真实的跨境电商公司，学生将扮演公司中的不同角色（如运营经理、客服、物流专员等），通过团队合作完成从产品上架到订单处理的整个流程。这种沉浸式的学习方式，帮助学生更好地理解实际工作中的职责与挑战。

3. 理论与实践结合：本教材的每个项目不仅包含详细的理论讲解，还设计了丰富的实操环节。学生可以在模拟环境中进行实际操作，如产品选品、市场分析、平台运营、跨境支付等，真正做到"学中做，做中学"。

4. 真实案例与数据：本教材融入了大量真实的跨境电商案例和数据，帮助学生了解行业动态和市场趋势。通过这些案例，学生能够更好地理解理论知识在实际中的应用，并培养解决实际问题的能力。

5. 国际化视野：本教材注重培养学生的国际化视野，不仅介绍了不同国家和地区的市场特点，还涵盖了跨文化沟通、国际物流、关税政策等内容，帮助学生全面了解跨境电商的全球运作环境。

6. 专创融合设计：本教材特别注重创新创业能力的培养，鼓励学生结合所学知识提出创新的商业模式或运营策略。例如，在"跨境电商选品"任务中，学生需要结合市场趋势和消费者需求，设计出具有竞争力的新产品方案，通过这种方式，培养学生的创新思维和创业能力。

7. 课程思政融入：本教材将课程思政元素自然融入各个项目中，注重培养学生的社会责任感和职业道德。例如，在“跨境电商选品”任务中，强调诚信经营、尊重知识产权和合规操作的重要性，帮助学生树立正确的商业伦理观念。

8. 配套资源丰富：本教材配有丰富的教学资源，包括教学课件、课程思政教学设计、配套习题等，方便学生课后巩固和实践。教师也可以通过配套的课程思政设计和教学课件，灵活安排教学进度。

9. 注重职业素养培养：除了技能训练，本教材还特别强调职业素养的培养，如团队协作、时间管理、客户服务意识等，帮助学生在未来的职场中更具竞争力。

本教材由赵彦龙与李爽共同编写，具体分工如下：项目一、项目二、项目四、项目六、项目八由赵彦龙编写；项目三、项目五、项目七、项目九、附录由李爽编写，赵彦龙负责全书总体设计并统稿。我们相信，通过本教材的学习，学生能够更好地适应跨境电商行业的发展需求，掌握跨境电商的核心技能，成为具备创新思维和实践能力的跨境电商人才。

另外，我们要感谢所有为本教材编写付出辛勤努力的行业专家，教材编写过程中得到了黑龙江信息港云科技有限公司及其跨境电商团队赵宇欣、王涛等几位专家老师的大力支持，感谢他们对跨境电商教育事业的支持和贡献。

在本教材的编写过程中，我们借鉴了国内外同行大量的文章和资料，在此向各位学者表示由衷的敬意和感谢！由于电子商务不断发展和作者水平有限，疏漏之处在所难免，因此，希望广大读者在认真阅读本教材、从中汲取知识和经验的同时，提出宝贵的修改意见和建议，让我们共同推动跨境电商行业的发展。

编者

CONTENTS # 目录

实训动员

本实训教程是以哈尔滨 AAA 有限公司（以下简称“AAA 有限公司”）为原型案例，模拟该公司业务数字化升级转型跨境电商的实施与运营过程。

一、企业简介

1. 企业基本信息

AAA 有限公司是一家集产品研发、生产、销售为一体的综合型企业，主要生产各种户外服饰、鞋帽、箱包等，产品种类主要包括各式男女户外服饰、学生书包、运动包、商务包、旅行行李箱等。随着电子商务的普及，为适应市场的需求，公司在经过调研后决定由传统的外贸企业运营模式向现代化跨境电商企业转型升级，商业模式主要为通过批发、零售、个性化定制的方式将产品和品牌向全球推广。

2. 企业组织结构及岗位分工

AAA 有限公司董事会下设总经理办公室、财务部、跨境电子商务部、国际贸易部、物流供应部、售后服务部、网络营销推广部，现行岗位分工及工作职责如表 1 所示。

表 1　AAA 有限公司现行岗位分工及工作职责

部门	职务	主要工作职责
总经理办公室	总经理	负责公司整体运营管理
财务部	财务主管	财务管理与报表分析
跨境电子商务部	主管	跨境电商运营
国际贸易部	主管	国际贸易规则与谈判
物流供应部	主管	物流方案设计与运营管理
售后服务部	主管	订单售后处理
网络营销推广部	主管	跨境电商平台网络营销与推广

3. 企业跨境电商运营的四要素

（1）跨境电商平台的选择。

（2）产品出口的目标市场。

（3）跨境电商的物流方案。

（4）跨境电商的支付方案。

二、实训说明

1. 跨境电商平台

本教材所选用的实训平台包括亚马逊、敦煌网和企业独立站等跨境电商平台。

2. 实训业务说明

为了完整体验 AAA 有限公司跨境电商实施的全过程，本教材选用了 AAA 有限公司 2023 年某月的相关业务作为实训案例资料。每位学生可以按照每个项目中实训任务的具体要求模拟不同的岗位角色完成全流程的业务处理。

项目一 跨境电商基本理论

知识目标

1. 了解跨境电商的定义与内涵。
2. 熟悉跨境电商的模式、特征与分类。
3. 认知跨境电商的主流平台及发展趋势。
4. 熟悉跨境电商的交易流程。
5. 掌握跨境电商人才需求的特征。

能力塑造

1. 熟练使用网络工具进行自主学习。
2. 通过网络搜集资料解读行业发展趋势。
3. 场景化描述跨境电商的交易流程。
4. 根据人才需求特征制定职业发展规划。

素质培养

1. 具备严谨、规范、主动学习的工作作风。
2. 具备踏实、严谨的劳动精神。
3. 具备岗位分工的责任意识。
4. 具备迎合社会科技进步的创新精神和创新意识。

商务情景导入

随着互联网与电子商务的快速发展，当前外贸市场大采购商数量逐渐减少，出口贸易呈现出碎片化趋势，多品种、小批量、高频次的订单日益增多。与此同时，跨境电商在全球范围内快速发展。跨境电商通过优选供应链、压缩贸易环节，节约了交易成本，提高了企业的运营效率，创造了更大的利润空间，为提高经济竞争力、培育发展新动能、引领消费新趋势、增加就业岗位等提供了巨大机遇。

AAA 有限公司为适应经济全球化市场发展的需求，公司在经过调研后决定由传统的外贸企业运营模式向现代化跨境电商企业转型升级。因此，公司董事会决定由跨境电子商务部与国际贸易部牵头，从各部门抽调骨干成员组成跨境电商运营团队，学习跨境电商基本理论知识，对市场进行调研，研究跨境电商的现状及发展趋势，了解主流电商平台的优势、品牌与运营特点，并对跨境电商行业人才的需求进行分析，形成本公司跨境电商运营可行性报告。

实训一 初识跨境电商

任务描述

AAA有限公司要求跨境电商运营团队进行一次集中培训学习，通过线上线下混合的模式对跨境电商的基础知识进行学习研讨。

实训目标

通过学习研讨，掌握跨境电商的基本概念、分类及特征。

实训要求

学生分为若干小组，完成本实训涉及的跨境电商理论知识的集中学习；组内分工协作，访问代表性的跨境电商平台网站，了解不同平台的特点及规则，小组内进行交流讨论并形成总结报告。

实训成果

1. 形成知识学习提纲。
2. 撰写跨境电商平台分析报告，包括平台网址、类型、特点、规则等内容。
3. 列出团队待解决问题清单。

一、跨境电商的定义

随着数字经济、网络技术、电子支付、大数据、云计算、人工智能等新兴科技手段的普及和贸易全球化的发展，跨境电商已成为国际贸易中的重要分支、全球经济发展的新业态和全球国际贸易的新引擎。

跨境电商（cross-border e-commerce）是跨境电子商务的简称，是指分属不同关境（不同国家或地区）的交易主体，通过跨境电商平台下单，完成支付、结算而达成交易，并通过跨境电商物流或异地存储完成商品从仓库交付到消费者手中的一种国际性商务活动。

跨境电商源于电子商务，是电子商务的新模式和新业态，包括海淘、代购、跨境零售和跨境B2B（business to business，企业之间的业务合作模式）等模式。对于企业来说，跨境电商构建了开放、多维、立体的多边经贸互利模式，拓宽了企业进入国际市场的路径，极大地促进了多边资源的优化配置与企业之间的互利共赢；对于消费者来说，跨境电商也使他们能够非常容易地获取其他国家和地区的信息，并买到自己需要的商品。

跨境电商的主体主要分为三类：第一类是外贸企业，这类外贸企业在网络上自己搭建电子商务平台网站，并在这个平台上自营进出口贸易；第二类是利用第三方跨境电商平台开展进出口业务的企业，需要在平台注册为合法会员，并向平台支付相应的会员费、服务费、佣金等；第三类是建设、利用互联网交易平台为其他外贸企业提供服务并收取费用的专业互联网公司。

课堂讨论

跨境电商中的关境与国境是一回事吗？跨境电商的模式有哪些？

二、跨境电商的分类

跨境电商包含了较多元素，主要有进出口方向、平台运营方式、服务类型、海关监管方式等。按照这些元素的不同，跨境电商可以分为不同的类型。

（一）按进出口方向划分

按进出口方向的不同，跨境电商可分为进口跨境电商和出口跨境电商。

1. 进口跨境电商

进口跨境电商是指境外卖家将商品直销给境内买家，一般是境内买家访问境外卖家的购物网站（B2C 网站）选择商品，下单购买并完成支付，然后由境外卖家委托国际物流通过直邮或转运的方式将商品运送至境内交付给买家。其物流模式主要有境外直邮、保税备货、海外仓模式等。

我国进口跨境电商的主要代表平台有天猫国际、考拉海购、唯品国际、京东国际、顺丰海淘、洋马头等。

2. 出口跨境电商

出口跨境电商是指境内卖家通过电子商务平台将商品直销给境外买家，并完成支付结算，由境内卖家通过国际物流将商品发送给境外买家的交易活动。

在我国出口跨境电商行业，按交易主体的不同又将出口跨境电商分为出口 B2B 模式、出口 B2C（business to customer）模式。

（1）出口 B2B 模式。出口 B2B 模式的电子商务，即境内跨境电商企业与境外企业之间通过互联网等电子手段进行与出口贸易相关的商品、服务及信息交换的商务活动模式。一般是境内企业通过跨境电商平台为境外企业或集团客户提供商品、服务等。出口 B2B 模式的代表平台有敦煌网、阿里巴巴国际站、中国制造网、环球资源网等。

（2）出口 B2C 模式。出口 B2C 模式的电子商务，即境内跨境电商企业通过出口 B2C 跨境电商平台，直接面向境外消费者个人在线销售商品或服务的商务活动模式。出口 B2C 模式的代表平台有全球速卖通、兰亭集势、米兰网、大龙网等。

（二）按照平台运营方式划分

根据跨境电商平台运营方式的不同，跨境电商平台可分第三方平台和自营型平台两种。

1. 第三方平台

第三方平台通过在线搭建商城，整合支付、物流、运营等服务资源，吸引卖家进驻，并为其提供产品展示、营销推广、支付结算、物流配送等跨境电商交易服务，平台自身不进行商品的采购、仓储和运输，通过审核卖家资质来间接把控商品，监督卖家服务质量，并提供售后服务支持，以收取卖家佣金和增值服务收费为主要盈利模式。主要代表平台有全球速卖通、敦煌网、天猫国际、阿里巴巴国际站等。

2. 自营型平台

自营型平台通过在线上搭建平台，整合供应商资源，提前备货，以较低的价格采购商品，然后以较高的价格售出商品，主要以赚取商品进销差价为盈利模式。自营型跨境电商平台需要参与整个销售流程的动作，包括选品、选择供应商、物流与售后服务等多个环节。代表平台有兰亭集势、米兰网、大龙网、考拉海购等。

（三）按照服务类型划分

根据跨境电商平台提供服务的不同，跨境电商平台可分为信息服务平台和在线交易平台两种。

1. 信息服务平台

信息服务平台主要是为卖家提供在线展示、营销等功能的平台，通过展示采购商等卖家的商品或服务信息，快速匹配供求信息，推动交易达成。代表平台有阿里巴巴国际站、环球资源网、中国制造网等。

2. 在线交易平台

在线交易平台不仅提供企业、商品、服务等信息的展示，同时支持通过平台完成搜索、咨询、比较、下单、支付、物流、售后评价等全流程各环节。主要代表平台有敦煌网、全球速卖通等。

（四）按海关监管方式划分

根据海关监管方式的不同，跨境电商又分为一般跨境电商和保税跨境电商两种，二者在通关手续等方面有明显区别。

1. 一般跨境电商

一般跨境电商指的是卖家在接到订单后将一般进出口货物，主要是小额进出口货物运至海关，通过出入境申报清关，将商品通过国际物流配送至买家手中。

2. 保税跨境电商

保税跨境电商指的是跨境电商企业将境外商品批量送达境内海关监管场所——保税区。境内买家下单后，商品从保税区直接发货，在海关等监管部门的监管下快速通关，避免了国际运输线上的时间，商品可以在几天内配送到买家手中，对买家而言能够有较好的消费体验。“保税进口”模式主要借助了保税区特殊的监管政策优势，采取整批入区集中采购的方式，能够大幅降低商品采购成本和物流成本，并且进口通关全程接受严格监控，全流程信息阳光透明，能够更好地保证商品本身的质量以及买家的利益。

课堂讨论

有关跨境电商的分类和模式，你还知道哪些关键词？小组内相互分享并解释。

三、跨境电商的特征

跨境电商作为一种国际贸易新业态，是将传统国际贸易加以网络化、电子化，以电子技术和物流为主要手段，以商务为核心，把传统的销售、购物渠道移到网上，打破国家与地区之间的壁垒，呈现出全球化、多边化、数字化、小批量、即时性、无形性、匿名性、无纸化和快速演进的特征。

1. 全球化

网络是一个没有边界的媒介体，具有全球性和非中心化的特征。依附于网络发生的跨境电商也因此具有了全球性和非中心化的特性。电子商务与传统的交易方式相比，一个重要特点在于电子商务是一种无边界交易，丧失了传统交易所具有的地理因素。互联网用户不需要考虑跨越国界就可以把产品尤其是高附加值产品和服务提交到市场。无论用户来自哪里，只要具备了一定的条件，随时随地都可以让信息进入网络，相互洽谈完成交易。跨境电商加速了经济全球化的进程，让小微企业进入国际市场更加自由和容易。

2. 多边化

传统的国际（地区间）贸易主要表现为两国（地区）之间的双边贸易，即使是多边贸易，也是通过多个双边贸易实现的，呈线性结构；跨境电商则可以通过 A 国（地区）的交易平台、B 国（地区）的支付结算平台，C 国（地区）的物流平台，实现其他国家（地区）间的直接贸易。与贸易进程相关的信息流、商流、物流、资金流也由传统的双边逐步向多边演进，呈网状结构。跨境电商正在重构世界新秩序。

3. 数字化

传统的国际（地区）贸易主要是实物产品或服务交易。而在电子商务中，数字化的无形产品（软件、影音、游戏、信息服务等）却可以替代实物成为交易的对象。以书籍为例，传统的纸质书籍，其排版、印刷、销售和购买被看作是产品的生产、销售。然而在电子商务交易中，消费者只要购买网上的数据权便可以使用书中的知识和信息。

4. 小批量

跨境电商是单个企业之间或单个企业与单个消费者之间的交易，相对于传统贸易而言，其交易大多是多品种、小批量，甚至是单件。

5. 即时性

对于网络而言，传输的速度和地理距离无关。传统交易模式，信息交流方式如信函、电报、传真等，在信息的发送与接收间，存在着长短不同的时间差。而电子商务中的信息交流，无论实际时空距离远近，一方发送信息与另一方接收信息几乎是同时的，就如同生活中面对面交谈。某些数字化产品（如音像制品、软件等）的交易，还可以即时清结，订货、付款、交货都可以在瞬间完成。

6. 无形性

网络的发展使数字化产品和服务的传输盛行。而数字化传输是通过不同类型的媒介，如数据、声音和图像在全球化网络环境中集中进行的，这些媒介在网络中是以计算机数据代码的形式出现的，因而是无形的。以一个 email 信息的传输为例，这一信息首先要被服务器分解为数以百万计的数据包，然后按照 TCP（Transmission Control Protocol，传输控制协议）/IP（Internet Protocol，网际互连协议）通过不同的网络路径传输到一个目的地服务器并重新组织转发给接收人，整个过程都是在网络中瞬间完成的。数字化产品和服务基于数字传输活动的特性也必然具有无形性。

7. 匿名性

由于跨境电商的全球性和非中心化的特性，因此很难识别电子商务用户的身份和其所处的地理位置。在线交易的消费者往往不显示自己的真实身份和自己的地理位置，因此，在虚拟社会里进行电子商务交易要特别注意安全性。

8. 无纸化

电子商务主要采取无纸化操作的方式，在电子商务交易中，电子计算机通信记录取代了一系列的纸面交易文件。用户发送或接收电子信息以比特的形式存在和传送，整个信息发送和接收过程实现了无纸化。电子商务以数字合同、数字时间戳取代了传统贸易中的书面合同、结算票据。

9. 快速演进

互联网以前所未有的速度和无法预知的方式在不断演进，基于互联网的电子商务活动也处在瞬息万变的过程中，短短的几十年中电子交易经历了从 EDI（Electronic Data Interchange，电子数据交换）到电子商务零售业兴起的过程，而数字化产品和服务更是花样出新，不断地改变着人们的生活。多业态整合将助推跨境电商新模式快速演进。

课堂讨论

跨境电商的以上特征会给人们的日常生活带来哪些影响？

四、跨境电商的流程

出口跨境电商的流程一般为：

（1）出口商/生产商将商品通过跨境电商企业（平台型或自营型）进行线上展示。

（2）商品被买家选购下单并完成在线支付。

（3）跨境电商企业将商品交付给境内物流企业进行投递。

（4）经过出口国和进口国的海关通关商检。

（5）由境外物流企业送达消费者或企业手中，整个跨境电商交易完成。

在实际业务操作中，有的跨境电商企业直接与第三方综合服务平台合作，让第三方综合服务平台代办物流、通关商检等一系列环节的手续，如图 1-1 所示。也有的跨境电商企业通过设置海外仓等方法简化跨境电商部分环节的操作，但其流程框架与上述基本一致。

进口跨境电商的流程除方向与出口跨境电商流程相反外，其他内容基本相同。

所以，跨境电商兼具一般电子商务和传统国际贸易的双重特性，其贸易流程比一般电子商务贸易流程要复杂得多，涉及的主要业务有国际运输、进出口通关、国际支付与结算等多重环节，也比传统国际贸易更需考虑国际展示和运营的电子商务特性。

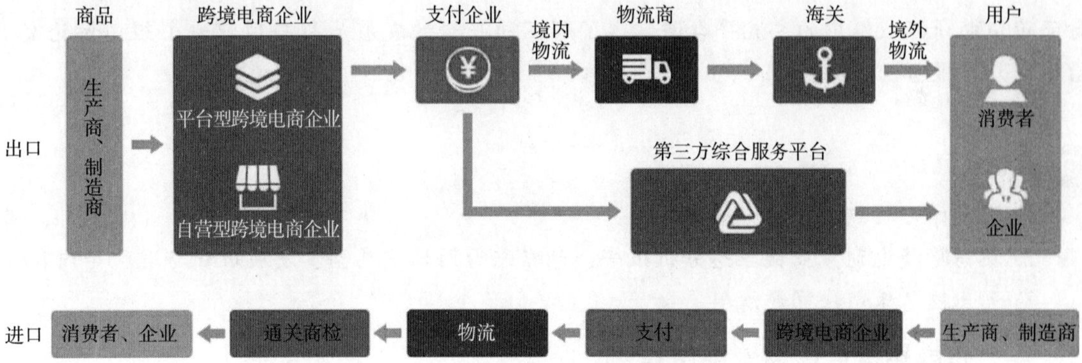

图 1-1　跨境电商的流程

小贴士

跨境电商中的 B、C、M、A、G、O……都代表什么？

B 是企业（business），C 是消费者（consumer）或者客户（customer），这些也是最传统的交易对象，并组合成了 B2B（企业对企业）、B2C（企业对消费者）、C2C（消费者对消费者）三种类型。

M 在有的情况下指经理人（manager），但是在跨境电商领域一般指生产商或者工厂（manufacturer），C2M 模式即顾客对工厂模式。

A 是指代理人（agent），ABC 模式指的是代理人、企业、消费者共同搭建的生产、经营、消费于一体化的电子商务模式。

G 是指政府（government），B2G 模式即企业与政府管理部门的电子商务，在跨境电商中包括政府采购、海关报税平台等。

O 是指线上（online）和线下（offline），目前跨境电商应用的主要是线下到线上（offline to online），如在商场体验实物产品后，在线上下单，从保税区发货。

实训二 我国跨境电商发展历程与趋势分析

任务描述

在完成实训一跨境电商有关基础知识的学习任务之后，为了公司顺利进军跨境电商领域，AAA 有限公司要求跨境电商运营团队对我国跨境电商发展历程、现状与趋势进行调研分析，为公司的发展决策提供有价值的参考依据。各团队可通过线上线下混合的模式对跨境电商的主流平台进行访问研讨。

实训目标

通过对数据的收集、整理、分析，小组内研讨形成研究报告，了解跨境电商的生态现状，判断其发展趋势。

实训要求

学生分为若干小组，组内分工协作，完成本实训所需要的信息收集、整理与分析工作，访问跨境电商产业链中的主流平台网站，了解不同平台的发展历程与现状，小组内讨论交流后形成总结报告。

实训成果

1. 形成学习提纲。
2. 撰写跨境电商产业链生态分析报告，包括平台网址、类型、发展历程与现状等内容。
3. 列出团队未解决问题清单。

一、我国跨境电商的发展历程

通过对跨境电商发展历程的梳理，可以了解其产生及发展的背景、总结其发展的规律、研究其发展的现状、判断其发展的趋势，为公司制定发展战略提供有力的依据。

我国跨境电商 20 多年来从无到有，经历了从初创到成长、从扩展到成熟的主要发展阶段，如图 1-2 所示。当前，我国跨境电商正在加速国际产业创新发展进程，已成为我国外贸发展的新引擎。

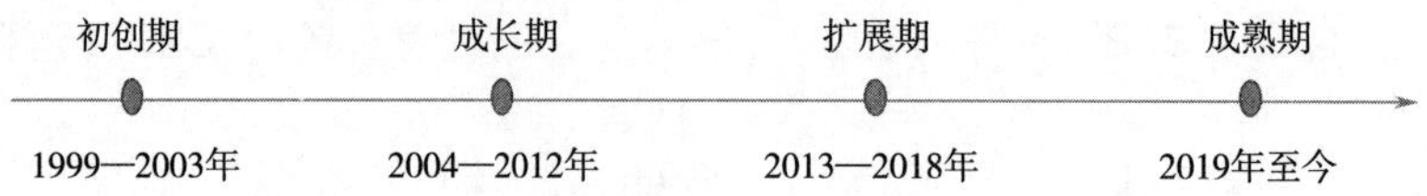

图 1-2 我国跨境电商的发展历程

1. 初创期：跨境电商 1.0 时代（1999—2003 年）

跨境电商兴起于 20 多年前的跨境 B2B，这个时期的跨境电商除了通过网络进行商品的展示外，其他交易环节仍与传统外贸业务一致。此时的第三方平台主要是通过为企业展示信息收费的模式而实现盈利，此后逐渐衍生出竞价排名推广、服务咨询等增值服务。

该时期的代表企业主要有环球资源网、阿里巴巴国际站。其中阿里巴巴国际站成立于 1999 年，是目前全球领先的跨境电商 B2B 平台，以为供需企业提供网络信息服务为主、线下交易为辅，是我国最大的外贸信息黄页平台之一。

2. 成长期：跨境电商 2.0 时代（2004—2012 年）

这个时期，跨境电商 B2B 平台快速成长，同时跨境电商 B2C 出口平台也开始起步，随着全球网民的迅速增加及跨境电商支付、跨境电商物流等服务体系逐步完善，大批的中国跨境电商出口业务（B2C/C2C）蓬勃发展，DX（2006 年）、兰亭集势（2007 年）、全球速卖通（2010 年）等跨境电商 B2C 网站陆续上线，我国大量中小企业、网商开始直接参与国际贸易。此时的跨境电商平台逐步从单纯的信息展示向集交易、支付、物流等服务全程电子化转型，成为真正的在线交易平台。通过打通上下游供应链进行资源整合使盈利模式也向多元化发展。

3. 扩展期：跨境电商 3.0 时代（2013—2018 年）

自 2013 年起，随着一系列促进跨境电商政策的出台及监管措施的实施，我国跨境电商的渠道和品类快速扩张，交易规模持续高速增长；跨境自主品牌、自建独立站等分化模式出现，并出现引领巨头，跨境电商服务迅速完善。

4. 成熟期：跨境电商 4.0 时代（2019 年至今）

随着大数据、云计算、区块链、物联网、人工智能等技术的普及与应用，此阶段的跨境电商平台服务全面升级，跨境电商平台由快速发展向高质量发展过渡，平台承载能力更强，运营更加精细化、本土化。线上线下混合、移动跨境电商、直播营销等创新模式持续渗透，全产业链的贸易数字化成为此阶段的主要特征。

二、我国跨境电商的发展现状与趋势

1. 跨境电商产业链生态系统日趋完善

跨境电商的产业链涉及的商业主体主要有跨境电商企业、支付类企业、物流类企业、营销类企业及综合类企业等众多业务主体。随着跨境电商经济的不断发展，整个行业的生态系统越来越健全，业务主体分工越来越清晰，主体间的协作越来越紧密，构成了跨境电商的产业链生态系统，如图 1-3 所示。

2. 跨境电商交易规模持续增长

我国跨境电商发展速度快、市场潜力大、带动作用强，已成为外贸高质量发展的新引擎。中商产业研究院发布的《2024—2029 年中国跨境电商产业调研及发展趋势预测报告》显示，2023 年国内跨境电商交易规模达 16.85 万亿元，较 2022 年的 15.70 万亿元同比增长 7.32%。中商产业研究院分析师预测，2024 年中国跨境电商市场规模将达 17.66 万亿元，如图 1-4 所示。

3. 跨境进口快速发展，跨境出口仍为主导

未来的跨境电商产品种类将会不断丰富，以满足海内外市场消费者多样化、个性化的需求。随着我国跨境进口电商政策的不断出台，跨境进口电商快速发展，交易规模持续增

图 1-3　2023 年（上）中国跨境电商产业链图谱

资料来源：网经社

长，但短时间仍以跨境出口为主的格局未变。据网经社“电数宝”电商大数据库显示，2023 上半年中国跨境电商的进出口结构上，出口占比达到 75.6%，进口占比 24.4%，如图 1-5 所示。

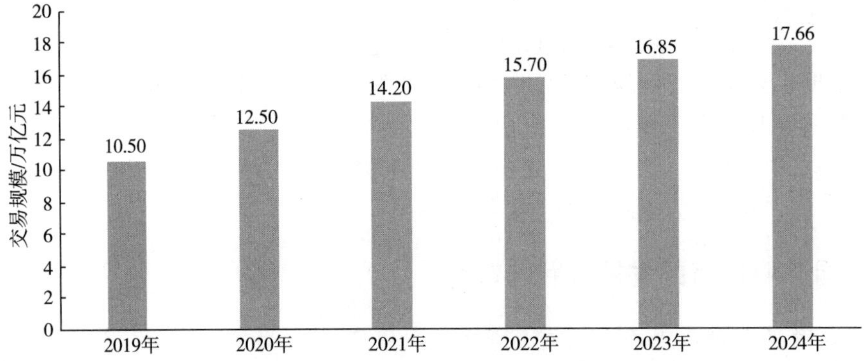

图 1-4　2019—2024 年中国跨境电商交易规模预测趋势图

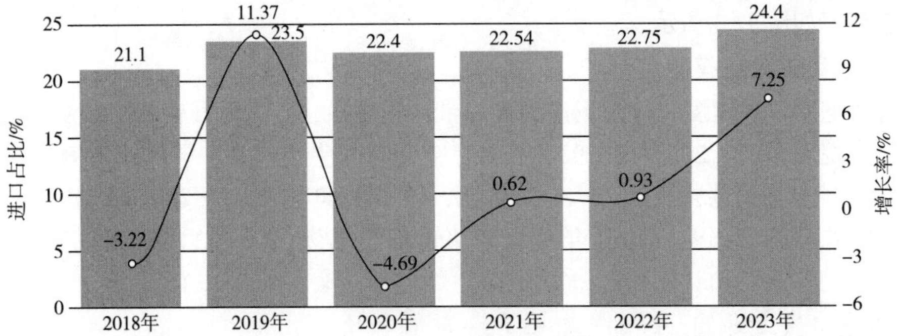

图 1-5　2018—2023 年中国跨境电商行业进口占比及其增长率

4. 有效监管、合规要求日渐完善

一个行业要健康发展，要有规范的政策。对于跨境电商行业，无论是进口还是出口，监管政策越健全，未来整个行业会更加规范，从业者也会有更多的合理化需求。

2019年《中华人民共和国电子商务法》开始实施，全国电子商务质量管理标准化技术委员会审查通过了《跨境电子商务 产品质量评价结果交换指南》《跨境电子商务 产品追溯信息共享指南》《跨境电子商务 在线争议解决单证规范》《跨境电子商务 出口商品信息描述规范》《跨境电子商务 出口经营主体信息描述规范》五项国家标准。一系列跨境电商法规的出台在商品安全、税收、物流、售后等方面作出了明确规定，加强了卖家、物流企业和海关在通关、退税、结汇等方面的标准化信息沟通，区块链技术的运用也将助力产品来源可溯、责任可究，使企业有章可循，同时加强对消费者权益的保护，促进跨境电商行业规范化发展。

5. 移动端将成为跨境电商主流交易渠道

随着移动技术的不断发展，智能手机、平板电脑的迅速普及，未来跨境电商将以“移动端为王”。移动电商打破了传统电商的地域限制，可以让消费者随时随地随心购物，使供货方能够将商品销售到更广泛的市场。

而在我国国内，移动端发展更为迅速，中国手机网民在人口中普及率越来越高，据CNNIC（China Internet Network Information Center，中国互联网络信息中心）第54次中国互联网发展统计报告数据显示，截至2024年6月，中国手机网民规模为10.96亿，约占中国人口的78%，网民使用手机上网的比例为99.7%。

实操练习

收集截至目前我国在跨境电商领域出台的有关政策、法规、标准、办法等文件，整理成册进行研讨。

实训三　主流跨境电商平台介绍

任务描述

在分析了我国跨境电商发展的历程与趋势后，AAA有限公司要求跨境电商运营团队对全球主流跨境电商平台进行详细的研究，从平台规则、入驻条件、入驻流程等方面进行比较分析，为公司选择一个适合的平台做准备。各团队可通过线上线下混合的模式对跨境电商的主流平台进行访问研讨，并选择一家平台做SWOT（strengths优势、weakness劣势、opportunities机会、threats威胁）分析。

实训目标

通过访问全球主流跨境电商平台，了解各平台的发展历程，掌握各平台的规则、入驻条件、入驻流程，形成分析报告。

实训要求

学生分为若干小组，设计主流跨境电商平台调研信息收集表单，完成相关信息收集、整理与分析工作。建议小组内分工协作，访问跨境电商产业链中的主流平台网站，了解不同平台的规则、入驻条件、入驻流程等内容，然后小组内汇总，讨论交流后形成总结报告。

实训成果

1. 完成主流跨境电商平台信息收集表单。
2. 撰写主流跨境电商平台比较分析报告。
3. 列出团队待解决问题清单。

一、主流跨境电商平台简介

随着跨境电商在全球范围内的蓬勃发展，跨境电商平台如雨后春笋般不断涌现。每个平台都有各自的运营特色，面向不同的地区、不同的消费群体销售合适的商品与服务；不同的平台，规则、入驻条件、入驻流程、运营方法也不尽相同，下面将对国内外几个主流的跨境电商平台（图 1–6）加以介绍。

（1）亚马逊　（2）eBay　（3）全球速卖通　（4）Wish

（5）敦煌网　（6）阿里巴巴国际站　（7）中国制造网　（8）Shopee

图 1–6　主流跨境电商平台

1. 亚马逊

亚马逊公司（Amazon，简称亚马逊）成立于 1994 年 7 月，是美国最大的电子商务公司，由被号称“电子商务之父”的杰夫·贝索斯（Jeff Bezos）在美国华盛顿州西雅图创立；亚马逊网站于 1995 年 7 月正式上线。网站经营范围从最初的图书业务逐步扩展至为客户提供数百万种独特的全新、翻新及二手商品，如图书、影视、音乐和游戏、数码下载、电子和电脑、家居园艺用品、玩具、婴幼儿用品、食品、服饰、鞋类和珠宝、健康和个人护理用品、体育及户外用品、玩具、汽车及工业产品等，已成为全球商品品种最多的网上零售商，目前已对中国卖家开放了 19 个站点。亚马逊平台开店成本低，重商品、轻店铺，对卖家以及商品的要求比较高，非常注重客户体验。由于商品质量有保证，所以客单价高，利润较高。

2. eBay

eBay，1995 年创立于美国，中文名为电子港湾或亿贝、易贝，是一个可以让全球网民在平台上买卖物品的在线拍卖及购物网站，eBay 平台门槛低、免费开店，但是手续费计算较复杂，上架商品会收取一定的刊登费。销售方式包括拍卖、一口价、拍卖与一口价相结合三种，主要面向欧洲和美国市场。目前已发展成为全球最大的网络零售市场，交易使用 PayPal 支付。

eBay 中国是 eBay 旗下的全资子公司，通过本地化服务平台为中国的小企业和个人卖家提供跨境电商服务。

3. 全球速卖通

全球速卖通（AliExpress，简称“速卖通”）于2010年4月正式上线，是阿里巴巴旗下面向全球市场的跨境电商零售平台，是我国最大的集下单、支付、物流于一体的跨境在线B2C平台之一。全球速卖通开店后商品销售范围可以覆盖全球230多个国家和地区，通过支付宝国际账户进行担保交易，并使用国际快递发货，被称为“国际版淘宝”。

4. Wish

Wish跨境电商平台于2011年在美国硅谷成立，是北美地区最大的移动跨境购物平台，消费群体偏年轻化，女性用户居多，平台后台操作简单。Wish平台专注独特的算法，实现千人千面，会根据用户偏好特点向用户精准推送商品信息，增强了用户的购物体验，但平台对卖家要求严格，特别是在知识产权方面，卖家一定不能侵权。另外，卖家入驻Wish平台需交纳一定数额的保证金。

5. 敦煌网

敦煌网成立于2004年，2005年正式上线，是全球优质的在线外贸交易平台之一，其成立是为了帮助中国中小企业通过跨境电商模式走向全球市场，开辟新的国际贸易通道，让全球化在线交易变得更加简单、安全、高效。敦煌网已实现近200万家中国供应商在线，提供1300万种商品，拥有覆盖全球220多个国家和地区的近2000万名买家。敦煌网采取佣金制的收费模式，只在交易双方交易成功后收取费用。目前，个人和企业用户均可注册敦煌网店铺。

6. 阿里巴巴国际站

阿里巴巴国际站是阿里巴巴集团的首个网站，也是中国最早出现的跨境电商出口B2B平台。阿里巴巴国际站的成立是为了帮助中国中小企业拓展国际贸易市场，并提供出口营销推广服务，是外贸型企业拓展海外市场的首选跨境电商平台。平台服务包含一站式店铺装修、产品展示、营销推广、生意洽谈及店铺管理等。平台宗旨在于最大限度地帮助企业降低成本、高效率地开拓国际市场，在助推电子商务服务业发展的同时提升综合竞争力。

7. 中国制造网

中国制造网创建于1998年，是由焦点科技开发和运营的面向全球市场提供产品的B2B电子商务服务类网站。中国制造网汇集中国企业产品，面向全球采购商，专注于出口推广，为中国大量的中小企业提供网络营销策略和商业信息数据库服务，协助其开展信息交流和国际贸易活动，提供高效可靠的信息交流与贸易服务平台。

8. Shopee

Shopee中文名为虾皮，平台成立于2015年11月，总部设在新加坡，是东南亚地区增长最快的全品类电商平台。Shopee业务范围辐射新加坡、马来西亚、菲律宾、泰国、越南、巴西等10余个市场。

根据权威移动数据分析平台（data. ai）数据显示，2022年第一季度，Shopee荣登全球购物类App总下载量第一、谷歌应用商店用户使用总时长第一及平均月活数第二，囊括东南亚及中国台湾地区市场购物类App平均月活数、用户使用总时长第一，并斩获巴西购物类App总下载量及用户使用总时长第一、平均月活数第二。同时，Shopee品牌影响力广泛，位居市场研究公司YouGov发布的2021年全球最佳品牌榜第六，为排名前列的电商品牌。

Shopee于2016年在深圳和香港设立办公室，开展跨境业务，为中国跨境卖家打造一站式跨境解决方案，提供流量、物流、孵化、语言、支付和 ERP（Enterprise Resource Planning，企业资源计划）支持。Shopee 持续为卖家提供优质仓储物流服务，已在马来西亚、泰国、菲律宾、越南等市场设立海外仓，并在中国南宁加设境内仓。

二、主流跨境电商平台比较分析

卖家在选择跨境电商平台之前要认真搜集详细的平台信息，为开店运营做好充分准备。跨境电商卖家只有在充分地了解各平台的运营特点之后，进行对比分析，结合自身商品的特征，选择合适的平台入驻，不断学习、尝试进行运营推广，才能把店铺做大、做强。上文介绍了八家主流跨境电商平台，下面就其中的四家平台进行总结对比，如表 1-1 所示。

表 1-1　四大跨境电商平台对比分析

平 台	亚马逊	全球速卖通	Shopee	Wish
入驻门槛	开店难度大、复杂、对卖家要求高	入驻门槛高，有品牌要求	开店门槛较低	注册门槛较低
入驻费用	月租性质收费，佣金 15%	平台费用 1 万元，佣金 8%	目前免入驻费、免年费、免押金	免费开店，佣金 15%
所需材料	相对较多	相对较少	相对较少	相对较少
出单周期	产品好，出单周期快	价格低，易出单，出单量大	平台深受用户喜爱，出单量大	价格低，易出单，流量较少
商品审核	审核严格，很多商品被限制销售	限制较少，允许一般二三线品牌	限制较少	审核严格，审核时间长
销售品类	全新、翻新及二手商品，全品类综合型	以服装配饰、手机通信、美容护理、珠宝手表、计算机为主	只要物品不在 Shopee 的禁止贩售清单之内，即可在 Shopee 刊登贩售	全品类综合型、服装、配饰、母婴、3C，主要为女性用品，主要用户人群为 15~30 岁的白领
操作难度	操作简单，无语言门槛	中英文操作界面	操作简单，无门槛	操作门槛低
面向市场	主攻北美（美国、加拿大、墨西哥），欧洲（英国、德国、法国、意大利、荷兰、西班牙）、澳大利亚、日本、印度、新加坡等国家	主攻新兴市场，如巴西、俄罗斯等	覆盖新加坡、马来西亚、菲律宾、泰国、越南、巴西、墨西哥、哥伦比亚、智利、波兰等 10 余个市场	主攻北美移动端
物流模式	FBA（fulfillment by Amazon，亚马逊物流服务），物流方便快捷	自发货，收货需 1 ~ 2 个月	海外仓、物流服务 SLS（Shopee logistics service，Shopee 平台提供的一项物流服务）、第三方物流	自发货，物流不成熟
商品质量	品质要求高	质量要求相对较低	注重选品	物美价廉

续表

平 台	亚马逊	全球速卖通	Shopee	Wish
商品价格	价格敏感度低	对价格很敏感，低价竞争激烈	价格适中	物美价廉
适合卖家	有较好的外贸资源和基础、有一定经验的贸易商，B2C企业，品牌经销商	适合工厂转型B2C企业、传统批发商企业、垂直类贸易商、传统电商公司等	具有一定经验的贸易商、B2C企业、品牌经销商	具有一定经验的贸易商、B2C企业、品牌经销商
客户体验	平台致力于向消费者提供高品质产品和服务，如FBA；站内促销活动丰富，给予买家优惠	卖家竞价激烈，买家获得商品价格低；商品类目丰富	购物界面简洁，100%正品保证，无忧退货，平台规则偏向买家	客户定位准确，智能推送，精准营销，物流服务质量较低
其他特点	注重流量；需要投入大量资金	初始入驻某类目商品，后续只能上该种类目；依托阿里巴巴国际站，资源流量较大；重视营销推广	个体工商户店无内贸或电商经验无法入驻	移动端经营，符合未来发展趋势

项目总结

本项目是对跨境电商的概述，重点介绍了跨境电商的定义、分类、主要模式及特点，简述了我国跨境电商的发展历程、分析了其现状及发展趋势。同时对全球主流的跨境电商平台进行了初步介绍，主要是让学生对跨境电商有初步的认识、掌握跨境电商的主要模式、了解我国跨境电商的现状及发展趋势，为企业进军跨境电商领域打下基础。

主要知识点：

跨境电商的定义：跨境电商是跨境电子商务的简称，是指分属不同关境（不同国家或地区）的交易主体，通过跨境电商平台下单，完成支付、结算而达成交易，并通过跨境电商物流或异地存储完成商品从仓库交付到消费者手中的一种国际性商务活动。

跨境电商的分类：根据进出口方向的不同，跨境电商分为进口跨境电商和出口跨境电商（按交易主体的不同又将出口跨境电商分为出口B2B模式、出口B2C模式）；根据跨境电商平台运营方式的不同，跨境电商平台可分第三方平台和自营型平台两种；根据跨境电商平台提供服务的不同，跨境电商平台可分为信息服务平台和在线交易平台两种；根据海关监管方式的不同，跨境电商又分为一般跨境电商和保税跨境电商两种。

跨境电商的特征：跨境电商作为一种国际贸易新业态，是将传统国际贸易加以网络化、电子化，以电子技术和物流为主要手段，以商务为核心，把传统的销售、购物渠道移到网上，打破国家与地区之间的壁垒，呈现出全球化、多边化、数字化、小批量、即时性、无形性、匿名性、无纸化和快速演进的特征。

我国跨境电商的发展历程：我国跨境电商20多年来从无到有，经历了从初创到成长、从扩展到成熟的主要发展阶段，目前跨境电商产业链生态系统日趋完善；跨境电商交易规模持续增长；跨境进口快速发展，跨境出口仍为主导；有效监管、合规要求日渐完善；移动端将成为跨境电商主流交易渠道。

主流跨境电商平台：亚马逊、eBay、全球速卖通、Wish、敦煌网、阿里巴巴国际站、中国制造网、Shopee 等。

巩固练习

一、填空题

1. 按进出口方向的不同，跨境电商分为（　　　　　　　　）和（　　　　　　　　）。

2. B2C 电子商务指的是（　　　　　　　　）针对（　　　　　　　　）开展的电子商务活动的总称，如企业为个人提供的在线商品购买等。

二、判断题

进口跨境电商中平台型 B2C 模式的一方是境内的品牌商、零售商或者代理商，另一方是境外的消费者。(　　)

三、多选题

1. 在我国出口跨境电商行业，按交易主体的不同可以将出口跨境电商分为（　　）两种模式。

A. 出口 B2B　　B. 出口 B2C　　C. 买手型　　D. 出口 B2G

2. 出口跨境电商中 B2C 模式的代表企业为（　　）。

A. 全球速卖通　　B. 阿里巴巴国际站　　C. 兰亭集势　　D. 米兰网

四、简答题

1. 通过网络搜索，结合教材内容谈谈跨境电商和传统国际贸易的区别是什么。

2. 上网查找这几家公司：阿里巴巴国际站、全球速卖通、考拉海购，进行对比分析。

【拓展阅读】

一季度我国跨境电商进出口持续增长 电商出海有望迎全新投资机遇

财联社　2024-04-22 07：58

据商务部网站，电子商务司负责人介绍 2024 年一季度我国电子商务发展情况，商务部首次组织中国电商平台赴双边电商合作伙伴国开展路演活动，在意大利与 60 余家中小企业对接，进一步丰富双边电商合作内容。一季度我国跨境电商进出口 5776 亿元，增长 9.6%，与匈牙利、阿联酋、柬埔寨和巴西等“丝路电商”伙伴国电商进出口快速增长。

作为数字贸易的重要表现形式，跨境电商已成为全球经济发展的新亮点。申万宏源证券王立平分析指出，欧美电商市场相对成熟，是跨境电商平台及卖家的必争之地，东南亚等新兴市场人口多、经济增长快、基础设施改善带来较大的增长潜力。供给也在近几年发生了较大的变迁，早期 B2B 平台成立，2010 年左右跨境卖家陆续成立，此后更是涌现了 B2C 平台出海。中国优质的制造、品牌、电商平台、物流企业纷纷入局，行业呈现出生态性的特点。在供应链相互赋能的过程中，也创造出了新模式，如 TEMU（拼多多跨境电商平台）推出的全托管模式，降低了跨境电商出海的参与门槛，提升了平台、物流的规模效应，快速进入多个市场，引领了跨境电商出海热潮。

据财联社主题库显示，相关上市公司中：

华鹏飞针对跨境客户及产品的不同需求，在原有跨境整车即仓到仓整车运输产品基础上开发运营了跨境拼车产品，主要针对跨境电商 FBA 海外仓备货客户和小批量传统货主客户的卡车拼箱运输服务。

乐歌股份在海外仓和跨境电商业务运营中，一直坚持数字化转型，强化数据赋能。为亚马逊官方推荐 SPN 服务商、eBay 官方认证对接仓、Wayfair 官方认证服务商。

项目二 跨境电商政策法规与监管制度

知识目标

1. 了解部分国家和地区跨境电商法律法规内容。
2. 熟悉我国跨境电商法律法规相关内容。
3. 了解跨境电商领域中涉及知识产权的侵权行为。
4. 掌握跨境电商的海关监管、税收和金融监管的政策法规。

能力塑造

1. 熟练使用网络工具进行知识目标内容的调研并进行自主学习。
2. 通过网络搜集资料解读跨境电商行业发展趋势。
3. 场景化描述跨境电商的监管与通关流程。
4. 根据人才需求特征制定职业发展规划。

素质培养

1. 具备严谨、规范、主动学习的工作作风。
2. 具备依法纳税、合规合法经营的劳动精神。
3. 具备爱岗敬业、遵纪守法的责任意识。
4. 具备适应社会科技进步的创新精神和创新意识。

商务情景导入

跨境电商保税仓"刷单第一案"

案件回顾

2015年年初，李某（已另案处理）指使广州志都供应链管理有限公司（以下简称志都公司）的经理被告人冯某某、业务主管江某某、兼职人员刘某某利用志都公司可从事跨境贸易电子商务业务，对外承揽一般贸易的进口货物，再以跨境电商贸易形式伪报为个人海外购进口商品，逃避缴纳或少缴税款；同时，李某指使被告人程某某为广州普云软件科技有限公司（以下简称普云公司）申请跨境贸易电子商务业务海关备案、开发正路货网（××），用于协助志都公司跨境贸易制作虚假订单等资料。

从2015年9月至11月期间，志都公司及冯某某、江某某、梁某某、刘某某、李某1、王某、程某某利用上述方式走私进口货物共19085票，偷逃税款共计人民币2070384.36元。

法院判决

经过法庭审理，2018年4月广州市中级人民法院对本案依法公开判决：广州志都供应链管理有限公司、被告人冯某某和江某某、刘某某为志都公司的其他直接责任人员、伙同被告人梁某某、李某1、王某、程某某逃避海关监管，伪报贸易方式报关进口货物，偷逃应缴税额，其行为均已构成走私普通货物罪。志都公司在共同犯罪中处重要地位，是主犯，依法应承担全部罪责。冯某某、江某某、王某、梁某某、刘某某、李某 1、程某某在共同犯罪中起次要或辅助作用，是从犯，应当从轻或减轻处罚。最终，涉案人员均判处有期徒刑以上刑罚和不等的罚金，涉案志都公司没收违法所得及罚金 300 余万元。

（资料来源：网经社电子商务研究中心．跨境电商“刷单”第一案曝光，权威法律专家深度解读）

课堂讨论

1. 该类跨境电商走私案为什么会发生？
2. 跨境电商走私为什么牵扯那么多主体？
3. 该案件对跨境电商行业有何影响？
4. 个人携带进境的商品是否可以在境内进行转售或放置在实体店中出售？

实训一 部分国家和地区跨境电商法律法规调研

任务描述

AAA 有限公司要求跨境电商运营团队进行一次集中调研与培训学习，通过线上线下混合的模式对部分国家和地区跨境电商法律法规进行系统调研，并对调研内容进行学习研讨后形成报告。

实训目标

通过调研与学习研讨，了解部分国家和地区跨境领域相关的法律法规内容及特征，以保证公司跨境电商活动在合法合规的状态下顺利进行。

实训要求

学生分为若干小组，小组内分工协作，通过访问相关平台网站，对具有代表性的部分国家和地区跨境电商法律法规进行系统调研，了解不同国家和地区跨境电商法律法规的内容及特点，小组内讨论交流后形成总结分析报告。

实训成果

1. 形成知识学习提纲。
2. 撰写部分国家和地区跨境电商法律法规调研分析报告。
3. 列出团队待解决问题清单。

由于跨境电商活动的特殊性和复杂性，其业务的开展受到相关国家政治、经济、文化、种族、宗教等众多领域及海关、税务、航空、邮政等众多部门的制约和影响，因此了解国家和地区跨境领域相关的法律法规内容及特征，对保证公司跨境电商活动在合法合规的状态下顺利进行至关重要。

一、知名国际组织出台的跨境电商相关法律法规

电子商务快速发展的历程中，国际组织在涉及跨境交易的税收和关税问题、电子支付、跨境电商物流、网络交易、知识产权保护、个人信息及隐私保密、技术标准等领域的立法方面做了大量工作，为跨境电商的发展保驾护航，较为典型的与电子商务相关的法律法规有：世界贸易组织（World Trade Organization，WTO）制定的《服务贸易总协定》（General Agreement on Trade in Services，GATS）、《与贸易有关的知识产权协定》（Agreement on Trade-Related Aspects of Intellectual Property Rights，TRIPs）、《信息技术协定》（Information Technology Agreement，ITA）。

GATS 适用于电子网络上的服务贸易，包括电子商务。它规定，成员方在服务贸易方面应相互给予最惠国待遇，并承诺逐步开放服务贸易，确保透明度、竞争和国民待遇等原则。

TRIPS 适用于保护网络空间以及更传统的贸易方式中的知识产权。它规定了知识产权的保护和实施措施，包括知识产权的授予、范围、行使方式等。

ITA 是关于信息技术产品贸易的协议，它规定参加方应将主要的信息技术产品关税降为零，并列出了一份经各方一致公认的信息技术产品分类清单。该协议为全球电子商务的开展奠定了牢固的物质基础。

此外，还有《电子商务工作计划》《国际商事合同通则》《全球电子商务宣言》等。这些法律法规均为电子商务的开展提供了法律基础和保障。

二、欧盟出台的跨境电商相关法律法规

欧盟一直将规范电子商务活动作为发展电子商务的重要工作，为了保障和促进欧盟的电子商务发展，先后制定了一系列规范和指导欧盟成员国电子商务发展的“指令”，并期望建立一个清晰的概括性的法律框架，用以处理欧盟统一市场内的电子商务相关法律问题。

欧盟先后出台的法律法规有：

《电子商务增值税改革实施条例》，该条例旨在确保欧盟于 2017 年 12 月颁布的《电子商务增值税条例》顺利实施，于 2021 年 1 月开始实施。该条例的实施旨在确保网上销售平台在跨境销售时对卖家代征增值税，在线市场将对任何增值税漏缴负责。

《电子商务（一般规定）法案》，该法案于 2021 年 1 月 1 日生效，旨在更新和规范欧盟成员国之间的电子商务交易，包括在线购物、数字服务和在线游戏等方面。

《数字服务法案》，该法案旨在加强对在线平台的监管，包括用户数据的保护、打击虚假信息和非法内容等。

《数字市场法案》，该法案旨在针对占市场份额超过 5%的互联网企业，规范其市场行为，包括不得滥用用户数据、禁止强制要求用户使用其特定服务、禁止通过限制竞争来损害消费者利益等。

《一般数据保护条例》，该条例于 2018 年 5 月 25 日生效，旨在保护个人数据隐私，包括在线个人数据的收集、存储、使用和传输等方面。

《电子商务指令》，该指令于 2000 年颁布，旨在确保电子商务的自由和安全，包括电子合同的法律效力、电子签名的合法性、在线交易的安全性等方面。

另外还有《远程合同中消费者维护指令》《欧洲电子商务行动方案》等。以上法律法规均是为了促进和规范电子商务的发展，保护消费者权益和竞争秩序而制定。

三、部分国家跨境电商相关法律法规

1. 俄罗斯跨境电商相关法律法规

俄罗斯是世界上进行电子商务立法较早的国家之一，为了促进和规范电子商务的发展，保护消费者权益和竞争秩序先后制定的与电子商务相关的法律法规有：

《俄罗斯联邦民法典》，该法典规定了电子商务交易的基本原则和规则，包括电子合同的法律效力、电子签名的合法性、在线交易的安全性等方面。

《关于保护个人数据的法律》，该法律于2021年7月生效，旨在保护个人数据隐私，包括在线个人数据的收集、存储、使用和传输等方面。

除此之外与国际贸易和电子商务相关的法律还有《电子商务法》《俄罗斯联邦海关法典》《海关税则法》《对外贸易活动国家调节法》《国家支付系统法》《电子签名法》及电子商务税收方面的法律法规等。

2. 美国跨境电商相关法律法规

为了促进和规范电子商务的发展，保护消费者权益和竞争秩序，美国制定了一系列电子商务相关的法律和文件，主要包括：

《全球电子商务框架》，该框架于1997年发布，是美国政府对电子商务立场的官方声明，旨在促进和规范电子商务的发展。该框架提出了电子商务发展的五项核心原则，即无疆界、促进增长和创新、用户至上、开放和透明、竞争。

《统一电子交易法》，该法于1999年颁布，是美国各州采纳的一部电子商务法规，旨在规范电子合同的法律效力、电子签名的合法性、在线交易的安全性等方面。

《互联网免税法案》，该法案于1998年通过，旨在免除互联网销售商品的税收，包括州和地方销售税的免除。该法案允许消费者购买商品时不受销售税的限制，促进了电子商务的发展。

《儿童在线隐私保护法案》，该法案于1998年通过，旨在保护13岁以下儿童的在线隐私。该法案要求在线服务商必须告知家长有关收集、使用和披露儿童个人信息的规定，并要求获得家长的同意。

《数字千年版权法案》，该法案于1998年通过，旨在保护数字版权，防止数字内容的非法复制、传播和展示。该法案规定了数字技术的使用和数字版权的保护，打击了数字内容的非法盗版行为。

除此之外还包括《全球电子商务纲要》《国际国内电子签名法》《个人隐私保护法》等。

3. 巴西跨境电商相关法律法规

巴西外贸委员会是巴西对外贸易政策的最高决策机构，经济部是对外贸易政策的执行部门。巴西联邦税务总局是海关事务的主管部门，隶属于经济部，负责制定和执行海关政策、征收关税以及实施海关监管制度等。巴西中央银行是外汇兑换的管理部门。

近年来，巴西采取了很多措施，所有立法和规则都可以通过网络查询，并且随时更新。巴西主要的海关程序都编撰在2002年12月26日的第4543法令中，2004年7月12日的5138号法令对其进行了修改。关税管理的主要法律制度是1994年12月23日第1343号法令及其修改法案。主要的进口措施都编撰在2003年12月1日的《进口管理规定》，2004年2月2日、2月11日和5月3日的部门法令对其进行了修改。出口措施都编撰在2003年9月3日的第12号《出口管理规定》中，2004年2月16日、5月3日和5月12日的部门法令对其做了修改。

贸易救助制度主要由下列法律法规构成：1994年12月15日第30号法令、1994年12月

30 日第 1355 号法令、1995 年 3 月 30 日第 9019 号法令（2003 年 12 月修订）、1995 年第 1602 号法令等。

2023 年 7 月巴西财政部公布跨境网购进口税新规，2023 年 8 月 1 日起，在已加入巴西政府税务合规计划（Remessa Conforme）的跨境电商平台上产生且金额不超过 50 美元的订单将免缴进口税，否则将被征 60%的进口税。

4. 新加坡跨境电商相关法律法规

新加坡是一个实行自由贸易的经济体，拥有一个相对完善的自由贸易区法令体系。与跨境电商相关的法律法规主要有：

《电子商务法》(2000 年)，该法规定了电子商务的监管和法律框架，包括在线交易、电子合同、数据保护和隐私等方面。该法为跨境电商企业提供了一个明确的法律框架，保障了在线交易的合法性和安全性。

《消费者保护法》（Consumer Protection Act，2001 年)，该法规定了消费者权益的保护，包括产品质量、价格、售后服务等方面。跨境电商企业需要遵守相关规定，确保向消费者提供合法、真实和准确的产品信息和服务。

知识产权法（Intellectual Property Law)，新加坡的知识产权法包括《商标法》《专利法》《版权法》等。这些法律对知识产权保护进行了规定，跨境电商企业在进出口商品时需要遵守相关法律法规，如商标注册、专利申请、版权保护等，以避免侵犯他人知识产权。

《自由贸易区法案》(Free Trade Zone Act，2013 年)，该法案对自由贸易区的设立、管理和运营进行了详细规定。该法案明确了自由贸易区的范围、管理制度、企业注册和运营要求等，为跨境电商企业在自由贸易区内开展业务提供了法律保障。

《竞争法》(Competition Act，2018 年)，该法规定了维护市场竞争秩序和保护消费者权益方面的内容。跨境电商企业需要了解相关规定，避免出现反竞争行为，如垄断、价格串通等。

海关法（Customs Act)，新加坡的海关法规定了进出口货物的监管、报关和放行等方面的内容。跨境电商企业需要按照相关规定进行申报和缴纳相关费用。同时，为了便利跨境电商的进出口，新加坡海关还推出了一系列便利化措施，如快速通关、电子申报等。

此外，新加坡还有其他与跨境电商相关的法律法规，如《电子支付法》（Electronic Payments Act)、《数据保护法》（Data Protection Act）等。这些法律法规对跨境电商的支付、数据保护等方面进行了规定，跨境电商企业需要遵守相关法律法规，确保合规经营。

拓展训练

1. 通过对上述一些组织、国家和地区跨境电商相关法律法规的学习，尝试通过图书馆、互联网等渠道查阅相关法律法规的详细条文，并进行对比分析。

2. 分析讨论不同国家和地区出台的有关跨境电商法律法规共同的特征是什么？

实训二 中国跨境电商相关法律法规

任务描述

AAA 有限公司要求跨境电商运营团队在充分了解部分国家与地区跨境电商相关法律法规

的基础上，进行一次集中调研与培训学习，通过线上线下混合的模式对我国的跨境电商法律法规进行系统调研，并对调研内容进行学习研讨，为我国中小企业与个人开展跨境电商业务奠定基础。

实训目标

通过调研、学习研讨，了解我国跨境电商领域相关的法律法规内容及特征。

实训要求

学生分为若干小组，根据实训内容提示，小组内分工协作，通过访问相关平台与官方网站，对我国跨境电商法律法规进行系统调研，了解我国跨境电商法律法规的内容及特点，组内讨论交流后形成总结分析报告。

实训成果

1. 形成知识学习提纲。
2. 撰写中国跨境电商法律法规调研分析报告。
3. 列出团队待解决问题清单。

跨境电商业务的开展涉及信息流、商流、物流、资金流等众多方面，因此需要国家多个部门协同共管，这些部门主要包括中华人民共和国国务院（以下简称“国务院”）、中华人民共和国国家发展和改革委员会（以下简称“国家发展改革委”）、中华人民共和国海关总署（以下简称“海关总署”）、中华人民共和国商务部（以下简称“商务部”）、中华人民共和国财政部（以下简称“财政部”）、中华人民共和国工业和信息化部（以下简称“工业和信息化部”）、国家外汇管理局、国家税务总局、中华人民共和国农业农村部、中华人民共和国交通运输部（以下简称“交通运输部”）、国家市场监督管理总局、中华人民共和国国家邮政局、中国人民银行、国家金融监督管理总局、中央网络安全和信息化委员会办公室、中华人民共和国濒危物种进出口管理办公室、国家密码管理局、国家知识产权局等。

一、我国出台的促进电商发展的相关政策法规

1. 电子商务基本法律法规

(1)《中华人民共和国电子商务法》。该法由中华人民共和国第十三届全国人民代表大会常务委员会第五次会议于 2018 年 8 月 31 日通过，中华人民共和国主席令（第七号）公布，共七章节八十九条，自 2019 年 1 月 1 日起施行。该法主要是为了保障电子商务各方主体的合法权益，规范电子商务行为，维护市场秩序，促进电子商务持续健康发展而制定。虽然该法只适合中华人民共和国境内的电子商务活动，但这是我国第一部电商领域的综合法律，对于解决电子商务存在的突出问题，规范并促进电商发展具有重要意义。

(2)《中华人民共和国广告法》。最新修改时间是 2021 年 4 月 29 日，该法规定了广告发布内容准则、广告宣传行为的准则和规范、监督管理与法律责任，针对广告宣传行为进行了规范。该法在促进电子商务发展方面起到了至关重要的作用。它保障了电子商务广告的真实

性和合法性，推动了电子商务广告的创新和规范发展，保护了消费者的合法权益，提升了电子商务市场的信任度，并促进了电子商务与广告业的融合发展。

（3）《互联网广告管理办法》。该办法根据《中华人民共和国广告法》《中华人民共和国电子商务法》等法律、行政法规制定，由2023年2月25日国家市场监督管理总局令第72号公布，自2023年5月1日起施行。该办法在维护公平竞争的市场经济秩序，促进电子商务发展方面起到了多方面的积极作用。通过规范广告行为、保护消费者权益、促进广告创新、加强广告监管等措施，为电子商务行业的健康发展提供了有力保障。

（4）《国务院办公厅关于加快电子商务发展的若干意见》。该文件于2005年1月8日颁布，是我国第一个专门指导电子商务发展的政策性文件。

（5）《发展改革委 商务部 人民银行 国家税务总局 工商总局关于开展国家电子商务示范城市创建工作的指导意见》。为进一步促进电子商务健康快速发展，充分发挥电子商务在经济和社会发展中的战略性作用，国家发展改革委、商务部、人民银行、国家税务总局、国家工商总局决定联合开展“国家电子商务示范城市”创建活动，于2011年3月7日联合发布了该文件。

（6）《海关总署公告2014年第57号（关于增列海关监管方式代码的公告）》。2014年7月30日，海关总署第57号公告增列“保税跨境贸易电子商务”海关监管方式代码“1210”，标志着我国跨境电商发展进入了新的阶段，有着划时代的意义。

（7）《国务院办公厅关于促进跨境电子商务健康快速发展的指导意见》。2015年6月16日，《国务院办公厅关于促进跨境电子商务健康快速发展的指导意见》发布。该文件发布的意义体现在对跨境电子商务发展的支持，有利于用“互联网+外贸”实现优进优出，发挥我国制造业大国优势，扩大海外营销渠道，合理增加进口，扩大国内消费，促进企业和外贸转型升级；有利于增加就业，推进大众创业、万众创新，打造新的经济增长点；有利于推动开放型经济发展升级，促进我国跨境电子商务健康快速发展。

（8）《财政部 海关总署 国家税务总局关于跨境电子商务零售进口税收政策的通知》。2016年3月24日，财政部、海关总署、国家税务总局联合发布该文件，之后又相继出台了一系列鼓励跨境电商发展的进口政策，实施新的政策并调整行邮税政策。

（9）《商务部 发展改革委 财政部 海关总署 税务总局 市场监管总局关于完善跨境电子商务零售进口监管有关工作的通知》。该文件的发布对于促进跨境电商零售进口健康发展、明确监管原则与责任、优化税收与商品清单、提升质量安全与消费者权益保障以及推动行业创新与发展等方面具有重要意义。

2. 电子商务商业行为相关的法律法规

（1）《网络交易监督管理办法》。为了规范网络交易活动，维护网络交易秩序，保障网络交易各方主体合法权益，促进数字经济持续健康发展，根据有关法律、行政法规，制定本办法，自2021年5月1日起施行。

（2）《财政部 海关总署 税务总局关于延续实施跨境电子商务出口退运商品税收政策的公告》。该文件于2023年8月22日发布，旨在优化有关税收政策，支持跨境电商新业态加快发展。

（3）规范对外贸易主体、贸易规范、贸易监管的一般性法律。为规范跨境电商贸易活动，我国出台了一系列指导政策。跨境电商合约除了有电子合同的属性外，还具有贸易合同的性质。当前国际上比较重要的公约是《联合国国际货物销售合同公约》，该公约实际规范的是一般贸易形态商业主体之间的、非个人使用的、非消费行为的货物销售合同的订立。该公约具体规范了合同订立行为、货物销售、卖方义务、货物相符（含货物检验行为等）、买方义务、卖方补救措施、风险转移、救济措施等。同时，跨境电商合约也需要参照《中华人民共和国民法典》进行规范。

（4）跨境电商商品质量和消费者权益方面的法律法规。在跨境电商法律实践中常常面临多种问题，其中商品质量问题和责任需要通过法律进行规范，消费者权益需要通过法律进行保护。我国相继出台了《中华人民共和国对外贸易法》《中华人民共和国产品质量法》《中华人民共和国消费者权益保护法》等法律法规，对生产者、销售者的责任进行了规定，对欺诈、侵权的行为进行了规制。

（5）跨境电商运输方面的法律法规。跨境电商交易活动中的线下业务会在业务活动后期涉及较多的物流、运输问题。涉及海洋运输、航空运输等方面的法律主要有：《中华人民共和国海商法》《中华人民共和国民用航空法》《中华人民共和国国际货物运输代理业管理规定》。这些法律法规主要对承运人的责任、交货提货、保险等事项做了具体规定，同时也对国际贸易中的货物运输代理行为做了规范，理清了代理人作为承运人的责任。这部分法律法规同时还需要与《中华人民共和国民法典》进行参照，以解决代理合同当中委托人、代理人、第三人之间的责任划分问题。货运代理的代理人身份和独立经营人身份/合同当事人的双重身份也需要参照《中华人民共和国民法典》进行规范。

二、知识产权保护相关的知识介绍

1. 知识产权的概念与特点

知识产权（Intellectual Property），指权利人对其所创作的智力劳动成果所享有的专有权利，一般只在有限期内有效。各种智力创造比如发明、文学和艺术作品，以及在商业中使用的标志、名称、图像及外观设计，都可被认为是某一个人或组织所拥有的知识产权。

知识产权是一种无形资产，大部分知识产权的获得需要经过法定的程序，例如，商标权的获得需要经过登记注册。知识产权具有专有性、地域性和时间性的特点。

（1）专有性。专有性即独占性或垄断性。除权利人同意或法律规定外，权利人以外的任何人不得享有使用该项权利。这表明权利人独占或垄断的专有权利受到严格保护，不受他人侵犯。只有通过“强制许可”“征用”等法律程序，才能变更权利人的专有权。

（2）地域性。地域性即只在所确认和保护的地域内有效。除签有国际公约或双边互惠协定外，经一国法律所保护的某项权利只在该国范围内发生法律效力。所以，知识产权既具有地域性，在一定条件下又具有国际性。

（3）时间性。时间性即只在规定期限内保护。法律对各项权利的保护都规定有一定的有效期，各国法律对保护期限的长短可能不完全一致，只有参加国际协定或进行国际申请时，才对某项权利有统一的保护期限。

2. 知识产权的分类及形态

跨境电商作为一种新型的贸易方式，相对于传统类型的知识产权问题来说，具有“跨境”和“线上”特征的知识产权会变得更加复杂，因此给知识产权保护问题带来新的冲击和挑战。在跨境电商的主要模式中 B2B 模式一般数量多、贸易金额最大，交易一般会通过规范合同的方式进行操作，因此涉及知识产权纠纷的数量相对较少。而 B2C 和 C2C 模式下的跨境电商网购货物主要以日用品和电子产品为主，呈现数量多、品种杂、重量轻、体积小、个性化的特性。尽管在跨境贸易过程中，海关会对跨境电商的知识产权进行一定检查，但是其全程溯源监管能力有限，依据现有的人力资源和技术水平无法做到单单查验是否侵权。

知识产权主要可分为专利权、著作权（版权）和商标权。跨境电商中的知识产权保护主要有两类：一是进口商品侵犯本国商品的专利权和商标权，二是出口商品侵犯他国商品的专利权和商标权。

在知识产权保护领域，我国相继出台了《中华人民共和国专利法》《中华人民共和国商标法》《中华人民共和国著作权法》，已经成为《保护工业产权巴黎公约》成员方及《商标国际注册马德里协定》同盟方。在加入 WTO 之后，我国同时也受到《与贸易有关的知识产权协定》的约束。这些法律及国际公约详细规定了知识产权的性质、实施程序和争议解决机制。

（1）专利权。专利权是指发明人从政府有关部门获得的在一定期限内生产、销售或以其他方式使用发明的排他权利。专利分为发明、实用新型和外观设计 3 种。

专利权人对其发明创造享有独占性的制造、使用、销售和进口的权利。也就是说，其他任何单位或个人未经专利权人许可不得进行以生产、经营为目的的制造、使用、销售和进口其专利产品，使用其专利方法，或者未经专利权人许可，以生产经营为目的制造、使用、销售和进口依照其方法直接获得的产品。否则，就是侵犯专利权。

一个国家依照其本国专利法授予的专利权，仅在该国法律管辖范围内有效，对其他国家没有任何约束力，其他国家对其专利权不承担保护的义务。专利权人对其发明创造所拥有的专有权只在法律规定的时间内有效，期限届满后，专利权人对其发明创造就不再享有制造、使用、销售和进口的专有权。

WTO 对电子商务知识产权的保护规定主要体现在 1995 年的《与贸易有关的知识产权协定》之中。对于专利的期限，各国专利法都有明确的规定，对发明专利权的保护期限自申请日起计算，一般在 10~20 年；对于实用新型和外观设计专利的保护期限，大部分国家规定为 5~10 年。我国现行《中华人民共和国专利法》规定的发明专利、实用新型专利及外观设计专利的保护期限自申请日起分别为 20 年、10 年和 15 年。

专利侵权行为，也称侵犯专利权的行为，是指在专利权的有效期限内，任何他人在未经专利权人许可，也没有其他法定事由的情况下，擅自以营利为目的的实施专利的行为。

（2）著作权。著作权包括著作人身权和著作财产权。著作人身权包括发表权，即决定作品是否公布于众的权利；署名权，即表明作者身份，在作品上署名的权利；修改权，即修改或者授权他人修改作品的权利；保护作品完整权，即保护作品不受歪曲、篡改的权利。著作财产权是作者对其作品的自行使用和被他人使用而享有的以物质利益为内容的权利。通过以下方式获得经济效益：复制、翻译、改编、表演、广播、展览、拍制电影、电视或录音等。

各国法律对著作权的取得条件有不同要求，主要分为自动取得和注册取得两大类。自动取得是指著作权自作品创作完成时自动产生，不需要履行任何批准或登记手续。世界上大多数国家采取这种自动取得制度，我国也采取这种制度。注册取得是指以登记注册为取得著作权的条件，作品只有登记注册或批准后才能产生著作权，而不是自动产生。少数国家采取这种制度。

《中华人民共和国著作权法》所称的作品，是指文学、艺术和科学领域内具有独创性并能以一定形式表现的智力成果，包括：文字作品、口述作品；音乐、戏剧、曲艺、舞蹈、杂技艺术作品；美术、建筑作品；摄影作品、视听作品、工程设计图、产品设计图、地图、示意图等图形作品和模型作品；计算机软件、符合作品特征的其他智力成果。

（3）商标权。商标可能是一个单词、字母、图形或是它们的组合，包括图画、符号等平面现象。商标权是指商标使用人依法对所使用的商标享有的专用权利。商标可以转让，转让注册商标时转让人和受让人应当签订转让协议，并共同向商标局提出申请。商标权具有专有性、地域性和时效性等特点。

目前，品牌商标侵权是多数跨境电商平台知识产权中侵权违规较多的情况。主要表现为：

①未经授权使用他人商标品牌信息，如产品名称、描述、属性、关键词等。公司信息中涉及品牌信息，如公司介绍、主营产品等产品图片中涉及品牌信息。

②获得品牌授权，但信息中还涉及他人品牌。授权范围与发布信息用途不一致，例如获得授权生产证明，但用于销售该产品；又如授权采购配件生产自有品牌产品却使用原品牌信息。销售发布的信息与获得授权的品牌不一致，例如获得授权的是 AFS JEEP，但信息中却出现的是 JEEP。

③产品信息中其他地方涉及他人品牌，例如信息超链接了他人的品牌信息。

④涂抹、遮盖商标，故意使用变形词或变形 logo（logotype，标志）等。该情况属于恶意违规，有销售假货的嫌疑，将会受到平台严重的处罚。在阿里巴巴国际站，此类情况被投诉成立 3 次或 4 次，侵权卖家将被关闭账号。

3. 跨境电商商标侵权案例

案例一：浙江博客网络科技有限公司诉北京亦庄国贸电子商务有限公司、广州勇德国际航运有限公司损害商标权、不正当竞争纠纷案。

2019 年 3 月 26 日，浙江博客网络科技有限公司诉北京亦庄国贸电子商务有限公司、广州勇德国际航运有限公司损害商标权、不正当竞争纠纷一案在北京市朝阳区人民法院开庭审理。该案涉及“WED2C”商标，被告公司在其销售平台上售卖“WED2C”品牌的商品，并在商品页面上应用“WED2C” 商标，导致原告公司的商标权受到侵占。

案例二：杜塞尔多夫商业法院判决亚马逊要赔偿女性品牌设计师 1800 欧元情感损失费用。

2019 年 6 月 25 日，杜塞尔多夫商业法院判决亚马逊向一位女性品牌设计师支付 1800 欧元情感损失费用。这位设计师发觉，在亚马逊的市场上有第三方销售商售卖其品牌的假货，她曾多次向亚马逊提出投诉，但亚马逊未采取任何行动。最终，这位设计师起诉亚马逊，法院判决亚马逊应该承担相关责任。

4. 卖家应注意的新型侵权手段

（1）网店擅自上架商标商品。在一些国家，商标注册权人可以选择授权第三方销售其商品。然而，在跨境电商平台上，一些网店会擅自将商标商品上架，并且可能在页面上应用商标标识。这将对商标注册权人发生不良影响。

（2）购置商标关键词广告。在跨境电商平台上，一些卖家可能购置商标关键词广告，以便在搜索结果页面中涌现。这将导致商标注册权人的品牌形象受到负面影响。

（3）窃取商标产品设计图并制造假冒商品。在网络上，许多商标产品设计图都公开可见，因此有些不法分子可能会将这些设计图下载并制造假冒商品来进行销售。这种行为将给商标注册权人造成损失。

案例总结：随着跨境电商市场的迅速发展，跨境电商商标侵权问题越来越受到关注。我们需要增强对于商标侵权的监管和控制，除深入学习研究相关的法律法规的详细内容外，还应对不同的跨境电商平台的禁售规则与知识产权规则进行仔细研读，避免或减少因违规、侵权而受到处罚的情况发生，维护商标注册权人的利益，推进跨境电商市场健康发展。同时，商标注册权人也需要采取积极的应对办法，避免商标侵权对自身品牌形象发生不良影响。

课堂讨论

经营主体在跨境电商运营过程中经常会因有意或无意的行为而违反了相关法律法规的相关规定而受到处罚，各小组尝试对以下问题进行讨论，并将讨论意见进行汇总。

1. 在跨境电商运营过程中，会有哪些行为容易产生违法违规问题？请搜索相关案例。

2. 如何避免或降低相关违法违规行为的发生？

3. 当发生相关违法违规行为后，如何最大程度减少给企业或个人带来的损失？

实操练习

1. 收集截至目前我国在跨境电商领域出台的有关政策、法规、标准、办法等文件，整理成册进行研讨。

2. 搜集跨境电商近几年比较典型的知识产权纠纷案例进行分析。

实训三 跨境电商监管制度

任务描述

AAA有限公司要求跨境电商运营团队在充分学习、掌握了本项目实训一、实训二相关知识与技能的基础上，进一步对我国跨境电商在海关、税收、金融三个方面的监管制度进行详细的学习与研究，通过线上线下混合的模式对我国的跨境电商监管制度进行系统调研，并对调研内容进行学习研讨，为公司顺利开展跨境电商业务奠定基础。

实训目标

通过调研、学习研讨，了解我国跨境电商相关的监管制度内容及要求。

实训要求

学生分为若干小组，根据实训内容提示，小组内分工协作，通过对相关平台与官方网站进行桌面调查，对我国跨境电商监管制度全文进行系统研究，详细了解我国跨境电商监管制度的内容及特点，组内讨论交流后形成总结分析报告。

实训成果

1. 形成桌面调研提纲。
2. 撰写我国跨境电商海关、税收、金融监管制度调研报告。
3. 列出团队待解决问题清单。

商务情景导入

山东龙口："前推后移"监管环节"两步申报"企业通关"秒放"

2021 年 12 月 13 日，龙口慧博国际商务服务有限公司一批价值 86. 77 万元的进口布料，向龙口海关进行"两步申报"后，不到 1 分钟就通关放行。

"以往货物抵港后，常因手续不全、单证不齐等因素要滞留一段时间，现在即到即放，真是简单快捷。"该公司外贸总监秦守岭说。

在"两步申报"通关模式下，企业无需一次性提交全部申报信息及单证，仅凭提单的主要信息，最少只需申报 9 项就可以完成"概要申报"并提离货物。在运输工具申报进境起 14 日内完成"完整申报"，补充提交满足税收征管、海关统计等所需要的相关信息和单证，按规定完成税款缴纳等流程即可。

"'两步申报'给企业预留了充分的准备时间，货物无需查验实现'秒放'，有效降低了企业通关和物流成本，口岸营商环境得到进一步优化。"龙口海关综合业务科科长欧阳龙表示。

自"两步申报"政策实施以来，为让更多企业享受政策红利，龙口海关摸底、筛选可适用"两步申报"的企业，开展"一对一"的政策指导和答疑解惑，通过召开企业座谈会、线上视频培训等方式，积极引导企业运用新模式通关。据统计，目前已有符合条件的 20 余家企业在龙口海关运用"两步申报"模式通关，今年以来适用"两步申报"申报报关单 248 份。随着监管环节的"前推后移"，大大减少了进口货物因等待申报所需单证而产生的滞港时间，企业进口通关再提速。今年 1~11 月龙口口岸进口整体通关时间 12. 57 小时，"两步申报"应用率达 26. 27%。

一、跨境电商海关监管政策法规

跨境电商因其涉及不同关境之间的贸易活动特点，因此海关作为跨境电商监管链条的关键环节，在跨境电商政策制定上有着较高的权力。为保证跨境电商快速高质量发展，近年来我国出台了《中华人民共和国海关法》，并通过了《中华人民共和国海关企业分类管理办法》《中华人民共和国海关行政处罚实施条例》。《中华人民共和国海关法》涉及海关的监管职责和对进出境运输工具、货物、物品的查验及关税等内容。《中华人民共和国海关企业分类管理办法》对海关管理企业实行分类管理，对信用较高的企业采用便利通关措施，对信用较低的企业采取更严密的监管措施。

同时，通关环节也加强了对知识产权的海关保护，出台了《中华人民共和国知识产权海关保护条例》及其实施办法。针对目前空运快件、个人物品邮件增多的情况，我国出台了一些专门的管理办法，如《中华人民共和国海关对进出境快件监管办法》《海关总署公告 2010 年第 43 号（关于调整进出境个人邮递物品管理措施有关事宜）》等。

为加快跨境电商商品的通关速度，我国海关为跨境电商量身打造涵盖"企业备案、申报、征税、查验、放行"等环节的无纸化流程，实现了通关手续的"前推后移"。自 2014 年起，海关总署出台了一系列有利于跨境电商发展的政策，如 2016 年 4 月 6 日公布的《海关总署公告 2016 年第 26 号（海关总署关于跨境电子商务零售进出口商品有关监管事宜的公告）》，确认了不同参与者向海关发送相关数据的义务。在 B2C 电子商务进口报关前，电子商务平台公司、金融机构、物流公司应当通过海关总署开发的跨境电商进口统一版系统，分别向海关发送交易、支付和物流的“三单”电子数据，以便海关提前对商品名称、价格、运费、购买人实名信息等数据进行比对。

跨境电商试点的创新首先体现在通关环节的监管服务模式方面，我国首创的“1210”“9610”模式为外贸进出口打开了新的渠道，尤其是“1210”模式，它已成为跨境电商进口的主通道，也是近几年跨境电商蓬勃发展的基础。

课堂讨论

1. “1210”与“9610”模式的含义是什么？二者有哪些区别？
2. 对于海关监管代码你还知道哪些？请对这些监管模式进行研讨。

二、跨境电商税收监管政策法规

（一）世界其他国家或地区的税收政策

目前，电子商务的税收政策有两种倾向：一种是以美国为代表的免税派，另一种是以欧盟为代表的征税派。

美国颁布了一系列有关电子商务的税收法规，其中包括免征通过互联网交易的无形产品（如电子出版物、软件等）的关税，以及暂不征收国内“网络进入税”。此外，美国还积极与其他国家签订协议，针对不同的国家实行不同的关税税率，主要包括两大类。一类是包括一般税率和特殊税率。一般税率指享有美国最惠国待遇的税率；特殊税率指享有美国特殊待遇的远低于一般税率的关税征收政策。另一类是指适用于没有取得美国最惠国待遇或特殊待遇国家的法定税率。

欧洲电子商务税收政策是初期主张免费、中期主张征收增值税、后期强硬征税。欧盟成员方中有 15 个国家普遍实行增值税。欧盟对个人从欧盟境外邮购的商品，价值在 150 欧元以下的免征关税，价值超过 150 欧元的则按照该商品在海关关税目录中规定的税率征收关税，其中关税的税基不是商品价值，而是商品价值和进口增值税的总额。欧盟对企业通过网络购进商品普遍征收增值税。2000 年 6 月，欧盟委员会就网上交易增值税提出新的议案，规定欧盟境外的企业通过互联网向欧盟境内的消费者销售货物或提供服务，金额超过 10 万欧元的，应在欧盟进行增值税纳税登记，并按当地税率缴纳增值税。

与美国和欧盟不同，发展中国家要从维护本国的国家利益出发制定跨境电商税收的相关政策，保持税收中性原则，既主张对跨境电商进行征税，又期望不因征税而阻碍本国电子商务的发展。

（二）我国的税收政策

1. 跨境电商涉及的税收法律法规

我国外贸电子商务的立法参照的是 2007 年颁布的《中华人民共和国企业所得税法》及其实施细则、2011 年颁布的《中华人民共和国个人所得税法》及其实施细则、2015 年修订的《中华人民共和国税收征收管理法》及其实施细则等法律法规。

多年来，我国政府部门一直高度关注电子商务的发展，也在为规范市场秩序进行相应的努力。2013 年 8 月 21 日，《国务院办公厅转发商务部等部门关于实施支持跨境电子商务零售出口有关政策意见的通知》发布，其中在支持政策方面提出实施适应电子商务出口的税收政策。

2014 年 1 月 26 日，《网络交易管理办法》发布，自 2014 年 3 月 15 日起实行。

2018 年 8 月 31 日，《中华人民共和国电子商务法》公布，自 2019 年 1 月 1 日开始实施。该法第十一条规定：

电子商务经营者应当依法履行纳税义务，并依法享受税收优惠。

依照前条规定不需要办理市场主体登记的电子商务经营者在首次纳税义务发生后，应当依照税收征收管理法律、行政法规的规定申请办理税务登记，并如实申报纳税。

第二十八条第二款规定：

电子商务平台经营者应当依照税收征收管理法律、行政法规的规定，向税务部门报送平台内经营者的身份信息和与纳税有关的信息，并应当提示依照本法第十条规定不需要办理市场主体登记的电子商务经营者依照本法第十一条第二款的规定办理税务登记。

跨境电商涉及的税收法律法规主要有《中华人民共和国进出口关税条例》和退税阶段的各项规章制度。《中华人民共和国进出口关税条例》在《中华人民共和国海关法》和国务院制定的《中华人民共和国进出口税则》的基础上具体规定了关税征收细则，包括货物关税税率设置和适用、完税价格确定、进出口货物关税的征收、进境货物的进口税征收等。

针对新出现的跨境电商企业的征税和退税问题，国家税务总局也出台了一系列文件，如《税务登记管理办法》《网络发票管理办法》等。

2. 我国跨境电商进口税收监管

（1）进口税收政策。

海关总署在 2014 年 3 月，针对上海、杭州、宁波、郑州、广州、重庆 6 个地方的保税区实行保税进口模式的情形，出台了《海关总署关于跨境贸易电子商务服务试点网购保税进口模式有关问题的通知》，对保税进口模式的商品范围、购买金额和数量、征税、企业管理等做出了相应的规定。

试点网购商品按照《海关总署公告 2010 年第 43 号（关于调整进出境个人邮递物品管理措施有关事宜）》，以“个人自用、合理数量”为前提，个人邮寄进境物品，海关依法征收进口税，但应征进口税税额在人民币 50 元以下（含 50 元）的，海关予以免征。个人寄自或寄往港澳台地区的物品，每次限值为 800 元人民币；个人寄自或寄往其他国家和地区的物品，每次限值为 1000 元人民币。个人邮寄进出境物品超出规定限值的，应办理退运手续或者按照货物规定办理通关手续。但邮包内仅有一件物品且不可分割的，虽超出规定限值，经海关审核确属个人自用的，可以按照个人物品规定办理通关手续。邮运进出口的商业性邮件，应按照货物规定办理通关手续。

2016 年 3 月 24 日，《财政部 海关总署 国家税务总局关于跨境电子商务零售进口税收政策的通知》发布，确定自 2016 年 4 月 8 日起，我国将实施跨境电商零售（企业对消费者，即 B2C）进口税收政策（简称“四八新政”），跨境电商零售进口商品将不再按邮递物品征收行邮税，而是按货物征收关税和进口环节增值税、消费税。

该通知将单次交易限值由行邮税政策中的 1000 元（港澳台地区为 800 元）提高至 2000 元，同时设置个人年度交易限值为 20000 元。在限值以内进口的跨境电商零售进口商品，关税税率暂设为 0%；进口环节增值税、消费税取消免征税额，暂按法定应纳税额的 70% 征收。超过单次限值、累加后超过个人年度限值的单次交易，以及完税价格超过 2000 元限值的单个不可分割商品，均按照一般贸易方式全额征税。

（2）跨境电商进口税收政策。

①行邮税。2016 年 4 月 8 日之前，我国消费者通过跨境电商平台购买境外商品，海关总署以“个人自用、数量合理”为原则，对单次订单购买多个商品但订单金额在 1000 元以下

的，要求海关按行邮税办理通关；若金额超出1000元限值，需要按一般贸易进出口办理通关手续。行邮税的税率比一般贸易进口税率（包括关税、增值税、消费税）低，且应征进口税额在50元以下的，海关予以免征。

2016年3月16日，《国务院关税税则委员会关于调整进境物品进口税有关问题的通知》（税委会〔2016〕2号）发布，对行邮税进行了调整，行邮税税率由原来的10%、20%、30%、50%四档，调整为15%、30%、60%三档。

根据《国务院关税税则委员会关于调整进境物品进口税有关问题的通知》（税委会〔2019〕17号），自2019年4月9日起，将进境物品进口税税目1、税目2的税率分别调降为13%、20%；将税目1“药品”注释修改为“对国家规定减按3%征收进口环节增值税的进口药品，按照货物税率征税”。

②跨境电商综合税。2016年3月24日，《财政部 海关总署 国家税务总局关于跨境电子商务零售进口税收政策的通知》，对跨境电商零售进口税收政策进行调整，并从2016年4月8日开始执行。在新政策下，跨境电商零售进口商品的单次交易限值为2000元并增设个人年度交易限值20000元。对跨境电商零售进口商品不再征收行邮税，改为征收跨境电商综合税（包括关税、增值税、消费税）。“四八新政”前，跨境电商进口按行邮税办理清关并有50元免征税额；“四八新政”后，跨境电商进口改成综合税，大部分商品的综合税税率约为11%，低于调整后的行邮税税率和一般贸易进口税率。

2018年11月29日，《关于完善跨境电子商务零售进口税收政策的通知》发布，规定从2019年1月1日开始，将跨境电商零售进口商品的单次交易限值由2000元提高至5000元，年度交易限值由20000元提高至26000元。完税价格超过5000元单次交易限值但低于26000元年度交易限值，且订单下仅一件商品时，可以自跨境电商零售渠道进口，按照货物税率全额征收关税和进口环节增值税、消费税，交易额计入年度交易总额，但年度交易总额超过年度交易限值时，应按一般贸易管理。本次税收政策提高了消费限额，让国内消费者享受到更大的税收优惠，有利于满足消费升级的需求，同时可以刺激消费者在轻奢、电器、美妆等价值较高商品领域的跨境电商进口消费。

实行跨境电商进口税收新政，对跨境电商的发展产生了积极的影响：一是设定年度个人消费额度，通过有效设定贸易准入门槛，避免了对一般贸易的冲击，并兼顾了国内消费者消费升级的需求；二是取消免征，实现了单单征税，降低卖家拆单偷逃税的可能性；三是实行综合统一税率，与国际接轨，提高贸易便利性；四是不断调整和降低进口增值税的征收税率，从17%降低至16%，2019年4月下调至13%，相当于进一步降低了跨境电商综合统一税率。这能让国内消费者以更低的价格购买到境外商品，增加了国内民众的幸福感和获得感。

（3）“正面清单+负面清单”。

①“正面清单”。2016年“四八新政”后，财政部、国家发展改革委等11个部门发布《跨境电子商务零售进口商品清单》（以下简称“正面清单”）。此后只有清单上列出的税号商品，才能按照跨境电商的税制进口和通过跨境电商平台进行销售，“正面清单”外的其他商品则需要按一般贸易税收政策进口。该清单共包括1142个8位税号商品，主要是国内有一定消费需求，可满足相关部门监管要求且客观上能够以快件、邮件等方式进境的生活消费品，其中包括部分食品饮料、服装鞋帽、家用电器以及部分化妆品、纸尿裤、儿童玩具、保温杯等。

2016年4月15日，财政部、国家发展改革委等13个部门发布《跨境电子商务零售进口商品清单（第二批）》。第二批清单共涉及151个8位税号商品，包括食品（如新鲜水果）、特殊食品（如维生素）及医疗器械（如血压测量仪器）等。

2018 年 11 月 20 日，财政部、国家发展改革委、工业和信息化部等 13 个部门联合发布了《关于调整跨境电商零售进口商品清单的公告》，公布了调整后的跨境电商零售进口商品清单共计 1321 个商品。

2019 年 12 月 24 日，财政部等 13 个部门发布《关于调整扩大跨境电子商务零售进口商品清单的公告》。该公告指出，为落实国务院关于调整扩大跨境电商零售进口商品清单的要求，促进跨境电子商务零售进口的健康发展，现将《跨境电子商务零售进口商品清单（2019 年版）》予以公布，自 2020 年 1 月 1 日起实施。2019 年版清单收纳了部分近年来消费需求比较旺盛的商品，增加了冷冻水产品等 92 个商品。同时，清单备注和尾注中的监管要求得到了进一步规范。

2022 年 1 月 28 日，财政部、国家发展改革委等 8 部门联合发布了《关于调整跨境电商零售进口商品清单的公告》。为促进跨境电商零售进口健康发展，满足人民美好生活需要，自 2022 年 3 月 1 日起，优化调整《跨境电子商务零售进口商品清单（2019 年版）》。该清单自 2016 年 4 月发布以来历经 4 次调整，此次调整不仅新增了近年来消费需求旺盛的 29 项商品，扩大了进口类别，还优化了部分现有商品，根据近年来税则转版和税目调整，调整了清单中商品的税则号列，同时调整了 206 项商品的备注，调整清单商品数增加至 1476 个。这次调整对扩大进口类别、丰富产品供给，进而满足多元化消费需求都有积极意义，人民对美好生活的向往可在“全球购”中得到更好回应。

②“负面清单”。在跨境电商进口税收监管中，我国并未直接采用负面清单管理方式。负面清单通常用于限制或禁止某些特定领域或行业的市场准入，但在跨境电商进口税收方面，主要通过正面清单来界定允许进口的商品范围。但我们在实际运营中可参考跨境服务贸易领域的负面清单：如商务部发布的《跨境服务贸易特别管理措施（负面清单）（2024 年版）》和《自由贸易试验区跨境服务贸易特别管理措施（负面清单）（2024 年版）》就是典型的例子。这些负面清单列出了针对境外服务提供者以跨境方式提供服务的特别管理措施，旨在明确跨境服务贸易准入的“基准线”，并推动服务贸易的自由化和便利化。

3. 我国跨境电商出口税收监管

（1）跨境电商零售出口的政策。

2013 年 8 月，《关于实施支持跨境电子商务零售出口有关政策的意见》发布，在该意见中首次针对跨境零售出口出台了支持政策，将跨境电商零售出口纳入海关的出口贸易统计，提出了确定电子商务出口经营主体、新型海关监管模式、检验监管模式、收结汇、支付服务、税收政策、信用体系 7 项措施。

2013 年 12 月 30 日，《财政部 税务总局关于跨境电子商务零售出口税收政策的通知》发布，规定了电子商务出口企业出口货物适用增值税、消费税退（免）税政策的条件。

国家税务总局经财政部、商务部同意，发布出口货物的退（免）税事项。外贸综合服务企业以自营方式出口国内生产企业与境外单位或个人签约的出口货物，在规定情形下，可由外贸综合服务企业按自营出口的规定申报退（免）税 。

（2）针对跨境电商零售出口退税的政策。

①实行“免征不退”。跨境电商零售出口的商品种类繁多，跨境电商卖家在市场采购时，无法取得每一类、每一批次商品的增值税购货发票。根据国家现行的出口税收管理政策，“无票”商品在“阳光化”出口后，不仅不能享受出口退税，反而要加征增值税，出现“不退反征”的问题，造成跨境电商卖家的海量包裹以行邮物品方式向邮政交运，或交由有资质

的贸易企业按“市场采购”（1039）方式申报出境后再向其他国家邮政交运，或交由物流企业以“边境小额贸易”（4019）方式申报出境后再向其他国家邮政交运。在现阶段及未来较长的一段时间里，“无票”是我国跨境电商零售出口的普遍现状，对跨境电商零售出口“无票”商品免征增值税，成为市场的最大诉求。

2015年年底，国家税务总局曾给予杭州为期一年的跨境电商出口“免征不退”试点政策，对试点地区符合监管条件的跨境电商零售出口企业，如不能提供增值税购货发票，按规定实行增值税“免征不退”政策。但由于缺乏切实可行的操作办法，政策落地效果不佳。

2018年9月28日，财政部、国家税务总局、商务部、海关总署联合发布了《关于跨境电子商务综合试验区零售出口货物税收政策的通知》，对综试区电子商务出口企业出口未取得有效进货凭证的货物，同时符合下列条件要求的，试行增值税、消费税免税政策。

条件1：电子商务出口企业在综试区注册，并在注册地跨境电商线上综合服务平台登记出口日期、货物名称、计量单位、数量、单价、金额。

条件2：出口货物通过综试区所在地海关办理电子商务出口申报手续。

条件3：出口货物不属于财政部和国家税务总局根据国务院决定明确取消出口退（免）税的货物。

跨境电商零售出口“免征不退”由个惠变成普惠政策，跨境零售出口企业实现税收“阳光化”，“9610”模式将得到进一步的发展。

②“9610/1210”阳光模式 。未来跨境电商（B2B2C+集结仓+监管仓+海外仓+综合服务平台）“9610/1210”模式将成为主流阳光模式，即积极探索试点境内制造企业至境外分支机构至境外消费者（M2B2C）业务模式，境内外贸企业至其境外分支机构至境外消费者（B2B2C）业务模式，努力在跨境电商B2B2C出口业务模式认定规范、业务流程、技术标准和监管模式等方面取得突破；支持本地有条件的制造企业和传统外贸企业从“产品走出去”转向“服务走出去、品牌走出去”，依托境外保税仓积极布局全球供应链，开展跨境电商M2B2C出口和B2B2C出口模式试点。以新渠道抢占新市场；与邮政合作，致力打破境外“最后一公里”的发展瓶颈，快速抢占全球消费市场。

三、跨境电商金融监管政策法规

（一）跨境电商支付结算相关政策法规

根据联合国国际贸易法委员会1992年颁布的《国际贷记划拨示范法》第一条的规定：“本法适用于任何发送银行和其接收银行位于不同国家时的贷记划拨。”长期以来，该法被认为是跨境电子支付范围界定的核心规则。依据该条款的定义，跨境电子支付的核心内容应当是发送银行和其接收银行不在同一主权国家，分行和单独的办事处也视为单独的银行。随着全球化的发展与深化，跨境电子支付的界定不应该局限于“银行的地理差异特征”，而应结合支付体系相关主体，特别是第三方支付平台的特性来界定跨境电子支付服务。

我国现有的与电子商务相关的法律法规主要有《中华人民共和国民法典》《中华人民共和国涉外民事关系法律适用法》《互联网信息服务管理办法》《关于网上交易的指导意见（暂行）》《网络商品交易及有关服务行为管理暂行办法》《第三方电子商务交易平台服务规范》等。

近年来我国出台的有关跨境电商支付结算政策法规主要有《跨境贸易人民币结算试点管理办法》《非金融机构支付服务管理办法》《跨境贸易人民币结算试点管理办法实施细则》《支付机构客户备付金存管办法》《支付机构跨境电子商务外汇支付业务试点指导意见》《支

付机构跨境电子商务外汇支付业务试点管理要求》《中国银监会 中国人民银行关于加强商业银行与第三方支付机构合作业务管理的通知》《支付机构跨境外汇支付业务试点指导意见》等。

（二）第三方支付行业的金融法规

中国人民银行早在 2010 年 6 月就出台了第三方支付管理办法。2011 年 5 月，支付宝等 27 家企业获得支付牌照，消除了第三方支付的法律障碍。这是监管部门首次推出的和第三方支付相关的政策，它对第三方支付企业提出了更高的要求。第三方支付最大的成就在于推动了互联网应用走向深入，改变了人们支付结算的方式。

目前国内第三方支付企业主要通过与境外机构合作开展跨境网上支付服务，包括购汇支付和收费支付两种模式。购汇支付是指第三方支付企业为境内持卡人的境外网上消费提供人民币支付、外币结算的服务；收费支付是指第三方支付企业为境内外商企业在境外的外币支付收入提供人民币结算支付服务。根据《非金融机构支付服务管理办法》的相关规定，其中涉及的外币兑换和付款流程由其托管银行完成。

近年来，国内以电子商务和网络支付为核心的现代数字化商业模式发展迅猛，催生了一些规模较大、发展较为成熟的支付机构。这些支付机构随着业务扩展，产生了进入跨境联网支付服务领域的迫切需求。为规范和便利个人和机构进行跨境外汇互联网支付，帮助培育我国外贸新的增长点，2013 年 9 月，随着国内 17 家支付机构获得国家外汇管理局核准，跨境电商外汇支付业务正式拉开帷幕。

项目总结

本项目是对跨境电商政策法规与监管制度的学习与训练，重点介绍了国内外跨境电商立法的概况，熟悉了跨境电商贸易、商务、运输、知识产权、支付等相关政策法规，跨境电商运营团队要掌握跨境电商的海关监管、税收监管和金融监管政策制度，深入了解跨境电商的政策法规，为公司在跨境电商领域的发展保驾护航。

巩固练习

一、名词解释

海关监管　税收监管　金融监管　进口税收　出口税收　跨境电商支付　第三方支付　行邮税

二、单选题

1.《电子商务示范法》是（　　）于 1996 年通过的，这将促进协调和统一国际贸易法。

A. 联合国贸易法委员会　　B. 国际商会

C. 欧盟贸易法委员会　　D. 美国贸易法委员会

2. 2016 年 3 月 16 日，国务院关税税则委员会发布了《关于调整进境物品进口税有关问题的通知》对行邮税进行了调整，行邮税税率由原来的 10%、20%、30%、50%四档，调整为（　　）三档。

A. 15%、30%、60%　　B. 20%、40%、60%

C. 15%、30%、45%　　D. 20%、30%、60%

3. 2018 年 11 月 29 日，《关于完善跨境电子商务零售进口税收政策的通知》发布，规定从 2019 年 1 月 1 日开始，将跨境电商零售进口商品的单次交易限值由 2000 元提高至（　　）元。

A. 3000　　B. 4000　　C. 5000　　D. 6000

三、简答题

1. 跨境电商海关监管的基本内涵是什么？
2. 跨境电商进口税与行邮税、一般贸易下的进口关税有什么区别？
3. 现行的跨境电商税收法律制度有哪些？列出可查阅全文的网站链接。
4. 数字人民币在跨境电商支付中的应用场景与意义分别有哪些？

【拓展阅读】

数字商务三年行动计划（2024—2026 年）

数字商务是数字经济发展最迅速、创新最活跃、应用最丰富的重要组成，是数字经济在商务领域的具体实践，也是商务各领域数字化发展的实施路径。为贯彻落实党中央、国务院关于发展数字经济的决策部署，更好推动商务各领域数字化转型，赋能经济社会发展，服务构建新发展格局，制定本行动计划。（访问中华人民共和国商务部网站阅读全文）

项目三 跨境电商选品与产品定价

知识目标

1. 了解全球主要跨境电商市场概况。
2. 了解主流跨境消费群体和消费者行为习惯。
3. 熟悉跨境电商选品途径、方法和流程。
4. 掌握产品价格构成及定价策略。

能力塑造

1. 能够分析和比较主要跨境电商市场。
2. 能够通过网络搜集跨境电商平台进驻规则与要求。
3. 能够运用第三方软件对竞品进行分析。
4. 能够对所选产品进行合理定价。

素质培养

1. 具备良好的职业习惯。
2. 具备信息收集、整理的能力，以及能及时更新知识储备的能力。
3. 具备岗位分工的责任意识与团队协作精神。
4. 具备爱国、诚实守信的精神，以及合规运营的价值观念。

商务情景导入

AAA有限公司跨境电商运营团队想要开展跨境电商运营工作，他们想要在全球五大市场区域选择自己的目标市场，并针对目标市场选择市场容量大、消费群体庞大、刚性需求较强的产品。通过对跨境电商市场的环境、商品、营销情况、消费者需求、市场竞争状况的调研，跨境电商运营团队最终选择欧美市场作为主要目标市场，在产品选择上选择跨境电商平台销量为前五的服装类目产品。跨境电商运营团队按照选品的逻辑原则以及选品方法完成产品选择，针对所选择的产品按照定价方法以及价格构成完成定价，为下一步产品资料准备打下基础。

实训一 跨境电商市场调研

任务描述

随着跨境电商的迅速发展，跨境电商已经成为全球经济的重要组成部分，各个国家消费者积极参与跨境消费，但是由于各个国家经济发展水平、消费者购买行为习惯不同，导致各个市场交易规模差异较大。基于各个区域跨境电商渗透率以及消费者购物习惯，帮助企业完成目标市场选择并确定跨境电商产品品类。

实训目标

通过市场调研，确定目标市场以及产品类目，选择适合放到跨境电商平台上销售的产品。

实训要求

学生分为若干小组，组内分工协作，对北美洲、欧洲、亚洲、大洋洲、非洲五大市场以及跨境电商消费者的行为与习惯进行调研，了解五大市场的市场前景和容量以及消费者购买偏好，在小组内讨论交流并形成总结报告。

实训成果

1. 经过调研讨论确定在五大市场中选择 AAA 有限公司的目标市场。
2. 基于 AAA 有限公司的目标市场确定未来公司要经营的品类。
3. 撰写一份适合 AAA 有限公司产品的境外市场调研报告，具体包括跨境电商宏观环境分析、行业环境分析、跨境网购消费者需求分析等内容。

近年来，跨境出海成为众多企业和个体创业者关注的热点，国家也为跨境电商的顺利发展提供了相关的政策支持。但是面对不同国家的政治、经济、文化、制度以及消费者购买习惯的差异，在众多的商品中如何选择符合境外用户需求的产品就成了难题。选品在跨境电商运营中就显得尤为重要，但选品不能靠个人的主观判断，而要做好充分的市场调研，做到知己知彼，方能百战不殆。

一、跨境电商国际市场调研内容

1. 国际市场环境调研

国际市场环境调研主要为了帮助企业能够按照相应的经济环境、政策、制度等因素选择适宜的市场，建立良好的跨境电商经营环境。国际市场环境调研主要包含以下内容：①经济环境，即一个国家或地区的经济结构、经济发展水平、经济发展前景、民众的就业情况、民众的收入水平等。②政治和法律环境，即一个国家或地区的政治制度、经济政策、对开展对外贸易的态度、与外贸相关的法律法规（如关税、外汇限制、商品进出口卫生检疫、商品进出口安全管理等）。③文化环境，即一个国家或地区所使用的语言、风俗习惯、宗教、价值观念、生活方式等。④社会环境，即一个国家或地区的人口数量、人口分布情况、交通情况、地理环境等。⑤电子商务市场规模，即一个国家或地区的互联网普及率、互联网用户数量、网购人群规模、网购人群年龄结构、网购商品结构、电子商务交易金额、电子商务增长率等。⑥市场竞争对手情况，即竞争对手的交易金额、商品结构、商品质量、价格水平、所采取的营销推广手段、商品研发能力、市场占有率等。

课堂讨论

你了解哪些国家的特殊文化背景？这些特殊文化背景对我们从事跨境电商有哪些影响？

知识链接：全球有哪几大市场？这几大市场有什么特点？

全球主要有5大跨境电商市场，包括北美洲市场、欧洲市场、亚洲市场、大洋洲市场、非洲市场。

北美洲市场是中国跨境出口的主要市场，其中美国是世界上最大的电子商务市场之一，作为世界上最具竞争力、创新能力和最开放的经济体之一，美国GDP（Gross Domestic Product，国内生产总值）总额居于世界第一。与中国人热衷储蓄不同，美国人不但极少储蓄，而且很多人都会办理几张信用卡进行超前消费，目前，仅一半以下的美国成人有可维持3个月生活的存款。因此也使得美国成为全球最大的消费品市场。

欧洲作为世界第三大电商市场，跨境交易总额在2022年超过150万亿美元，且交易量超过4000亿次，复合年增长率（Compound Annual Growth Rate，CAGR）约超10%。据可靠调研数据显示，欧洲跨境贸易未来五年中，预计每年平均移动商务购买量将达约3.1万亿美元，未来市场依然存在增长潜力。

亚洲跨境电商主要面向东南亚、日本、中东地区。东南亚主要国家为越南、泰国、马来西亚、印度尼西亚、菲律宾，具有丰富的语言环境、不同的宗教信仰及文化背景。人口优势成为东南亚经济持续增长的重要因素。日本的电商市场规模排名全球第三，该市场中的高收入群体所拥有的强大购买力，加之对高品质或奢侈品牌存在旺盛的需求，这无疑对行业发展起到了推波助澜的作用。东海湾六国（沙特阿拉伯、阿联酋、巴林、科威特、阿曼、卡塔尔）的整体互联网渗透率高于中国、美国等经济大国，远超全球平均水平（57%）。互联网和智能手机的普及，让74%的中东人（总人口4.11亿人）能够接触网络。

根据PayPal消费者调研结果显示，沙特阿拉伯、阿联酋的跨境电商市场规模占比超过了美国、墨西哥。其中，近乎一半的沙特市场的跨境交易来自中国卖家。

大洋洲以澳大利亚为代表，它是全球第十二大经济体，被称为“坐在矿车上的国家”。在国土面积上，澳大利亚差不多跟美国一样大，有着极高的城镇化率（90%）、网络覆盖率（88%）和网购渗透率（81%）。澳大利亚位于南半球，与中国、美国、欧洲等市场季节相反，备货更加多样化。

非洲电商市场起点不高，但在过去几年间发展迅猛。尤其是近两年，非洲线上零售的发展产生了翻天覆地的变化，当地消费者居家购物需求上涨，且带来一系列持续性的影响，引发了非洲跨境电商进入高速发展的阶段。在非洲，网上零售和电子商务逆势而上，成为经济发展新亮点。

2. 国际市场商品调研

国际市场商品调研主要包括国际市场适销商品情况、国际市场消费特点、国际市场竞争情况的调研。国际市场适销商品情况调研，包括商品的品种、规格、质量、数量、颜色、商标、品牌、运输。国际市场消费特点调研，包括消费水平、质量要求、消费习惯、销售习惯、产品销售周期。国际市场竞争情况调研，主要包括市场容量，供货主要来源，某个品类或某款商品的市场规模、供应渠道、主要生产商的名称和生产能力、主要消费对象。

3. 国际市场消费者调研

明确不同市场区域目标客户群体的消费行为和习惯是市场调研的关键点。根据跨境电商消费者的特质不同进行客户细分，可以准确定位目标客户的消费特点，根据消费特点按需上架商品，能够达到精准营销的效果。一般来说可以根据消费者的消费能力、性别、年龄、文化和民族背景来划分消费者。

从消费能力角度划分，可以根据所在区域的经济发展水平分为成熟市场和新兴市场。得益于电商平台的加速布局，越来越多跨境卖家在深耕欧美市场的基础上，开拓更多新兴市场。AMZ123（一个专注于跨境导航的网站）调查数据显示，截至 2023 年 12 月，13.9%的受访卖家布局了拉美市场，11.5%的卖家拓展东南亚市场，还有 10.9%卖家进军日韩发达市场，如图 3-1 所示。

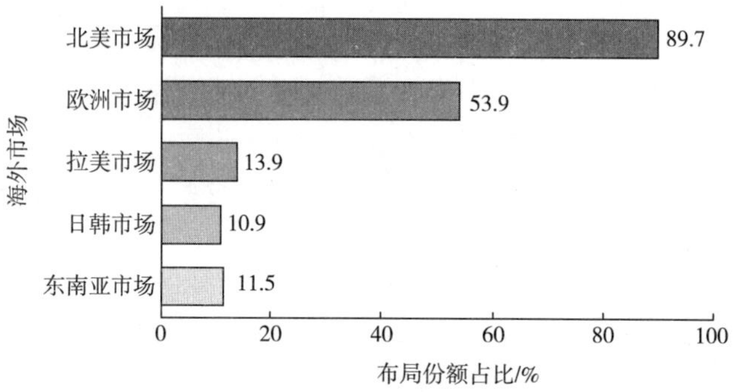

图 3-1　2023 年中国跨境电商卖家海外市场布局份额占比

从性别角度划分，可以发现各个国家的男性和女性消费者的消费偏好较为相似：女性偏爱的品类为女装、时尚配饰、护肤品；男性偏爱的品类为户外和运动用品、电子和汽配。

从年龄角度划分，在同一市场领域不同年龄阶段的人呈现出不同的消费偏好：与老年人相比，年轻人更善于社交，他们热衷于社交媒体，在他们的生活中离不开现代化的科技手段，消费能力强。

从文化和民族背景划分，全球跨境电商消费群体庞大，他们的消费行为习惯不尽相同。了解不同国别消费者的行为，对企业未来参与跨境电商运营提供基础条件。主流市场的消费者特点如表 3-1 所示。

表 3-1　主流市场的消费者特点

国家	消费者特点
俄罗斯	①季节温差较大，商品营销的季节性较强 ②女性喜欢化妆和打扮，美容类商品在俄罗斯的销路很好 ③一个热爱运动的国家，人们经常购买专门的运动鞋、运动衣和运动配件类商品 ④俄罗斯人最喜欢用的支付方式是 WebMoney
加拿大	①冬季较长，对冬季类商品的需求量较大 ②在夏季，加拿大人喜欢游泳、骑自行车、登山露营、养花和垂钓，是一个热爱运动的国家，所以加拿大人对体育用品需求量较大 ③加拿大不少城市的居民非常喜欢购买宠物用品 ④在网购时，加拿大人喜欢使用的支付方式是信用卡和 PayPal

续表

国家	消费者特点
英国	①时尚和体育用品是比较畅销的商品品类，其次是家居和旅游用品等。英国人对商品的价格比较挑剔，同时对商品的外观和品质的要求也极高 ②在英国市场中，几乎40%的在线交易使用信用卡支付，30%以上的在线交易使用借记卡支付。此外，PayPal也是颇受英国人欢迎的在线支付工具
意大利	①电子商务平台是意大利人最主要的购物渠道 ②从意大利市场热度来看，骑行行业市场潜力巨大，相关商品的搜索量及销量很高 ③在网购时，意大利人喜欢使用信用卡进行支付
美国	①比较注重效率，希望下订单后能够尽快收到商品 ②看重商品质量，在美国市场中，高、中、低档商品的差价较大 ③喜欢在传统节日、退税季节和换季促销时购物 ④信用卡是美国人网购时较常用的支付方式

二、跨境电商市场调研方法

市场调研是一项重要而复杂的工作，对于跨境电商市场的调研，一般可以采用实地调研法（原始资料）和案头调研法。

1. 实地调研法

实地调研法，是指深入跨境电商市场进行观察、询问和收录。通过实地调研，对跨境电商商机的获取更为直接，效率更高。实地调研的价值不仅表现在获取商机，鉴于跨境电商产业链条较长，通过实地考察能够更好地收集当地的物流时效、海外仓建立的必要性等信息，但是由于各个国家的文化、语言的不同，也会给实地调研带来一定的困难。

2. 案头调研法

案头调研法，是通过书籍、网络等方式收集二手资料的一种调研方法。当今随着全球经济一体化的进程不断加快，互联网渗透率的不断提高，跨境电商的调研离不开社交媒体。通过社交媒体能够更好地了解消费者的偏好，大量信息能够形成海量数据，基于客观数据的分析能够更好地判断未来市场的走向和趋势，从而更精准地为消费者提供产品。

课堂讨论

实地调研法和案头调研法应该如何选择？

三、跨境电商市场调研的步骤

在跨境电商领域，企业只有提前做好市场调研，才能增强自身竞争优势。跨境电商市场调研的步骤主要包括：明确调研目标、制订调研计划、执行调研计划、撰写调研报告。

1. 明确调研目标

跨境电商市场调研的第一个步骤是明确调研目标。不同国家（地区）消费者偏好不同，在选品之前要有针对性地进行调查研究。根据具体国家（地区）的市场情况，调查跨境电商企业在该国家（地区）的发展潜力，调研境外消费者的消费习惯。项目小组需要确定想要了解哪些问题，这些问题答案的呈现形式，以及问题之间的关联有哪些，能否相互呼应。为了提高调研的效率和信息的对称性，必要时要对调研的具体项目进行解释说明。

（1）北美洲市场。北美洲市场是最大的电子商务市场之一，由于该地区的人们极少储蓄，因此在线消费者数量众多，消费能力强，市场容量非常大。例如，美国存在大量的移民，他们来自不同的国家和地区，拥有不同的文化习俗，所以对市场上的产品有较高的接受度，愿意尝试和购买新产品。只要产品的品质确实不错，他们就会记住这个产品，以后有需要的时候就会进行重复购买。

（2）东南亚市场。东南亚市场人口众多，是一个典型的多语种区域，因此企业要想开拓东南亚市场，多语种的跨境电商运营就变得非常重要。东南亚的互联网消费者大部分使用移动端，交易比例高达62%以上，因此企业要想进军东南亚市场，适应当地的移动消费群体的习惯和需求是很重要的。

（3）中东市场。中东地区人口基数庞大，市场广阔，消费者的平均年龄较小，适合年轻人的产品在当地较为畅销。年轻人追求的新奇、潮流和时尚的产品在该地区有不错的表现，如玩具和电子产品。由于互联网的高普及率，中东地区消费者的跨境网购行为较为频繁，经济的富裕情况增加了他们的网购热情。

（4）法国市场。法国消费者一般会在网站上直接搜索自己想要的产品，准确、全面和富有吸引力的产品信息能够更有效地吸引他们，他们的网购目的性相对较强，很多时候都是确定了想要购买什么产品之后才在网上进行购买。法国网上购物的消费者主要集中在25~40岁，女性消费者多于男性消费者，女性的服装类、美容类产品很畅销。另外，法国的旅游业很发达，所以很多法国消费者购买的产品与旅游、文化和服务有关。

（5）德国市场。德国本地的产品已经足够优质了，跨境产品要想在德国市场上立足，就需要在品质上精益求精，这样才能得到消费者的认可。德国的退货率很高，将近50%，这与德国的法律和德国人的消费行为有关。德国的法律规定，网购时，消费者可以在14天内将没有开封的商品退回。德国人也经常会购买多个颜色或尺码的产品，在试用过后将不满意的那部分产品退掉。相较于其他国家和地区，德国人的消费观念相对理性，基本上不会冲动消费，购买奢侈品的人比较少，相较于外在的追求，他们更注重生活的品质。

（6）英国市场。英国是世界上主要的贸易国家之一，英国人非常具有绅士风度，特别看重礼仪，无论是在生活中还是在工作中，都温文尔雅，同时他们的计划性很强，在产品选购上比较关注细节，追求产品的质量和实用性。

2. 制订调研计划

跨境电商市场调研的第二个步骤是制订调研计划。在这个环节中需要确定调研需要哪些信息，以及获得信息的途径和方法。可以通过制订调研提纲和调研表格的方式完成调研信息的收集，为进一步提高调研效率，也可制订调研时间和调研期限。

常见的调研方法包括直接沟通法、在线搜索法、专题讨论法和网上实验法等。

（1）直接沟通法。企业可以去欧美国家进行实地考察，或者询问在中国的外国朋友在网购时的偏好。

（2）在线搜索法。利用谷歌趋势（Google Trends）、谷歌关键词规划师（Google Keyword Planner）等进行在线调研。例如企业可以用谷歌趋势研究一个产品，看看在过去几年里这个产品所包含的关键词的定向搜索需求；也可以用谷歌关键词规划师了解有多少人正在搜索这个广告，同时通过搜索各类相关的关键词，企业可以知道世界各地的消费者都在搜索什么。

（3）专题讨论法。企业可以在多个社交平台发起话题，进行调研讨论，并且通过查看社交媒体标签和热门话题了解境外市场情况。

（4）网上实验法。企业应利用好社交网络渠道，包括 Twitter、Facebook 和 Instagram 等社交工具吸引“粉丝”。这些“粉丝”都是潜在消费者，他们可以完成一些测试订单，并在流程的每一步提供有价值的反馈。

3. 执行调研计划

跨境电商市场调研的第三个步骤是执行调研计划，明确调研人员、时间、进度安排、技术要求、理论根据和调研活动的规划与监控等问题。执行调研计划主要围绕信息收集、处理和分析，获得具有高概括性的市场动向指标，并对这些指标进行横向和纵向的比较、分析与预测，以发现市场的现状和趋势，从而提出相应的建议和对策。这项工作可以由企业内部员工或者委托第三方公司来完成。这项工作一般会借助一些信息化的手段来保障计算的精确度。

4. 撰写调研报告

通过以上调研步骤，企业要将获得的数据和信息以书面调研报告的形式进行展示。标准的调研报告的撰写一般包括以下几个部分：前言部分、调研的目的与意义、调研的内容、调研的实施说明、相应的结论和意见，以及相关附录。

四、操作实践

假设 AAA 有限公司在前期平台调研的基础上选择了敦煌网作为第一个跨境电商平台，并且按照公司的要求制作一份服装类产品的市场调研报告。这需要结合平台的情况展开调研，一方面要调研平台消费者所在地的跨境电商发展情况，另一方面要调研服装类产品的消费者消费习惯，进而形成调研报告。调研步骤、方法如下。

1. 利用 ALEXA 分析敦煌网流量

访问 ALEXA 网站，单击导航条上的“网站排名”。在“排名查询”栏输入敦煌网的网址，单击“综合查询”按钮后，单击“网站排名”，可以查询敦煌网的排名情况，如图 3-2 所示。

注：UV（unique visitor，访客数）；PV（page view，页面浏览量）。

图 3-2　敦煌网的全球网站排名

单击导航条上的“流量分析”选项，从搜索结果中可以发现敦煌网“国家/地区访问比例”较高的前几位国家分别是美国、中国、英国、加拿大和印度等国家，如图 3-3 所示。因此，这些国家就成为 AAA 有限公司深入调研的目标，其中美国比例最高，占比 32.2%，所以针对美国市场的调研就显得非常重要。由于市场环境是不断在变化，消费者流量排名也会发生变化，因此运营团队需要定时进行更新查询。

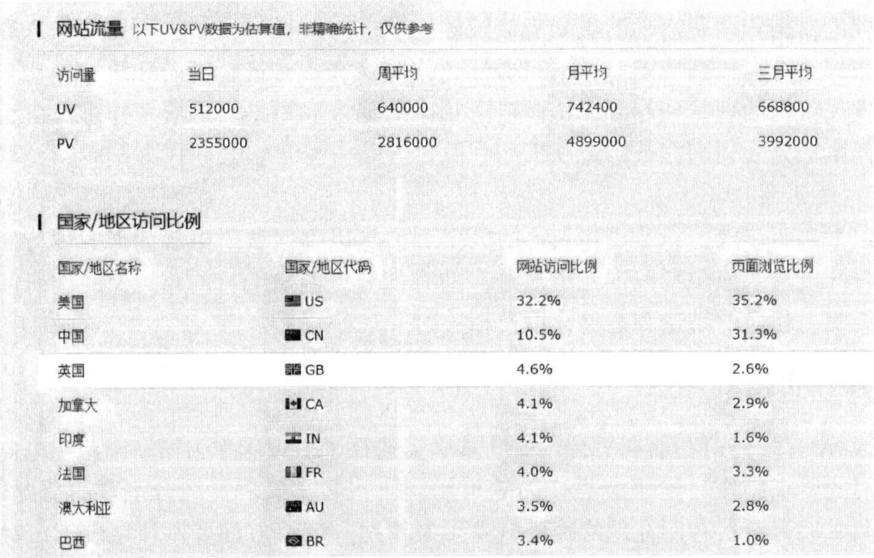

网站流量 以下UV&PV数据为估算值，非精确统计，仅供参考

访问量	当日	周平均	月平均	三月平均
UV	512000	640000	742400	668800
PV	2355000	2816000	4899000	3992000

国家/地区访问比例

国家/地区名称	国家/地区代码	网站访问比例	页面浏览比例
美国	US	32.2%	35.2%
中国	CN	10.5%	31.3%
英国	GB	4.6%	2.6%
加拿大	CA	4.1%	2.9%
印度	IN	4.1%	1.6%
法国	FR	4.0%	3.3%
澳大利亚	AU	3.5%	2.8%
巴西	BR	3.4%	1.0%

图 3-3　敦煌网网站流量与国家/地区访问比例

2. 查看敦煌网上同类产品的销售情况

服装鞋帽分很多种类，AAA 有限公司拥有的产品包括鞋子、男士运动衫、T 恤等。进行产品调研时要进行细分，运营团队从公司主打产品男士运动衫和 T 恤入手，在敦煌网上查看同类产品的市场销售情况。首先在敦煌网搜索栏中输入关键词“Men’s Sweatshirts（男士运动衫）”，选择“Bestselling（热卖款）”，页面上会出现卖得最好的男士运动衫产品，如图 3-4 所示。分析产品的具体情况后会发现，在该平台上卖得最好的男士运动衫以套头衫和连帽衫居多。

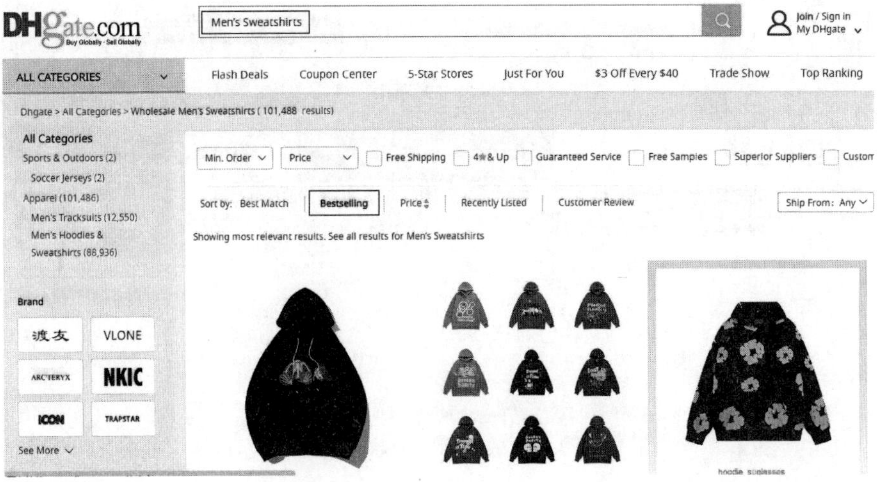

图 3-4　卖得最好的男士运动衫

同理，运营团队可以在敦煌网的搜索栏中输入和本公司产品款式相近或材质相同的关键词进行查询，进一步分析市场同类产品和公司产品的异同点，市场上买家对产品的消费需求，以及针对跨境电商业务，公司的运动系列服饰在哪些方面可以进行改进和创新。

3. 形成调研报告

通过一系列的调查研究，运营团队对各种数据进行分析和总结，形成了一份调研报告并提交给公司总经理进行审核。运营团队还尝试通过了解用户搜索习惯、支付习惯和购买习惯来了解境外消费者的消费习惯，为选品做好准备。

实训二 跨境电商选品

任务描述

在对比各大跨境电商平台产品线以后，AAA有限公司通过研究和讨论，选择服装类产品开展跨境电商业务。公司要求跨境电商运营团队尽快做好市场调研、产品选择、筛选货源渠道、制定价格体系等工作，并指派跨境电子商务部主管来完成市场调研及产品选择任务，并将跨境电商选品流程在团队内进行分享。

实训目标

通过实操训练，熟悉跨境电商平台的选品逻辑与选品技巧。

实训要求

学生分为若干小组，组内分工协作，对代表性的三家跨境电商平台进行学习调研，了解不同平台、不同地域对于产品的市场反馈，小组内讨论交流并形成总结报告。

实训成果

1. 完成跨境电商平台的选品。
2. 撰写跨境电商平台选品逻辑及选品流程调研报告。

不同平台的消费者需求差异很大，选品对店铺运营来说就显得至关重要。品选对了，事半功倍；如果品不对路，店铺的出单量就会很少。因此跨境电商运营团队应做好充分的市场调研，采用合适的选品方法，筛选优质的货源渠道，制定合理的价格体系，尽最大可能满足目标市场用户的需求，提升用户的体验感和满意度。

一、选品的意义

卖家在选择跨境电商出口平台后，面临的问题就是产品的选择（选品），选品是店铺运营的首要工作，它决定了卖家的目标客户群体、竞争对手、盈利能力。好的产品不仅能为店铺带来可观的销量，还能够提升店铺的整体流量，提升商品在搜索结果页面中的排序，提高店铺的核心竞争力。

那么如何选择一个好的产品是每个卖家需要思考的问题，同时也需要卖家做好相关准备工作，如掌握跨境电商选品的考量因素及注意事项，掌握跨境电商的选品方法，了解跨境电商货源渠道，了解跨境电商的产品价格构成等。因此，在开设店铺之前卖家务必做好选品工作。

课堂讨论

做出口跨境电商，如何选品？AAA 有限公司为什么要选择服装类产品？

知识链接：选品原则有哪些？

在跨境电商的经营中，产品选择非常重要，好的产品不仅能够带来可观的销量，也能提升店铺整体流量，同时提升店铺竞争力。这里需要注意的是选品要遵循选品的原则，即以平台为原则、以目标市场需求为原则、以喜好兴趣为原则。

以平台为原则：需要卖家对不同平台的特性、商业理念有足够的了解，知道平台的热销品类、扶植品类有哪些，知道哪些品类更容易获得平台推荐。

以目标市场需求为原则：市场需求大或是刚需产品才会带来销量及可观的流量，选品要从市场需求出发，要考虑目标市场客户群体的消费需求、喜好。

以喜好兴趣为原则：卖家从自己感兴趣的产品为切入点，这样才会花费时间去了解产品，去研究产品的特性、优势、消费群体等，对产品有充足的认知才能更好地运营产品。

二、选品的逻辑

在选品的实际操作中，要有清晰完整的选品思路，不能靠主观感觉去决策，要有数据依据，遵循市场规则，掌握技巧才能做好选品工作。

1. 多品类挖掘

对于跨境卖家而言，选品的第一步是要有一个大的方向、多类目的思维，而不是只局限在某一个品类里面，需要卖家在选品初期就开拓类目，选择多类目的产品，这样才能在众多类目中选择出适合自己的类目及产品来作为跨境电商平台的发展方向，如图 3-5 所示。

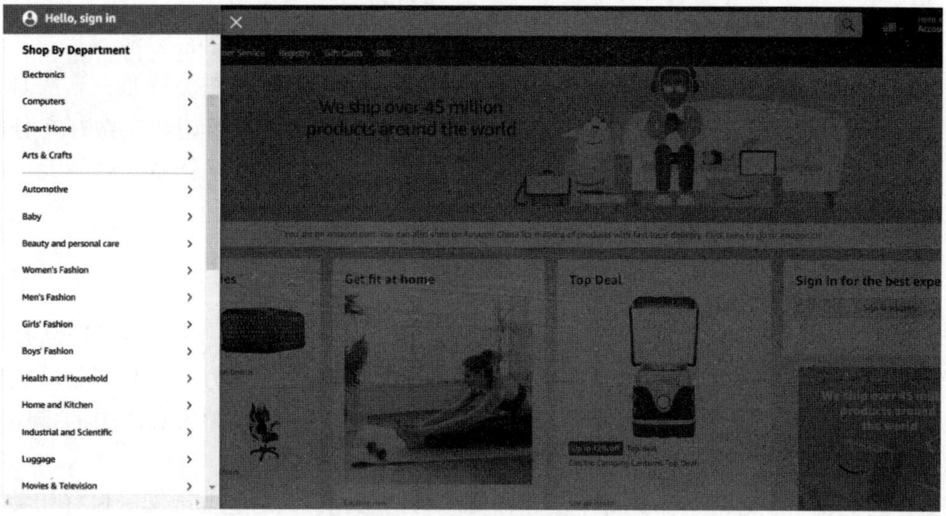

图 3-5　多品类挖掘

2. 类目比对

卖家对多个类目进行比对分析，找到符合选品原则及有货源优势、利润较好且有可观销量的类目。同时，作为卖家，需要对销售的产品有比较专业的认识而不是简单地了解产品。经过平台类目对比，发现服装类目占有比较大的市场，如图 3-6 所示。因此，卖家可以选择服装类作为平台发展方向。

图 3-6　类目比对

3. 类目纵深挖掘

随着卖家对所经营类目的产品专业知识的积累，对产品的理解也越来越深刻，在此基础上，卖家在选品上要做的是精细化筛选。在大市场环境下，遵循“二八定律”，即 20%的产品会带来 80%的利润，因此，通过类目纵深挖掘，卖家选择男装作为主要经营类目，如图 3-7 所示。

图 3-7　类目纵深挖掘

4. 复制选品

选品在跨境电商平台经营中是一个长期的工作，贯穿店铺运营始终，因此卖家应该坚持做选品工作，在已有热卖款的同时，尝试开发具有市场潜力的新款产品，使自己的类目下的产品更加丰富。在重复选品的过程中，不断地做类目比对和类目纵深挖掘，会发现更多适合自己销售的产品，不断丰富自己类目下的产品，使产品生命周期具有一定的连贯性，产品线布局更长，如图 3-8 所示。

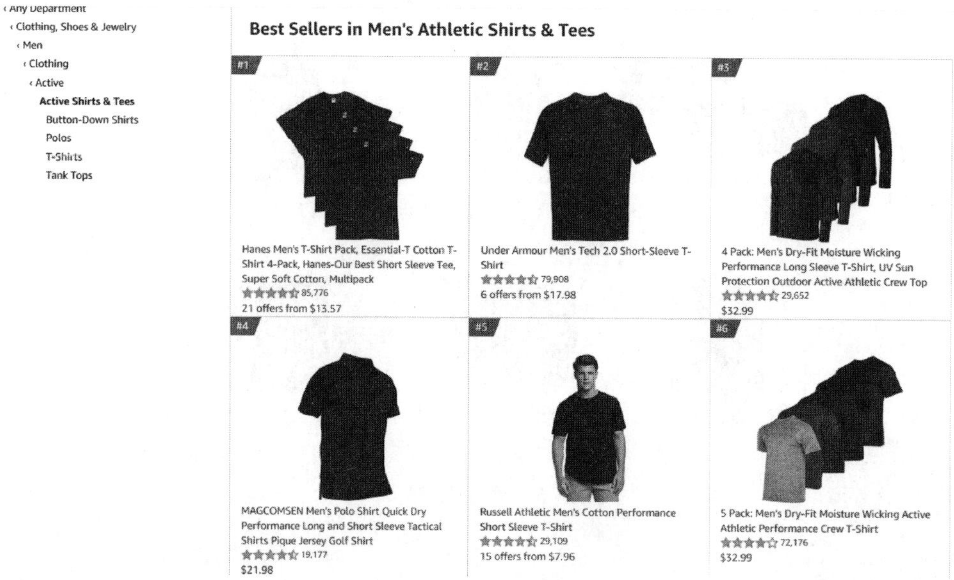

图 3-8　复制选品

5. 数据选品

卖家在选品初期，更多的是依靠比较基础的分析和主观判断，当产品销售逐渐稳定、店铺状态及规模在上升阶段时，卖家积累了足够的行业认知，对产品有了一定的知识储备的时候，那么，卖家在进行选品的过程中，需要尽可能地结合大数据的分析来选择产品，借助数据分析工具多维度地收集产品的信息，卖家可以从这些大数据中筛选出一些信息和产品，如图 3-9 所示。

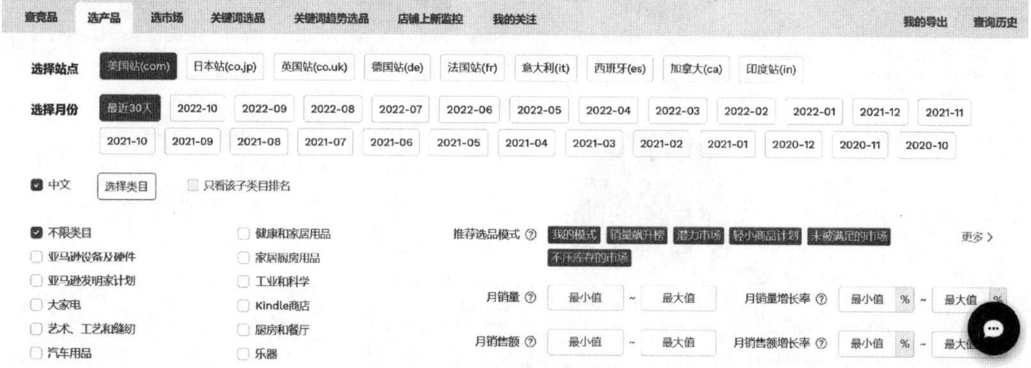

图 3-9　数据选品

三、选品的技巧

1. 评价分析法

评价分析法是选品技巧中比较常见的方法，包括好评分析和差评分析，其中差评分析是收集目标产品的差评数据，从中找出顾客给产品的差评内容，以差评为切入点，改善产品或者找到能够解决顾客痛点的产品。此方法主要以差评数据为主，同时也要兼顾产品的好评，从而找到顾客对产品的需求点。因此，评价分析法是从好评中挖掘顾客的需求点，从差评中找到产品的不足并且对产品进行完善，找到能够满足顾客需求的产品。

2. 产品线分析法

产品线分析法就是利用产品组合的方式来选品，卖家在创建自己的产品线时，核心产品占20%，此类产品是获取高利润的产品，选品时侧重小众款且高利润产品；爆款产品占10%，此类产品的主要作用是获取高流量，选品时紧跟时下热点及流行趋势；基础款产品占70%，此类产品是常卖款产品，选品时侧重性价比高的产品。因此，选品时需要兼顾不同的客户群体，不同等级、不同品质的产品才能吸引不同的客户群体。

实训三　选品分析软件

任务描述

在互联网发展和信息技术化的背景下，电子商务发展迅速，因此，能够快速利用互联网工具获取有价值的商务或产品信息，是现今电子商务人士必须具备的能力。通过对业务数据的获取及分析，让数据作为工作中执行的有效依据，是经营中的统一标准和尺度，也是数据分析在实际工作中的应用体现。

实训目标

通过实操训练，能够对所选产品进行数据分析，掌握如何使用软件提取有效数据。

实训要求

学生分为若干小组，组内分工协作，对所选产品进行数据分析，小组内讨论交流并形成数据分析报告。

实训成果

1. 完成对所选产品的数据分析。
2. 撰写所选产品的数据分析报告。

经过团队前期的努力，AAA有限公司完成了选品的艰巨任务。那么如何评价团队的选品是否符合公司的目标预期呢？这时选品分析软件的出现很好地解决了这个问题，通过软件工具对各个指标的分析，可以准确地判断选品的优劣。

一、选品分析软件介绍

卖家精灵是一款第三方数据分析软件，可以利用关键词来查找产品的销量、价格、产品排名、历史趋势等数据，用作选品的数据分析；也可以利用关键词选品和关键词趋势选品对产品进行数据分析。以下就以欧美市场为例，对服装类目进行产品数据分析。

课堂讨论

选品数据分析中，哪些数据比较关键？

知识链接：什么是产品历史趋势、关键词选品、关键词趋势选品？

在选品分析软件中，产品历史趋势是指产品在过去某个时间范围的价格、排名、评分等数据情况。

关键词选品，是在某个关键词下销售产品的种类、关键词的搜索趋势、搜索量及购买率。

关键词趋势选品，是某个关键词搜索的周变化量及排名趋势以及关键词下的产品排名。

根据以上数据我们可以对产品及产品相关的关键词数据、搜索量、搜索趋势、产品排名、产品生命周期等数据有全面的了解，并根据这些数据对产品进行综合分析，为选品工作提供数据支撑。

二、产品数据分析

1. 选产品

工具地址：卖家精灵官方网站

查询条件：关键词、国家、时间区间

举例：以关键词“men’s wear”为例，选择国家为“美国”，选择时间区间为“过去 3 个月”

第一步：打开软件地址，在工具选项里选择“选产品”。

第二步：在筛选条件里选择“美国”，时间选择“过去 3 个月”，关键词输入“men’s wear”，如图 3-10 所示。

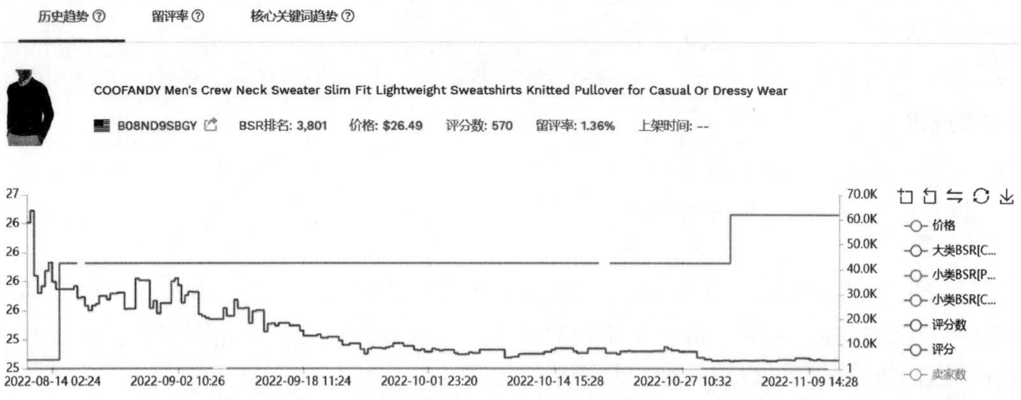

图 3-10 关键词 men’s wear 过去 3 个月在美国的搜索结果

点击选项卡的“核心关键词趋势”，可以看到关键词 men’s wear 和其他对比关键词在美国的搜索趋势，此外还可以查询产品价格、评价数量等信息，可以更全面地掌握关键词的外部数据，如图 3-11 所示。

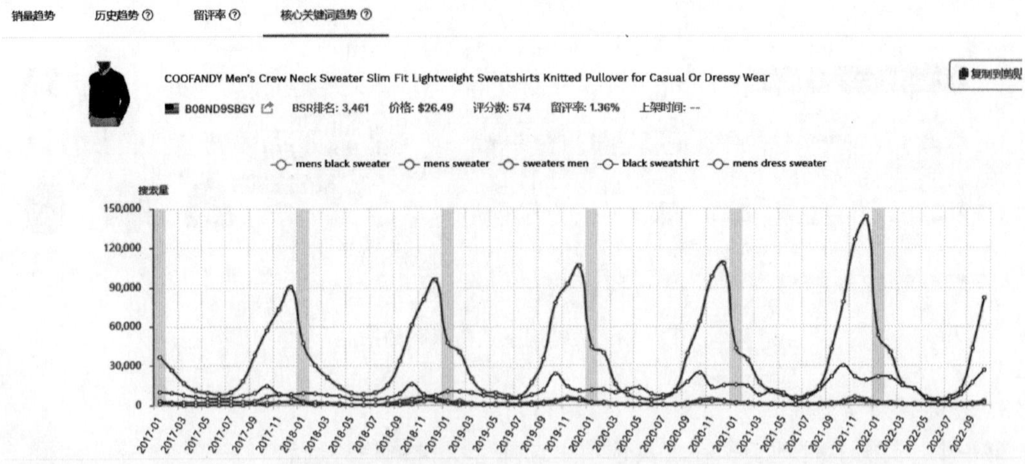

图 3-11 关键词 men's wear 的搜索趋势

由图 3-10、图 3-11 数据可以分析出 men's wear 在美国具有稳定的销量及较长的产品生命周期，品类排名较稳定，并且每年的 9 月到次年的 3 月是搜索高峰期，因此对于美国而言，产品开发要在 5—7 月内完成。

2. 关键词选品

工具地址：卖家精灵官方网站

查询条件：关键词、国家、时间区间

举例：以关键词“T-shirt”为例，选择国家为“美国”，选择月份为“2022-10”

第一步：打开软件地址，在工具选项里选择“关键词选品”。

第二步：在筛选条件里选择“美国”，时间选择“2022-10”，关键词输入“T-shirt”。

我们可以从搜索结果中提取到关键词的搜索趋势、月搜索量、增长率、近 3 个月增长、市场分析等数据，以上数据可以更好地对产品和目标消费市场进行综合分析，如图 3-12 所示。

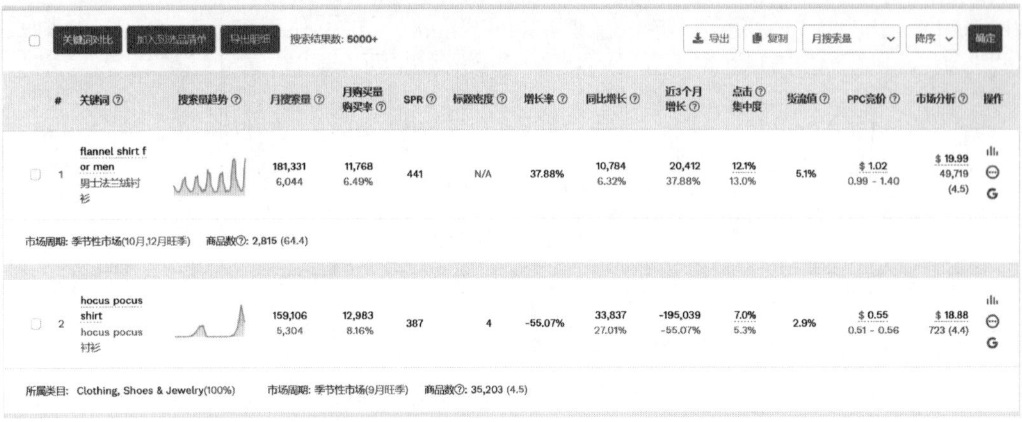

注：SPR（sales performance review，销售业绩评估）。

图 3-12 关键词 T-shirt 月搜索量、增长率及搜索趋势

第三步：由图 3-12、图 3-13 数据可以分析出关键词 T-shirt 在美国具有极高的搜索量，搜索趋势稳定，增长率及同比增加率稳定，并且点击率高的产品的转化率同样比较可观。因此，我们可以从数据反馈中侧重选择点击率高的产品为切入点。

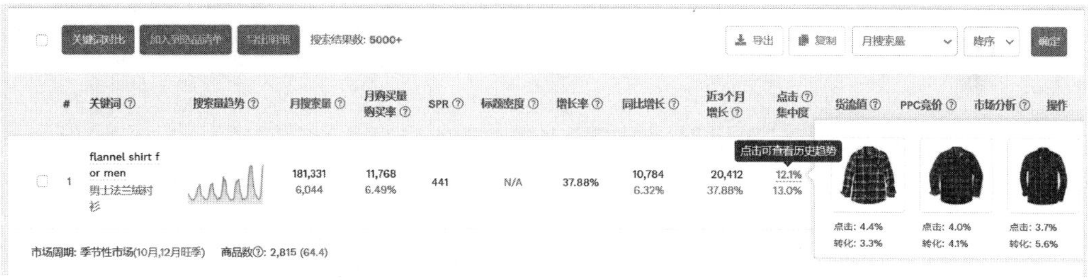

图 3-13　关键词下点击率高的产品

3. 关键词趋势选品

第一步：打开软件地址，在工具选项里选择“关键词趋势选品”。

第二步：在筛选条件里选择“美国”，时间选择“2022 第 9 周”，关键词输入“T-shirt”，如图 3-14 所示。

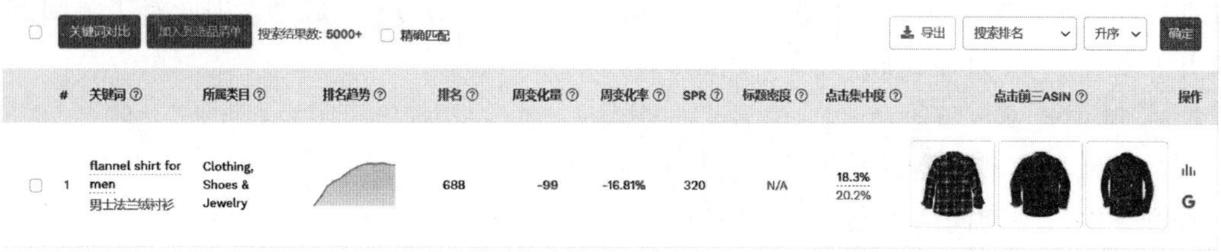

图 3-14　关键词 T-shirt 趋势数据

点击数据表右侧“G”的标志，进入谷歌趋势数据，谷歌趋势可以采集关键词 T-shirt 在欧美地区的特定时间段内的搜索热度、搜索趋势，帮助我们掌握关键词及其产品线在特定时间段内的搜索高峰期和搜索低谷期，如图 3-15 所示。

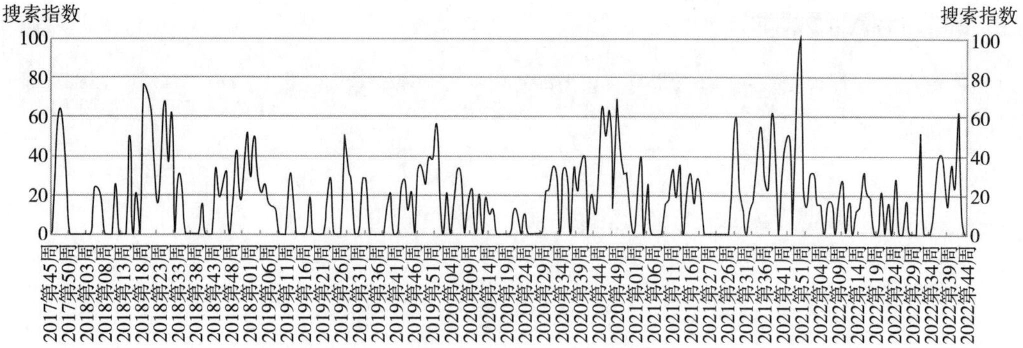

图 3-15　关键词 T-shirt 谷歌趋势数据

由图 3-14、图 3-15 数据可以分析出关键词 T-shirt 有稳定上升趋势，且谷歌趋势数据显示 T-shirt 相关产品具有相对稳定的搜索量，搜索峰值比较平稳，因此关键词下的产品可以用选中的测试款来测试市场反馈。

实训四　跨境电商产品定价

任务描述

跨境电商卖家在选好产品后，将面临产品的定价问题。产品定价对于跨境电商来说非常关键，也是店铺是否盈利的核心策略。因此，本任务就分别从跨境电商产品价格构成，产品定价的要素以及产品定价策略来展开说明。

实训目标

通过实操训练，了解跨境电商产品价格构成，熟悉产品定价要素，掌握产品定价策略。

实训要求

学生分为若干小组，组内分工协作，对所选产品价格构成进行拆解，明确定价要素，制定产品定价策略，小组内讨论交流并形成总结报告。

实训成果

1. 完成所选产品的价格构成拆解。
2. 对所选产品制定产品定价策略。

好的产品还需要一个合理的定价才会有好的销量，定价的主要任务是分析与计算产品成本、费用和利润，根据精准的计算设计产品的上架价格，才能明确所售产品是否有利润。

一、跨境电商产品价格构成

在跨境电商经营的过程中，其核心目的是盈利，“利润=产品售价-产品成本”。因此，产品的价格取决于产品的成本和利润，所以卖家要准确核算产品成本，这也是之后制定产品定价策略的基础。

产品的实际成本一般由以下几个部分组成：进货成本、跨境电商物流成本、跨境电商平台费用、售后成本、期望产品利润和其他成本，如表 3-2 所示。

表 3-2　跨境电商产品价格构成

序号	成本项目	具体内容
1	进货成本	国内供应商采购成本：产品采购价+国内物流成本
2	跨境电商物流成本	跨境电商物流模式不同，卖家通常将跨境电商物流成本计算在产品价格中，产品会显示 free shipping（免运费），这样会更加吸引顾客

续表

序号	成本项目	具体内容
3	跨境电商平台费用	跨境电商平台费用：入驻费+交易佣金+推广费用+平台租金+活动扣点。以上费用中，比较核心的是推广费用，交易佣金根据平台不同，收取比例也不同，通常收取比例为8%～15%，而入驻费用，几乎每个平台都收取
4	售后成本	售后成本主要是产品破损、丢件和客户的退货退款
5	期望产品利润	利润越高，产品售价越高。目前跨境电商利润率普遍在15%～20%，普遍较低，为了产品后期参加平台折扣活动，因此，建议将利润率设置为35%～40%
6	其他成本	其他成本包含跨境电商物流包装费用、人工费用、办公场地费用

二、跨境电商产品定价注意事项

对于跨境卖家来说，产品定价一直是跨境电商经营中考虑的重点。产品价格决定了其未来的市场占有率，如何合理定价，要对跨境电商产品价格的构成有充分的认识，同时要了解产品定价注意事项，如表 3-3 所示，避免走进一些定价误区。

表 3-3　跨境电商产品定价注意事项

序号	定价注意事项	具体内容
1	避免随意定价	随意定价是比较容易出现的误区，价格更改频繁，价格的不稳定会影响客户甚至平台对卖家的信任度。因此，卖家要做好市场调研，同时不要轻易改动价格
2	注意产品数量单位	产品的数量单位是非常重要的定价要素，单一包装和组合包装这些小的细节同样影响着产品的价格
3	产品的销售方式	产品的销售方式也影响着定价，组合产品和单件产品的定价需要卖家进行非常严谨的计算
4	市场调研	调研竞争对手的产品价格、市场竞争度和产品差异化，从而制定自己的价格体系
5	C 类和 B 类买家区别	跨境电商平台 C 端客户的特点是数量庞大，对产品要求高，同时对售后服务要求也很高，针对这一类客户，建议售价为正常的零售价格。B 类买家的特点是客户群体小，初期订单少，卖家在价格上可以给予一定的优惠，等后期 B 类买家成长起来后视订单量来改变定价
6	跨境电商物流核算	跨境电商物流应考虑物流价格、包装方式。为客户着想，既节约了物流成本，也提高了客户的购物体验
7	货币汇率	汇率的核算可以结合实际情况采用阶段平均汇率、固定汇率、每日实时汇率
8	海外市场产品价格	了解目标市场产品的价格，需要卖家调研目标国家 C 端平台网站的零售价格，比较自己的零售价格，分析自己的价格是否具有较大的竞争力
9	平台收汇手续费	跨境电商平台对于单笔收汇的手续费成本一般在2%～3%

三、跨境电商产品定价策略

跨境电商产品定价策略的制定是卖家在经营的过程中面临的比较棘手的事。制定有效合理的定价策略不仅能够确保卖家成本的支出，同时还会有一定的盈利，因此产品定价策略的制定需要综合考虑多方面因素。下面对传统定价策略和新型定价策略两大类进行说明。

1. 传统定价策略

了解传统受欢迎的定价策略，有助于卖家使用不同的定价策略，为产品制定一个合理的价格，如表 3-4 所示。

表 3-4　传统定价策略

序号	传统定价策略	具体内容
1	基于成本	基于成本的策略，最大的优势是简单 公式：产品成本+期望的利润率=销售价格
2	基于竞争对手	当卖家与竞争对手的产品相同，没有任何区别时，卖家可以直接根据竞争对手的价格来设置销售价格，这种定价策略很大可能会带来“价格战”及不良竞争
3	基于产品价值	基于产品价值的策略主要取决于客户对产品的认同程度及产品的附加价值是否符合客户的心理预期

2. 新型定价策略

新型定价策略是以传统定价策略为基准衍生出来的定价策略，如引流型、折扣型和盈利型策略，如表 3-5 所示。

表 3-5　新型定价策略

序号	新型定价策略	具体内容
1	引流型	引流型策略的主要目的是引流，基本做法就是找到平台引流款产品，设置一个较低的价格，即用关键词找到产品并提取行业平均价格。例如：找到 5~10 家跨境卖家产品价格，计算平均值，最终上架价格为平均值×（1%~15%），这样的定价结合一个合理推广会给店铺带来非常可观的流量
2	折扣型	折扣型策略是卖家将销售价格进行部分减免，目的是吸引消费者，一般是在现有价格的基础上做一定的折扣率，流量越高，销量就越高，产品在平台上的排名就越有优势
3	盈利型	盈利型策略，要求利润款产品具备以下特征： ①产品小众化，竞争不激烈，此类产品供应商不密集，溢价能力强 ②产品差异化特征，要求产品在主图、产品描述有差异化，在功能、属性上有自己的特点。以服装为例，在主图拍摄时启用外籍模特会让产品更具有本地化，同时也会提升品牌认同度，提高溢价能力 ③抓住消费季节性，如国外的圣诞节、情人节等。产品季节性越强，议价能力越强 ④产品销量高，好评率高，产品溢价能力也会随之增加

项目总结

本项目是对跨境电商选品及定价进行训练，重点介绍了选品前的市场调研、选品的主要原则，以及常用选品工具软件的使用方法，最后对所选上架商品的定价进行了分析。主要是让学生对跨境电商选品有个总体的认知，调研后对具体相关选品要素进行分析，熟练使用跨境电商选品工具，了解市场上跨境电商品类售卖的现状及发展趋势，为企业进军跨境电商领域打下基础。

巩固练习

简答题

1. 跨境电商国际市场调研主要包含哪些内容?
2. 跨境电商市场调研的步骤有哪些?
3. 跨境电商选品应遵循哪些原则?
4. 如何才能给跨境电商产品制定一个非常合理的上架价格?

【拓展阅读】

Shopee 上架产品 5 个重要知识点

1. 定价要规范

规范的定价能让买家受产品和产品价格本身吸引而点击进入产品详情界面，进一步认真了解产品并产生消费期待。误导性的定价是指卖家设置远高于或远低于实际产品市场价格的定价，以赢取更多的曝光量，但这仅仅是一个噱头，最后并不会就该价格出售产品。Shopee 对这类产品将会直接删除并产生惩罚计分。

误导性定价示例：卖家将产品价格设置为远低于实际产品市场价格，例如在连衣裙选项中设置 chat for details（咨询了解更多）、mystery gifts（神秘礼物）等 $0. 10 的选项吸引消费者，此为误导性定价，将会被系统删除。

同时，产品附件不应该被单独列出，而是应当和产品一起作为同款产品不同属性的产品。买家购买产品时，可以将产品迅速购齐、快速下单。

附件定价示例：当销售手机套组的时候，一套产品包括手机（价值 $750）和手机壳（价值 $10）。如果将手机和手机壳分别列出，卖家看到界面以为手机价格是 $10~ $750，以为最低仅 $10 可购买一部手机，将产生误解和疑惑。正确做法是产品应设置为 $750（手机）和 $760（手机+手机壳）。

2. 属性、关键词要谨慎

正确设置属性、关键词，让买家搜索相关属性、关键词时，快速找到合适的产品，从而下单消费。产品中包含与所销售的产品不对应或不相关的信息，则会被视为劣质刊登产品。为了防止卖家滥用属性、关键词，Shopee 会通知卖家重新编辑产品，并删除不对应或不相关的信息。编辑完成后，卖家可以重新提交产品以供审核。若再次质检不符合，会删除产品并产生惩罚计分。

Shopee 细分关键词滥用和属性滥用两种情况，分别示例如下。

关键词滥用示例：产品标题中包含多个或不相关的品牌名或关键词，如“女士裤子裙子衬衫”“兰芝迪奥 SK-Ⅱ保湿霜”“戴尔显示器不是华硕三星 LG 电视”等。

属性滥用：①品牌名重复出现或者出现多个品牌，如“耐克 耐克 耐克”“耐克 彪马 阿迪达斯”；②其他属性信息不准确，如属性中写“热销”。

如何避免成为劣质刊登产品？应做到以下几点：①按照 Shopee 推荐的产品标题格式：品牌+产品名称+型号，如 Innisfree Green Tea Serum（悦诗风吟绿茶乳液）；②确保产品标题和描述中所有关键词都准确并与所销售的产品相关，不要在产品标题中包含不准确或不相关的关键词；③输入准确的产品分类属性，产品分类属性包括品牌名称、型号和保修期等；④如果卖家销售的产品没有品牌，就选择“No Brand”。

3. 新产品设新 ID

不同产品拥有不同 ID（identity document，身份），每个产品都有专属界面，这样可避免引起消费者误解。卖家需要为每个产品进行名称、描述、图片、评价等维护，Shopee 不允许在同一产品 ID 下更换不同产品，如将现有产品 A 的信息（如名称、描述、图片等）更改为完全不同的产品 B，Shopee 会定期清理相应违规产品并会产生惩罚计分。卖家更用心，买家才能更放心！

其他常见问题

问：Shopee，我之前的手机套卖断货了，可否把手机套改为钱包？

答：不可以。此行为属于同一产品 ID 下更换不同产品。

问：Shopee，苹果出新品了，我是否可以把 iPhone X 改为 iPhone XR？

答：不可以。更换产品型号属于在同一产品 ID 下更换不同产品。

问：Shopee，我可以更改售卖产品的颜色吗？

答：可以。更改颜色并没有改变售卖产品种类。

问：Shopee，我可以更改图片中展示衣服的模特吗？

答：可以。只要售卖的产品本身并没有改变，更改、增加或重新排列产品图片并不违规。

问：Shopee，我可以改动产品价格，修改产品名称或描述吗？

答：可以。只要售卖的产品本身没有改变，产品价格、名称或描述都可以更改。

如何避免换产品产生惩罚计分问题？应做到以下两点：①应该清楚“完全不同的产品”定义。完全不同的产品，既指不同类别产品，如背包 vs 水瓶，衬衫 vs 裤子；又指同一类产品的不同型号，如不同品牌的类似背包。若产品属于同一类产品的相同型号，只是颜色有所不同，则不会被判定为“完全不同的产品”。②为新产品设置新 ID。上架新产品时，可新建产品 B 的产品页面，填入产品 B 的相关信息。

4. 销售真实产品

销售真实产品，禁止微信号、QQ 号、二维码等不相关信息及外部广告信息，有助于构建干净清爽的购物界面，给买家提供简洁舒适的购物环境，有助于买家多买多下单。因此，Shopee 对于卖家在图片中刊登 QQ 号、二维码或任何外部网站链接，将买家导向 Shopee 平台之外的交易平台的行为，将直接删除不相关信息及外部广告信息并产生惩罚计分。

5. 销售正规产品

Shopee 作为东南亚和我国台湾地区的电商领头羊，在协助跨境卖家出海的同时，更注重对知识产权的保护，凝聚创新力量。打造规范友好的电商平台，是 Shopee 和卖家、买家共同的目标。对于侵犯知识产权或销售假冒伪劣产品，卖家首次被投诉侵权，Shopee 会将相应侵权产品做下架处理。卖家再次被投诉侵权，Shopee 会将被投诉卖家账号暂时冻结 7 天，账号解冻后若再次被投诉侵权，则继续冻结 7 天，以此类推。对于严重违规或累计侵权次数过多的卖家，Shopee 有可能直接关闭被投诉卖家账号。因此，卖家应注重对知识产权的保护，销售优质正规产品。

项目四 跨境电商账号注册与产品发布

知识目标

1. 了解亚马逊注册的基本步骤和流程。
2. 掌握独立站搭建的流程和步骤。
3. 掌握产品资料准备的要点。

能力塑造

1. 能够完成亚马逊账号的注册。
2. 能够完成独立站的搭建。
3. 能够完成产品资料的准备。
4. 能够完成产品页面的创建并发布产品。

素质培养

1. 具备严谨、规范的工作作风。
2. 具备踏实、严谨的劳动精神。
3. 具备岗位分工的责任意识与团队协作精神。
4. 具备诚实守信、合规运营的价值观念。

商务情景导入

AAA有限公司跨境电商运营团队在调研和分析了主要的跨境电商平台后，一致认为选择亚马逊平台作为公司进军跨境电商的第一个平台。理由是亚马逊平台是全球商品种类最多的跨境电商零售平台之一，在欧美市场占据主导地位。亚马逊平台商品流量大，客单价（即每位顾客平均购买商品金额）高，利润率有保障。亚马逊代发货业务可以为卖家提供物流仓储、订单管理、配送、质量控制和退货服务，使卖家能将更多精力放在产品开发、销售和运营上。虽然亚马逊平台门槛比较高，对卖家要求也高，但是亚马逊平台在全球拥有大规模的消费群体，有巨大发展空间。因此，团队要做好充分准备，明确责任与分工，尽快熟悉亚马逊平台的规则与运营流程，来协作完成亚马逊平台账号注册、产品发布资料准备、产品页面的创建工作。同时为了塑造公司的产品品牌，项目团队计划开展独立站的运营，希望通过独立站完成产品发布资料准备以及产品页面的创建工作。

实训一 亚马逊平台账号注册

任务描述

在对比各大跨境电商平台后，AAA 有限公司通过研究和讨论，选择亚马逊平台开展跨境电商业务。公司要求跨境电商运营团队尽快熟悉亚马逊平台规则，并指派跨境电子商务部主管来完成亚马逊平台账号注册任务，并将注册流程形成方案在团队内进行分享。

实训目标

通过实操训练，熟悉亚马逊平台的注册规则与注册流程。

实训要求

学生分为若干小组，组内分工协作，对亚马逊平台进行学习调研，了解亚马逊平台进驻流程和规则，小组内讨论交流并形成总结报告。

实训成果

1. 完成亚马逊平台账号注册。
2. 撰写亚马逊平台进驻流程与规则分析报告。
3. 列出团队待解决问题清单。

公司在跨境电商平台上注册需要事先按照平台的要求准备好各项资料，不同平台的注册要求会有所不同，下面以亚马逊北美站点卖家注册为例来体验平台的注册过程。

一、亚马逊全球开店简介

亚马逊公司成立于 1994 年 7 月，总部设在美国西雅图。2012 年，亚马逊全球开店业务进入中国，旨在借助亚马逊全球资源，帮助中国卖家抓住跨境电商新机遇，发展出口业务，拓展全球市场，打造国际品牌。

目前亚马逊已有 19 大海外站点面向中国卖家开放，吸引数十万中国卖家入驻，如图 4-1 所示。亚马逊全球开店已在中国上海、北京、深圳、广州设立办公室，同时杭州、厦门和宁波等地已成立亚马逊全球开店跨境电商园，立足当地、辐射周边地区，通过物流、金融、运营、技术、人才培训等各类服务资源的整合，搭建互联互通、共生共荣的本地化跨境电商产业服务集群，为当地及周边地区企业出口提供一站式服务，帮助品牌制造商、贸易商转型升级，加速当地跨境电商出口发展。

课堂讨论

做跨境电商出口业务，如何选择目标站点？AAA 有限公司为什么要选择亚马逊平台进行开店注册？

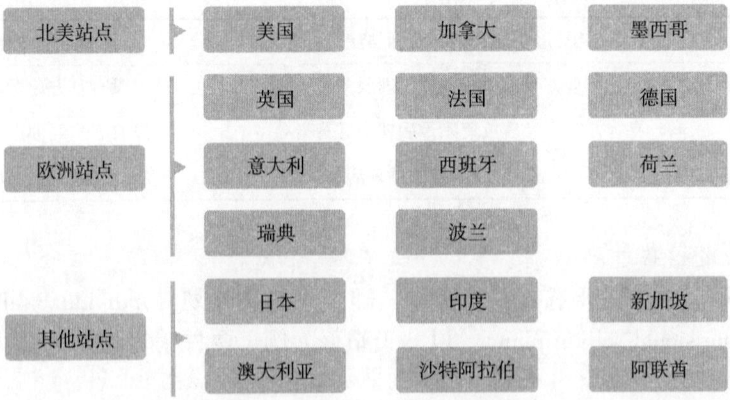

图 4-1　亚马逊全球开店对中国开放站点

资料来源：亚马逊全球开店——卖家大学

知识链接：什么是站点？

要在亚马逊平台上开店卖东西，必须先注册卖家账户。亚马逊平台的卖家账户是按站点来注册的。注册好一个站点的账户，就可以在这个站点进行销售了。但如果要到别的站点卖东西，就必须注册那个站点的账户。

同时需要注意的是，在申请账户的时候，如果这个站点对应的是一个区域，那开通一个账户就可以在这个区域的多个站点进行销售。例如开通美国站点的账户后，就可以同时在加拿大和墨西哥进行销售，一套开店资料就可以成功注册美国、加拿大和墨西哥这三个站点并通过一个账户进行管理和销售。类似的，开通英国站点的账户后，就可以在英国、德国、法国、意大利、西班牙、荷兰、瑞典、波兰这8个站点进行销售。

二、注册前准备

从账户注册开始，所有卖家在亚马逊商城都必须遵守销售政策和卖家行为准则。亚马逊要求卖家在商城遵循公平、诚实的行事原则，以确保安全的购买和销售体验。若违反行为准则或任何其他亚马逊政策，亚马逊可能会对卖家的账户采取相应措施，例如取消商品、暂停或没收付款以及撤销销售权限。新卖家在注册亚马逊平台账号前须做好如下准备。

1. 认真学习注册账号须知

亚马逊平台允许以个人或公司两种身份注册账户。注册渠道有两种：一种是在亚马逊全球开店官方网站注册；另一种是在亚马逊网站自行注册。亚马逊全球开店官方网站仅接受企业入驻，亚马逊网站可以注册企业账户也可以注册个人账户。所有卖家必须向平台提供准确的信息，并在信息发生变化时予以更新（详细内容参见亚马逊官网卖家注册指导手册）。两种注册方式的区别如表 4-1 所示。

表 4-1　亚马逊全球开店官方网站注册与亚马逊网站自行注册的区别

注册渠道	亚马逊全球开店官方网站注册	亚马逊网站自行注册
安全性	账号安全性高，封店率低	账号安全性低，封店率高

续表

注册渠道	亚马逊全球开店官方网站注册	亚马逊网站自行注册
培训服务	官方提供免费在线培训服务	没有官方免费培训支持
运营指导	有官方客户经理负责账号后期的运营指导	没有客户经理进行运营指导
增值服务	可申请参与各站点的秒杀活动	变通卖家账户，没有更多优势

2. 学习亚马逊销售计划

注册亚马逊账号首先需要选择销售计划，即个人销售计划（individual selling plan）和专业销售计划（professional selling plan）。以北美站点为例，两种销售计划的费用和功能对比如表 4-2 所示。

表 4-2 北美站点个人销售计划与专业销售计划对比

账号类型	个人销售计划	专业销售计划
注册主体	个人/公司	个人/公司
月租金	免费	39.99 美元/月
按件收费	0.99 美元/件	免费
销售佣金	亚马逊根据不同的品类收取不同比例的佣金，一般为 8%~15%	
功能区别	单一上传，无数据报告	单一上传/批量上传，可下载数据报告

3. 准备需要的材料，完成注册流程

注册亚马逊账户前，必须事先按平台要求准备好所有资料，并确保资料真实有效。然后通过卖家平台进行注册。确保所填信息无误后再点下一步。主要的注册步骤和准备的资料如下：

①填写姓名、电子邮箱地址、密码，创建新账户，并通过邮箱进行验证。

②填写公司所在地、业务类型、名称，需准备公司处于存续状态的营业执照彩色扫描件。

③填写公司详细信息，验证后填写法人以及受益人信息。需准备与营业执照法定代表人姓名、账户注册所用姓名完全一致的有效法人身份证彩色扫描件。

④填写信用卡及收款账户详细信息，需准备可进行国际付款的信用卡（VISA 或者 MasterCard，首选 VISA），准备用于接收付款的银行账户。

⑤填写店铺名称。

⑥进行身份验证。

⑦进行北美站税务审核。

⑧完成注册。

课堂讨论

为了确保店铺账号注册顺利，卖家必须注意哪些事项？

三、账号注册流程

通过对亚马逊全球开店相关规则的学习，确认资料准备齐全，下面将以亚马逊全球开店官方网站账号注册流程（北美站点）为例进行账号详细注册流程介绍。注意账号注册过程不可逆，但可以中断；除特殊要求之外，所有信息均使用英文或者拼音填写。

1. 打开亚马逊全球开店官方网站

首先打开亚马逊全球开店官方网站，点击右上角的“前往站点注册”，如图 4-2 所示。然后在出现的页面中选择“北美站注册”选项，如图 4-3 所示。

图 4-2　打开亚马逊全球开店官方网站

图 4-3　选择“北美站注册”

2. 创建账户

单击“北美站注册”后页面跳转至“创建您的 Amazon 账户”页面，单击“创建您的 Amazon 账户”按钮，进入创建账户页面，如图 4-4 所示。

3. 输入姓名和邮箱地址

卖家在此分别输入姓名的拼音（建议填写法人姓名的拼音）、邮箱地址并设置密码。填写完成并检查无误后，单击“下一步”按钮，如图 4-5 所示。

图 4-4　创建账户

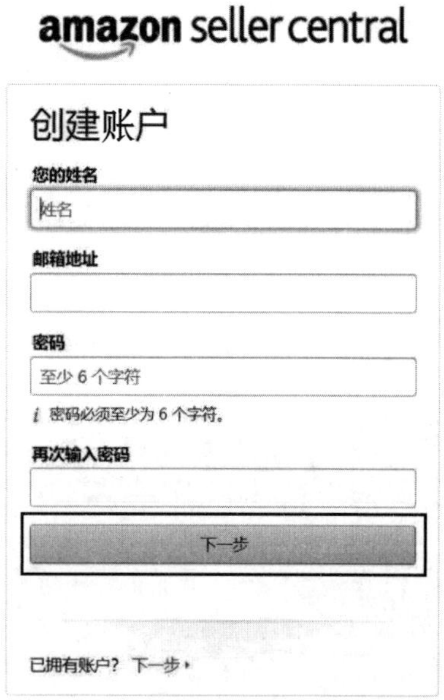

图 4-5　输入姓名和邮箱地址

4. 验证邮箱

在注册时填写的邮箱中收取亚马逊发来的邮件，里面有包含 6 位数字的验证码，在验证码一栏输入收到的验证码，如图 4-6 所示。输入验证码后单击“创建您的亚马逊账户”，页面会跳转到如图 4-7 所示的欢迎页面。

图 4-6　验证邮箱

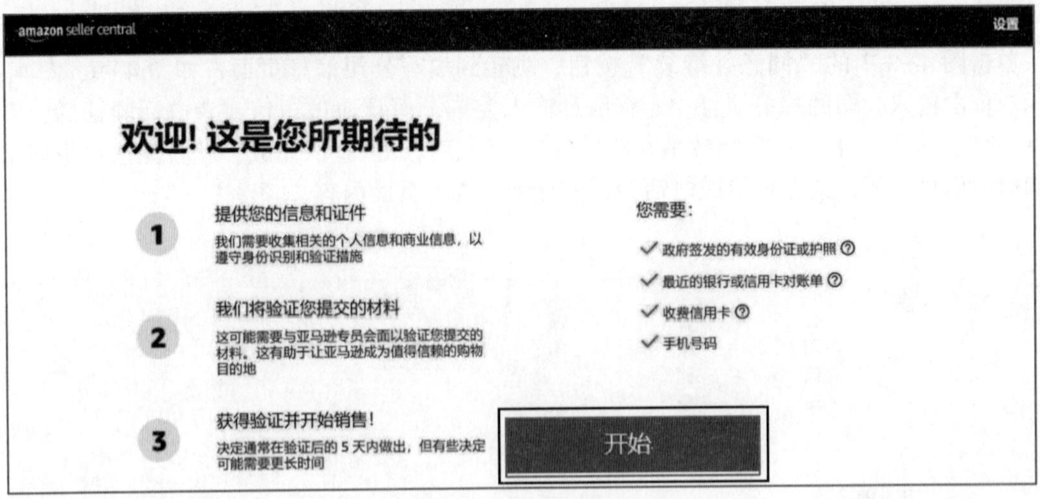

图 4-7　欢迎页面

5. 设置公司地址、业务类型和企业名称

在图 4-7 所示页面单击“开始”按钮，进入公司地址、业务类型和企业名称设置页面，如图 4-8 所示。

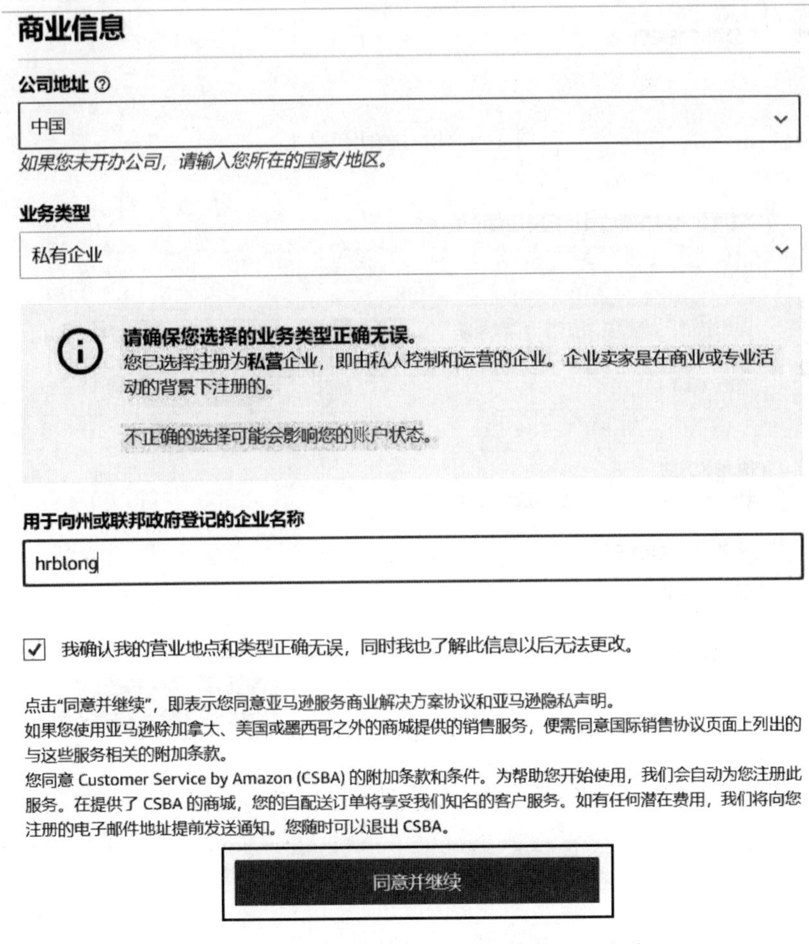

图 4-8　设置公司地址、业务类型和企业名称

6. 填写公司信息

单击图 4-8 中的“同意并继续”按钮，跳转到填写公司信息页面，如图 4-9、图 4-10 所示；依次输入公司的相关信息。所有信息输入完毕，而且通过短信或者电话验证后，点击“下一页”，进入“下一页”继续填写相关信息。注意：一旦验证完成，就将无法再退回至本步骤修改信息，所以请在短信或电话验证前仔细检查本页面内容。

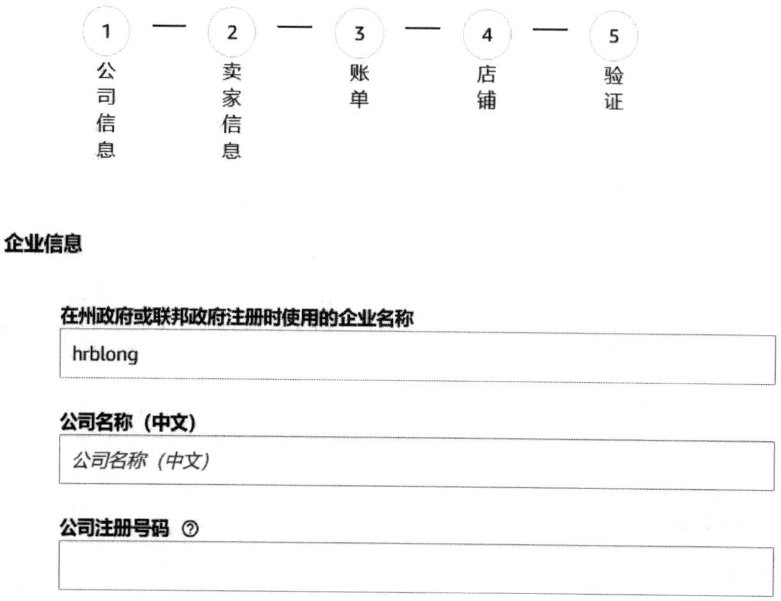

图 4-9　填写公司信息 1

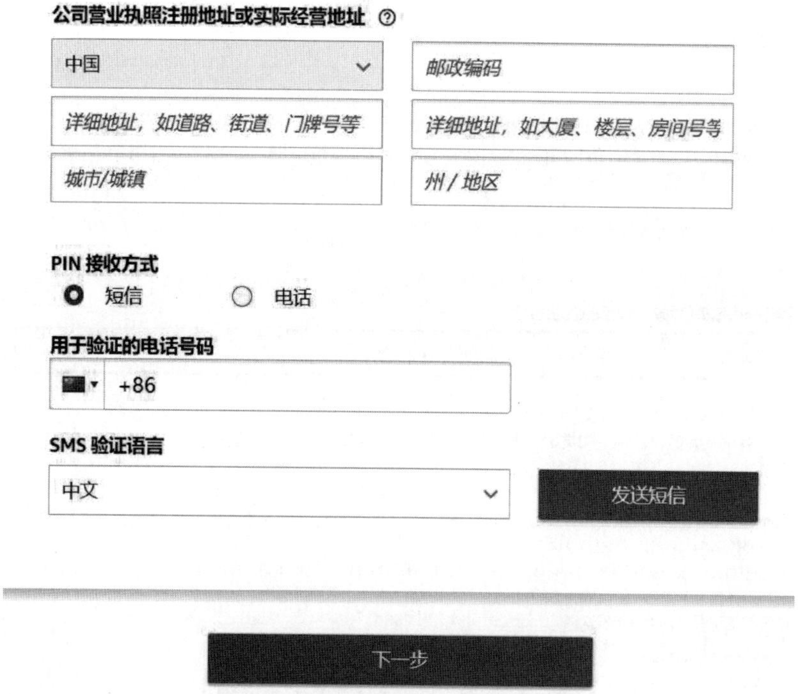

图 4-10　填写公司信息 2

7. 填写卖家个人信息

在个人信息页面，卖家需要进一步完善公司法人的个人信息，如图 4-11 所示。根据实际情况勾选下方有关主要联系人及受益人的选项，然后单击“下一步”。

> **注意：**如果公司的受益人只有法人一个，“我已新增该公司所有的受益人”下就选择“是”，否则就选择“否”。如果选“否”的话，就需要进一步输入其他受益人的信息。

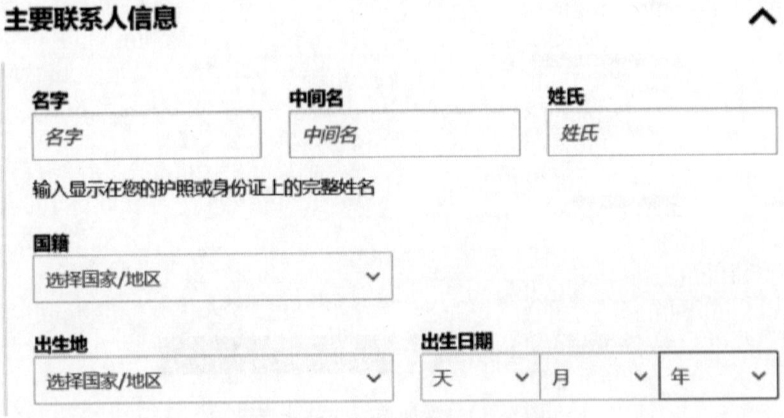

图 4-11　填写卖家个人信息

8. 添加银行收款账户

在完成主要联系人信息填写后单击“下一步”，进入付款信息页面，如图 4-12 所示。

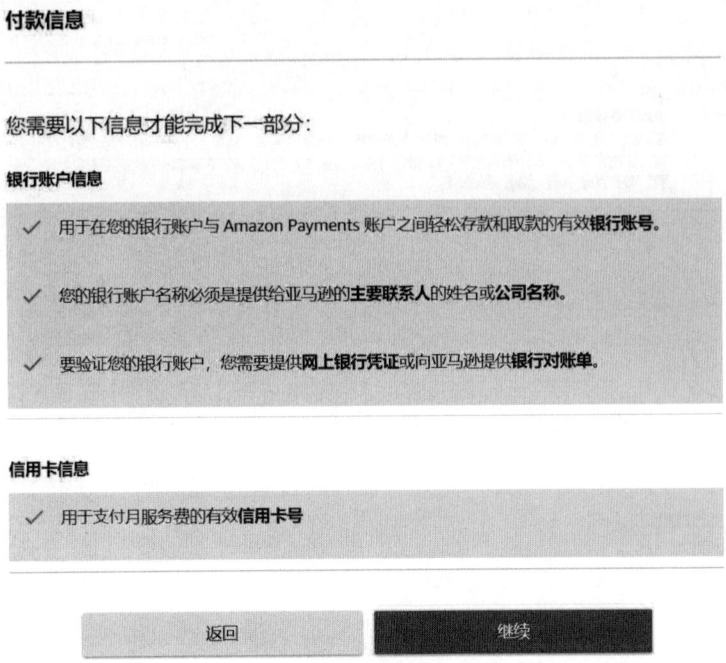

图 4-12　付款信息页面

在仔细阅读图 4-12 提示的有关付款信息内容后，点击“继续”按钮进入到添加银行收款账户页面，如图 4-13 所示。

图 4-13　添加银行收款账户

9. 填写付款信用卡信息

卖家填写用来付款的信用卡信息，包括信用卡号、到期日、持卡人姓名、收费地址等，如图 4-14 所示。

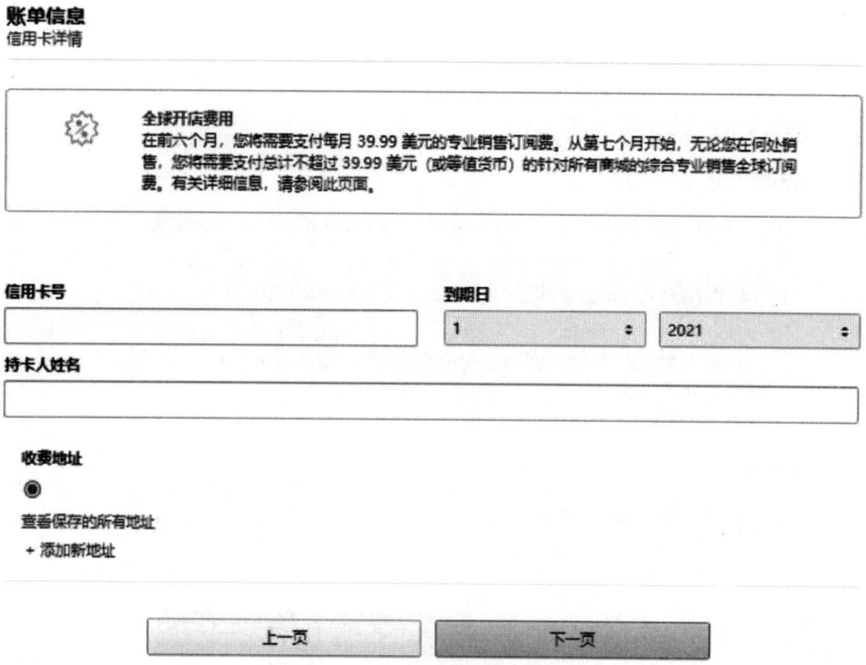

图 4-14　填写付款信用卡信息

10. 填写店铺信息

店铺信息包括店铺名称、通用商品编码和品牌信息等，如图 4-15 所示。

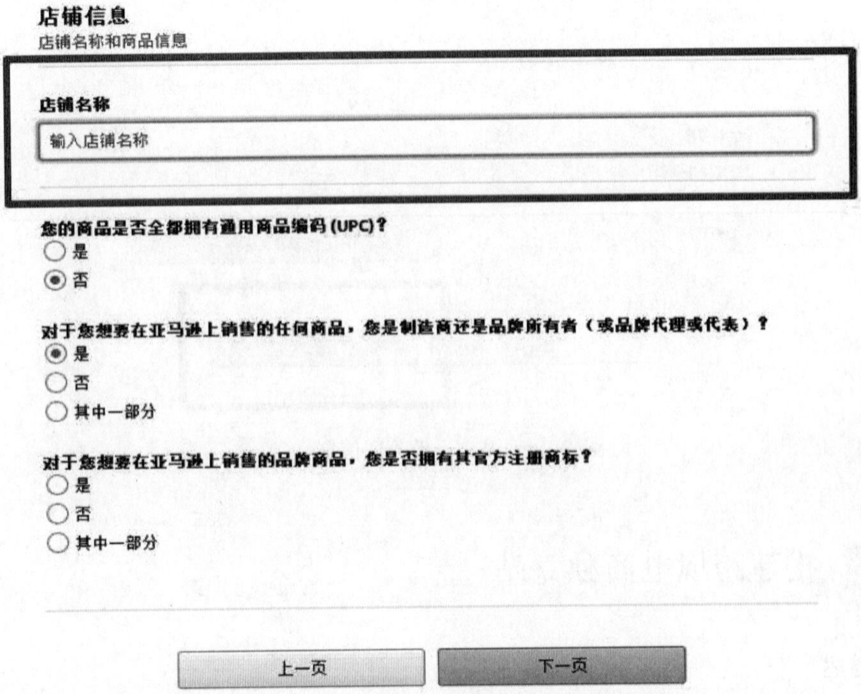

图 4-15　填写店铺信息

11. 提交身份验证信息

卖家提交身份验证信息，等待平台审核通过即可，如图 4-16 所示。

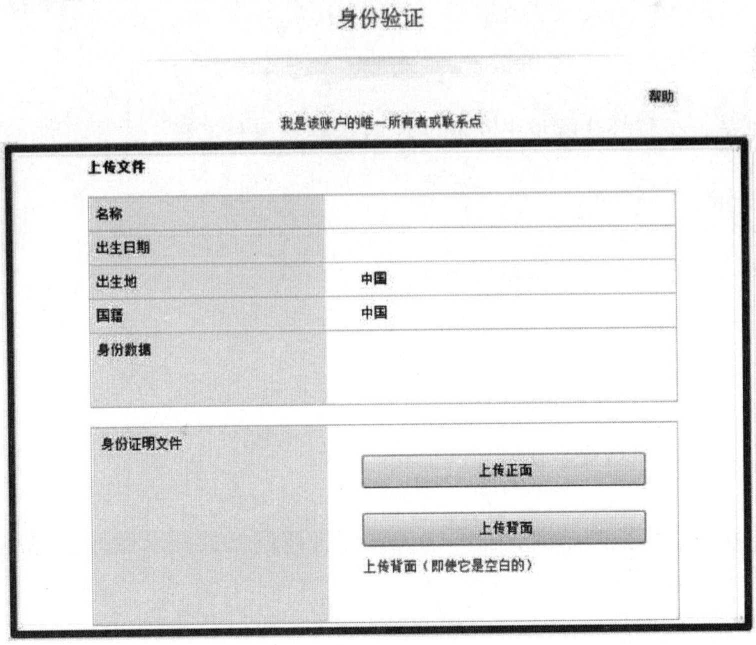

图 4-16　提交身份验证信息

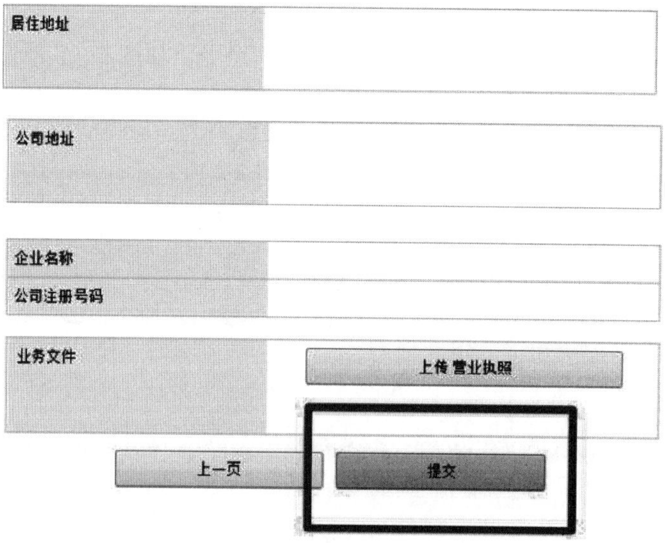

图 4-16　提交身份验证信息（续）

实训二　搭建跨境电商独立站

任务描述

跨境电商平台竞争压力大，规则多。AAA 有限公司通过研究和讨论，认为独立站更容易打造品牌形象，所以选择搭建属于公司自己的跨境电商独立站。公司要求跨境电商独立站的功能完善，符合 B2C 电子商务模式，并委托软件开发公司进行功能开发，同时指派跨境电子商务部主管负责与软件开发公司进行功能需求的沟通，最终软件开发公司按照 AAA 有限公司的要求完成了跨境电商独立站的开发与部署，完成了跨境电商独立站的搭建。

实训目标

通过实操训练，了解搭建跨境电商独立站的基本步骤和流程。

实训要求

学生按要求完成跨境电商独立站的搭建。

实训成果

1. 完成跨境电商独立站的搭建。
2. 列出团队待解决问题清单。

公司在搭建跨境电商独立站前，需要事先按照搭建网站的要求做好各项准备，下面介绍搭建跨境电商独立站的流程。

一、搭建跨境电商独立站前的准备内容

1. 云服务器

跨境电商独立站服务需要运行在电脑端，并且电脑需要 24 小时开机，需要保证系统的稳定性和安全性，对于家用电脑来说是做不到的，所以需要提前准备云服务器并运行跨境电商独立站服务系统。

云服务器的硬件配置可以根据需要（不同时期的网络配置）灵活配置和扩展，如 CPU（Central Processing Unit，中央处理器）、内存、SSD（Solid State Disk，固态硬盘）数据盘等。基于集群服务器，有更强的主机性能，其整体性能远远高于虚拟专用网络，并强于一些独立的服务器。

知识链接：什么是跨境电商独立站备案？

所谓的跨境电商独立站备案其实是网站的 ICP（Internet Content Provider，网络内容服务商）备案的简称，国家相关规定如下：《互联网信息服务管理办法》指出互联网信息服务分为经营性和非经营性两类。国家对经营性互联网信息服务实行许可制度；对非经营性互联网信息服务实行备案制度。未取得许可或者未履行备案手续的，不得从事互联网信息服务。

一般来说，备案指的是域名进行备案，而不是服务器进行备案。一个网站是否备案，是取决于网站所用空间是国内的还是国外的。如果是国内主机，网站域名需要备案，才能通过域名访问对应的网站。如果是国外主机，网站域名是不用备案的，也可以通过域名访问网站。

2. 域名

域名的作用是帮助用户以更简单、快捷的方式，访问特定的 IP 地址（Internet Protocol Address，互联网协议地址），用户能够通过域名直接访问这个网站。举个简单的例子，网站本身更像是跨境电商独立站在互联网的"家"，而 IP 地址就是这个"家"在互联网上的具体地址，域名则更像是这个"家"具有导向定位功能的"门牌号"；如果用户想要访问这个网站，既可以通过 IP 地址寻找到这个"家"，也可以通过更简单、快速的"门牌号"，直接定位访问这个网站。

3. 跨境电商独立站系统

跨境电商独立站系统是一个功能完善的在线购物系统，主要提供在线销售和在线购物服务。其功能主要包含商品的管理、会员的管理、订单的管理、库存的管理、优惠的管理、在线支付等。

知识链接：什么是跨境电商独立站开发？

跨境电商独立站开发就是制作一些专业性比较强的电子商务网站。而且网站开发一般是原创，网站制作可以用别人的模板。网站开发字面意思比制作有更深层次的进步，它不仅仅是网站美工和内容，它可能涉及域名注册查询、网站的一些功能的开发。对于较大的组织和企业，网站开发团队可以由数百人（Web 开发者）组成。

二、搭建跨境电商独立站的步骤

1. 域名解析

首先，在域名供应商提供的域名控制台中找到域名列表，选择要解析的域名，点击“解析”按钮，在“记录值”里输入云服务器的公网 IP 地址即可，如图 4-17 所示。

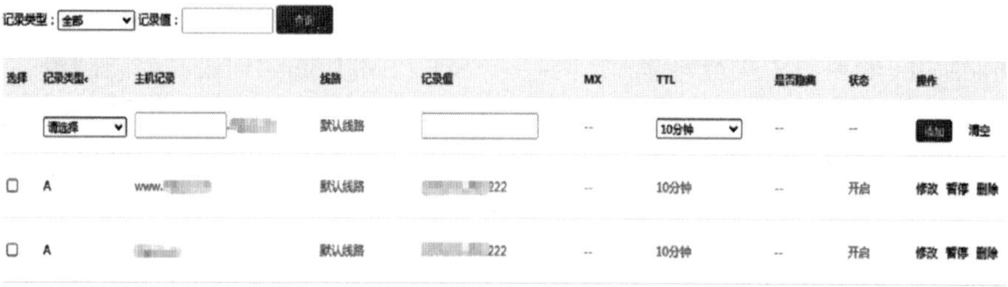

图 4-17　域名解析

课堂讨论

怎么选择域名？什么样的域名是好域名？

2. 跨境电商独立站系统运行环境安装部署

运行环境是指跨境电商独立站系统所需的支持软件，如 Web 服务软件、数据库服务软件等。

3. 跨境电商独立站系统文件上传

可以通过 FTP（File Transfer Protocol，文件传输协议）软件上传站点文件到远程服务器。FTP 软件包括：FileZilla、WinSCP、LeapFtp 等。

通过在“站点设置”对话框中设置远程服务器的各项参数，可以直接在“文件”面板中实现本地站点和远程站点之间的数据交换，如图 4-18 所示。

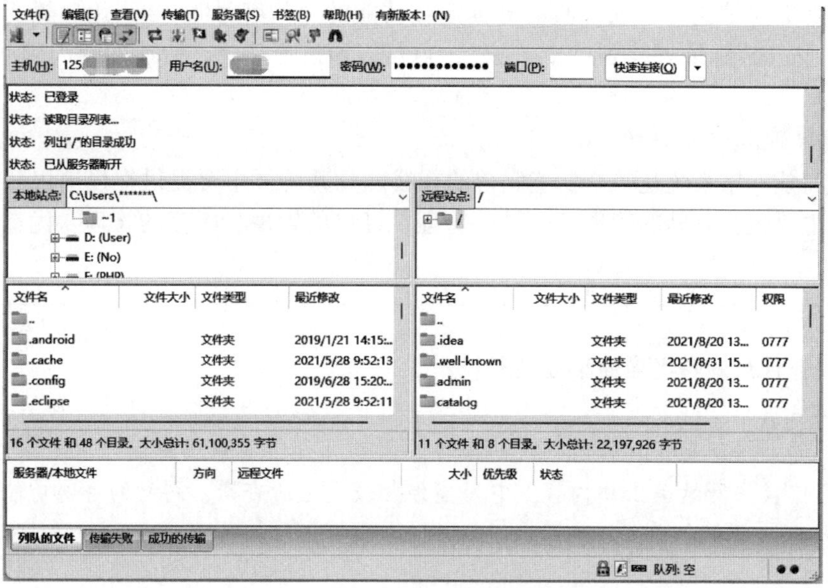

图 4-18　通过 FTP 软件进行文件传输

> **课堂讨论**
>
> 什么是跨境电商独立站源码？跨境电商独立站源码有哪些分类？

4. 跨境电商独立站系统完成搭建

通过浏览器访问域名，正确展示跨境电商独立站相关页面即完成跨境电商独立站系统搭建，如图 4-19 所示。

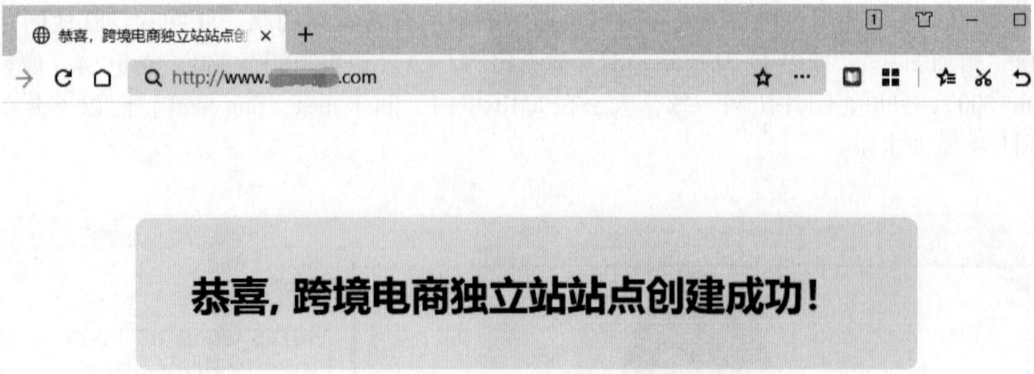

图 4-19　网站页面正确显示

实训三　产品发布前的资料准备

任务描述

在进行选品后，选定针对欧美市场服装类产品进行产品上传。无论是在主流平台开店还是独立站运营，在产品上传之前都需要进行产品资料准备。资料的准备是对选品过程的反检验，十分重要。为了让学生能有真实体验感，本实训以独立站为例，介绍产品发布前的资料准备工作。

实训目标

通过实操训练，熟悉跨境电商平台的产品资料准备要点。

实训要求

学生分为若干小组，组内分工协作，进行产品资料整理，了解产品资料制作的要点及流程。

实训成果

1. 掌握产品资料准备要点。
2. 完成产品资料准备表的填写。

独立站产品资料准备属于发布产品前的准备工作，此部分包括两部分内容：一是产品资料的内容；二是产品资料准备表的填写。

一、产品资料的内容

独立站平台的产品资料主要包括图片、产品标题、商品描述、Meta Tag 标题、商品型号、销售价格六个部分内容。

1. 图片

在独立站平台中，上传的图片分为主图和附加图片。商品的主要展示图片被称作“主图”，商品的主图显示在搜索结果和浏览页面中，是消费者看到的第一张图片，其他图片被称作“附加图片”，如图 4-20 所示。图片横纵比例 1∶1（像素≥800×800）或 3∶4（像素≥750×1000），且所有图片比例一致，大小在 5MB 以内，jpg、jpeg、png 格式；建议不要在商品图片上添加水印。

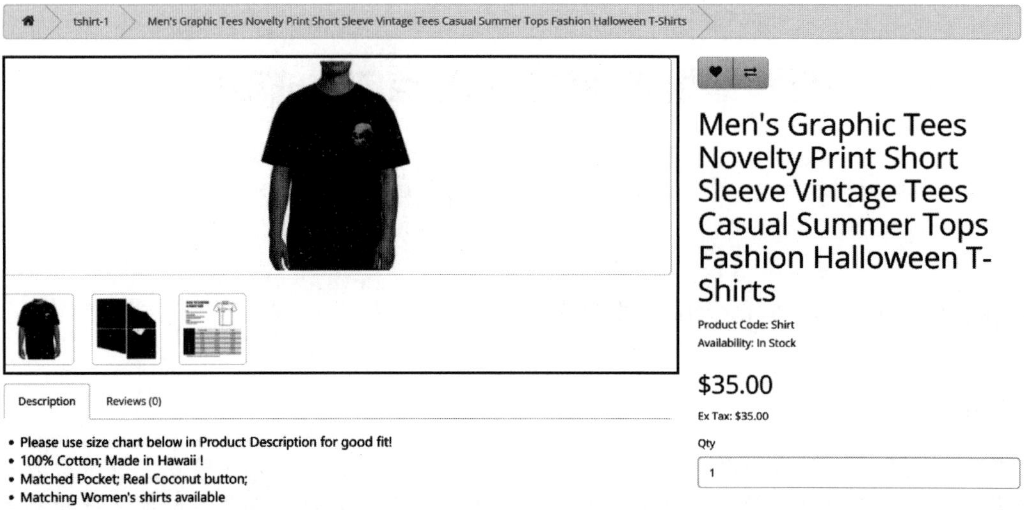

图 4-20　商品的主图与附加图片

课堂讨论

1. 通过浏览主流跨境电商平台店铺进行分析，商品主图一般具有哪些特征？
2. 商品图片为什么要有格式和尺寸要求？

2. 产品标题

在独立站平台中，产品标题最多使用 200 个字符。产品标题要简洁，可以使用“核心词+属性词+流量词”的方式进行标题编写，如图 4-21 所示。

3. 商品描述

商品描述的作用是买家在被标题、价格、图片吸引之后进一步了解产品的重要途径。在原有的基础上把产品的卖点更好地展示出来。在写商品描述时要注意言简意赅、检查语法和拼写、可以模仿同行但是不要抄袭，如图 4-22 所示。

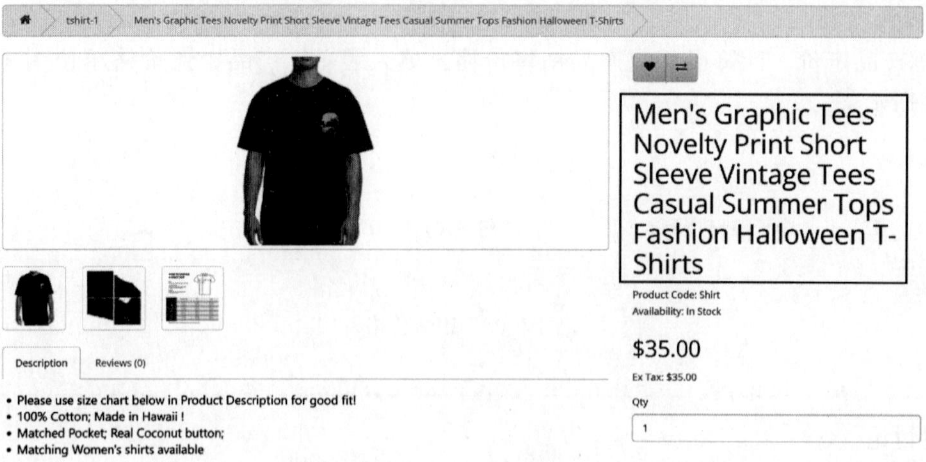

图 4-21 产品标题

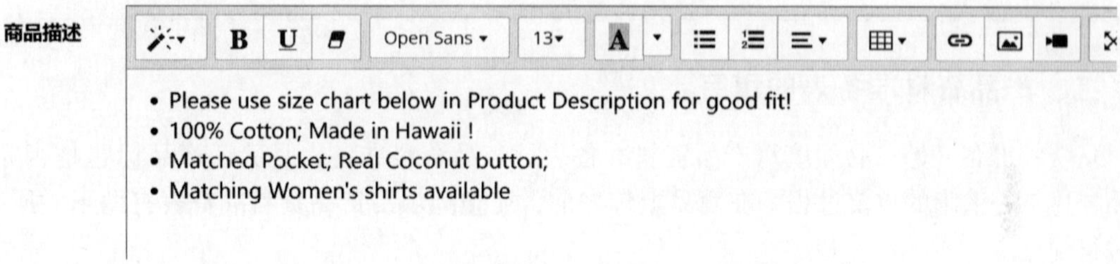

图 4-22 商品描述

4. Meta Tag 标题

Meta Tag 标题的一个很重要的功能就是设置关键词，来帮助网站的主页被各大搜索引擎登录，提高网站的访问量。因为按照搜索引擎的工作原理，搜索引擎首先派出机器人自动检索页面中的 keywords（关键词）和 description（描述），并将其加入自己的数据库，然后再根据关键词的密度将网站排序。因此，我们必须设置好关键词，来提高页面的搜索点击率，如图 4-23 所示。

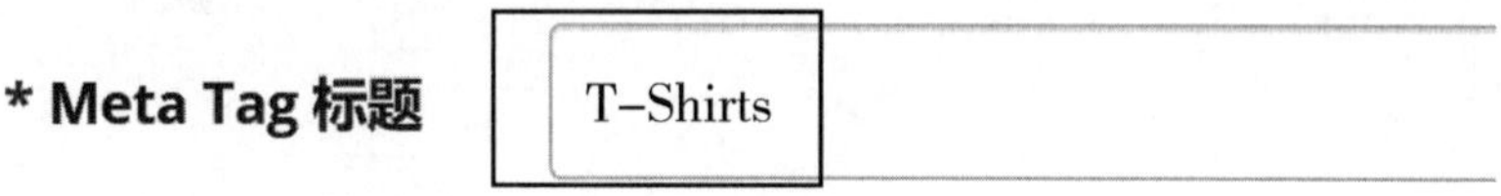

图 4-23 Meta Tag 标题

5. 商品型号

商品型号是前台页面展示中重要的一部分，商品型号的准确描述，决定了产品在展示时是否能被准确地抓取关键词，如图 4-24 所示。

图 4-24 商品型号

6. 销售价格

根据产品定价，计算出相应产品销售价格，填入表单。产品销售价格单位为美元，如图 4-25 所示。

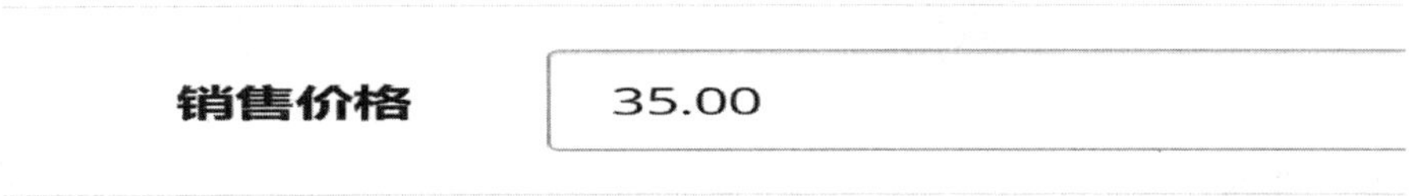

图 4-25　销售价格

课堂讨论

图片、产品标题、商品描述、Meta Tag 标题、商品型号、销售价格六个部分内容，哪部分最重要？

二、产品资料准备表的填写

从资料准备开始，必须填写产品资料准备表。产品资料准备表是验证产品标题是否完整、商品描述是否清晰的重要过程。在商品上传之前，完整地填写产品资料准备表有助于对所有内容进行优化。

根据独立站平台的特点，产品资料准备表可整理为以下六项，如表 4-3 所示。

表 4-3　产品资料准备表

商品主图	产品标题	商品描述
	Men's Graphic Tees Novelty Print Short Sleeve Vintage Tees Casual Summer Tops Fashion Halloween T-Shirts	Please use size chart below in Product Description for good fit! 100% Cotton; Made in Hawaii ! Matched Pocket; Real Coconut button; Matching Women's shirts available
……	……	……
……	……	……
Meta Tag 标题	**商品型号**	**销售价格/美元**
Halloween T-Shirts	Shirt-blue-01	35.00
……	……	……
……	……	……
……	……	……
……	……	……

实训四 创建产品页面并发布

任务描述

在分析市场，选择品类以后，AAA 有限公司通过研究和讨论，选择服装类产品进行上传。跨境电商运营团队已经制作完成产品上传所需的全部资料，并准备进行产品上传任务，形成流程手册在团队内进行分享。

实训目标

通过实操训练，熟悉跨境电商平台的产品发布流程。

实训要求

学生分为若干小组，组内分工协作，对产品发布流程进行学习，了解平台产品发布流程及要点，进行产品上传。

实训成果

1. 完成平台服装类产品发布任务。
2. 留存跨境电商平台成功发布产品页面截图。

公司在跨境电商平台进行产品上传前需要了解平台禁限售产品的规则，不得发布任何国家、地区及司法管辖区的法律规定或监管要求禁售或限售的商品，下面以独立站为例来体验产品发布的流程。

一、平台禁限售规则简介

卖家不得发布或出售任何国家、地区及司法管辖区的法律禁售或限售的任何商品。因此，部分商品的出售或发布可能受到相关司法管辖区法律的限制或禁止。

以下列出了若干类别的禁限售商品，供卖家发布商品时参考，具体详情还请参照卖家所选平台或站点的规则要求。卖家以及卖家的关联方有责任确保自身遵守任何司法管辖区（尤其是起运国和目的国）的任何相关法律，包括劳动相关法律以及标准。卖家有责任附上任何必需的文件，包括但不限于许可证/产品证书/测试报告，完成任何必需的注册以及不得发布禁限售商品。除非另有相应说明和注释，下文所列的禁限售商品清单应适用于所有平台，如表 4-4 所示。

就本《产品上架政策》而言，平台所支持的交易应属于“相关在线交易”。

此外，对于未被法律限制或禁止但具有争议性的商品，也禁止卖家予以发布。此类商品包括：

①鼓励非法活动的商品（例如开锁工具、用于毒检作弊用途的合成尿液）；

②具有种族、宗教或族裔侮辱性的商品，或鼓吹仇恨、暴力、种族歧视或宗教偏执的商品；

③赠品、彩票、抽奖或竞赛；

④股票、债券、投资权益及其他证券；

⑤色情材料或具有性属性的商品；

⑥不以实物形式提供所售产品或服务的商品（例如数字货币以及仅为收集用户信息的广告）。平台有权基于其排他性自行裁量，保留采取其他限制和禁止的权利。

表 4-4　禁限售商品列表

类别	详细内容
1. 毒品、易制毒化学品及毒品工具	①麻醉镇定类、精神药品、天然类毒品、合成类毒品、一类易制毒化学品 ②二类易制毒化学品、类固醇 ③三类易制毒化学品 ④毒品吸食、注射工具及配件 ⑤帮助走私、存储、贩卖、运输、制造毒品的工具 ⑥制作毒品的方法、书籍
2. 危险化学品	①爆炸物及引爆装置 ②易燃易爆化学品 ③放射性物质 ④剧毒化学品 ⑤有毒化学品 ⑥消耗臭氧层物质 ⑦石棉及含有石棉的产品 ⑧烟花爆竹及配件
3. 枪支弹药	①大规模杀伤性武器、真枪、弹药、军用设备及相关器材 ②仿真枪及枪支部件 ③潜在威胁工艺品类
4. 管制器具	①刑具及限制自由工具 ②管制刀具 ③严重危害他人人身安全的管制器具 ④一般危害他人人身安全的管制器具 ⑤弩
5. 军警用品	①制服、标志、设备及制品 ②限制发布的警用品
6. 药品	①处方药、激素类、放射类药品 ②特殊药制品 ③有毒中药材 ④口服性药及含违禁成分的减肥药、保健品 ⑤非处方药
7. 医疗器械	①医疗咨询和医疗服务 ②三类医疗器械 ③其他医疗器械：除三类医疗器械外，其他需要专业人员指导操作的医疗器械

续表

类别	详细内容
8. 色情、暴力、低俗及催情用品	①涉及兽交、性虐、乱伦、强奸及儿童色情相关信息 ②含有色情淫秽内容的音像制品及视频、色情陪聊服务、成人网站论坛的账号及邀请码 ③含真人、假人、仿真器官等露点及暴力图片 ④原味产品 ⑤宣传血腥、暴力及不文明用语
9. 非法用途产品	①用于监听、窃取隐私或机密的软件及设备 ②信号干扰器 ③非法软件及黑客类产品 ④用于非法摄像、录音、取证等用途的设备 ⑤非法用途工具（如盗窃工具、开锁工具、银行卡复制器） ⑥用来获取需授权方可访问的内容的译码机或其他设备（如卫星信号收发装置及软件、电视棒）
10. 非法服务类	①政府机构颁发的文件、证书、公章、勋章，身份证及其他身份证明文件，用于伪造、变造相关文件的工具、主要材料及方法 ②单证、票证、印章、政府及专门机构徽章 ③金融证件、银行卡，用于伪造、变造相关的工具、主要材料及方法；洗黑钱、非法转账、非法集资 ④个人隐私信息及企业内部数据；提供个人手机定位、电话清单查询、银行账户查询等服务 ⑤法律咨询、彩票服务、医疗服务、教育类证书代办等相关服务 ⑥追讨服务、代加粉丝或听众服务，签证服务
11. 收藏类	①货币、金融票证，明示或暗示用于伪造、变造货币、金融票证的主要材料、工具及方法 ②虚拟货币（如比特币） ③金、银和其他贵重金属 ④国家保护的文物、化石及其他收藏品
12. 人体器官、捕杀工具、活体动植物及一切形态的保护动植物	①用于任何目的的人体骨架、器官及体液，塑化人体标本等商品，包括但不限于人体器官/遗体/遗骸/精子/卵子/血液，塑化人体标本等以及人体器官及遗体制作的标本等 ②重点和濒危保护动物活体、身体部分；公益保护动物（鲨鱼、熊、猫、狗等）；动物捕杀设备（塑化、剥皮服务；电捕机；捕兽夹；猫狗脱毛机）；及以上动物制品 ③重点和濒危保护植物、地域性保护植物、保护植物标本及以上植物制品 ④植物种子 ⑤活体动植物及其制品

续表

类别	详细内容
13. 危害国家安全及侮辱性信息	①宣扬恐怖组织和极端组织信息 ②宣传国家分裂及其他各国禁止传播发布的敏感信息 ③涉及种族、性别、宗教、地域等歧视性或侮辱性信息 ④其他含有政治色彩的信息
14. 烟草	①成品烟及烟草制品 ②电子烟液 ③电子烟器具、部件及配件 ④制烟材料及烟草专用机械 ⑤烟草图片禁售（使用含有烟液的图片或图片中有烟液展示）
15. 赌博	①在线赌博信息 ②赌博工具
16. 制裁及其他管制商品	①禁运物品 ②其他制裁商品
17. 违反目的国/本国产品质量技术法规/法令/标准的、劣质的、存在风险的商品	①经权威质检部门或生产商认定、公布或召回的商品；各国明令淘汰或停止销售的商品；过期、失效、变质的商品、无生产日期、无保质期、无生产厂家的商品 ②高风险及安全隐患类商品
18. 部分国家法律规定禁限售商品及因商品属性不适合跨境销售而不应售卖的商品	①部分国家法律规定不允许或限制售卖的商品 ②因商品属性不适合跨境销售而不应售卖的商品，如香水、茶叶、普通食品（坚果、速食品、腌制食品）、活体植物、活体动物、虚拟商品等 ③不允许发布的盲盒/福袋商品（平台针对特定目的国另有规定除外）

课堂讨论

除了表 4-4 描述的禁限售商品外，还有哪些商品不能在跨境电商平台出售？

知识链接：销售禁限售商品会有哪些后果？

会导致商品下架，账号功能受限制，甚至账号冻结的后果。卖家要严格执行法律规定，不销售禁限售商品，并且经常检查禁限售列表是否有加项，保证店铺健康的运营。

二、产品发布流程

通过对产品上传规则的学习，确认资料准备齐全，下面将以服装类产品为例进行账号产品上传流程介绍。

1. 打开独立站官方网站后台

首先打开跨境电商独立站首页，在登录页面输入平台分配的账号和密码，点击“登录”。登录后点击左侧“商品目录”，如图 4-26 所示。

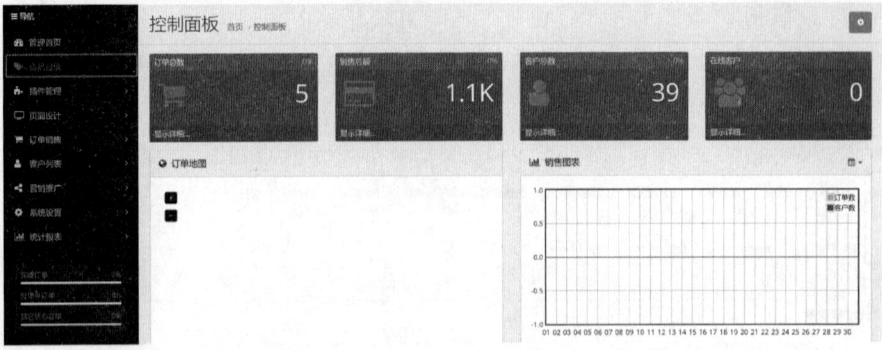

图 4-26　独立站商城后台商品目录

在新出现的菜单中选择“商品管理”选项，如图 4-27 所示。

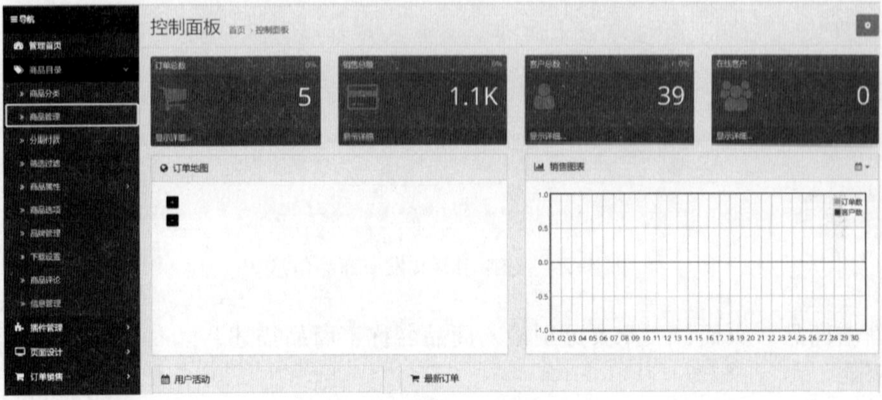

图 4-27　选择“商品管理”

2. 创建产品发布页面

单击“商品管理”后页面跳转至“商品管理”页面，单击右上角的“+”号，进行产品发布页面创建，如图 4-28 所示。

图 4-28　创建产品发布页面

3. 输入商品信息

在“新增商品”页面，“常规”选项中，选择的语言为英文，如图 4-29 所示。

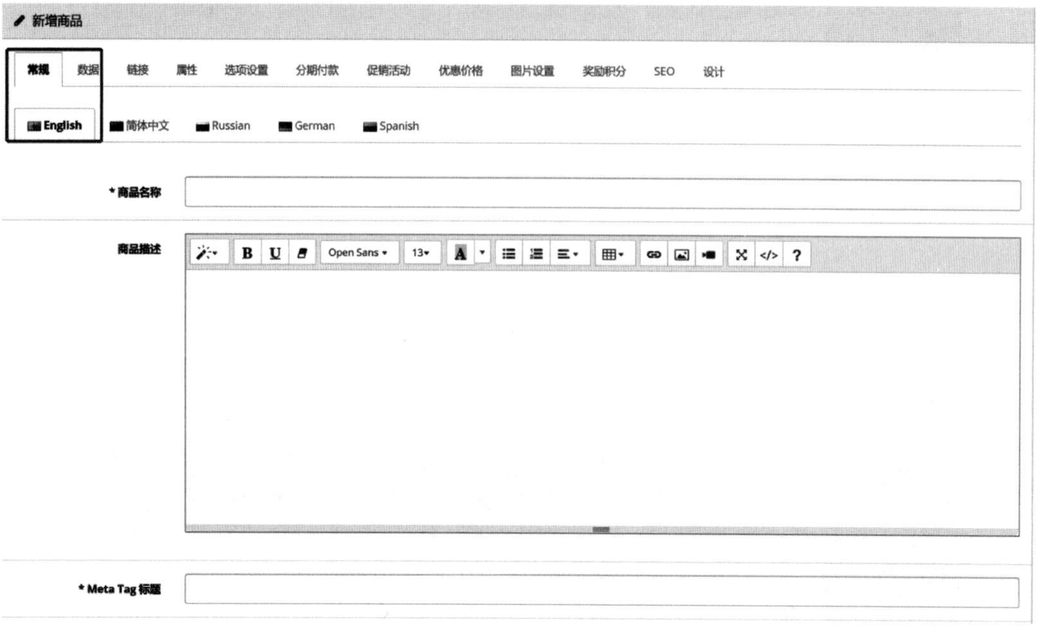

图 4-29 选择用英文发布商品信息

在“新增商品”页面，卖家要分别输入商品名称、商品描述、Meta Tag 标题等信息，如图 4-30 所示。

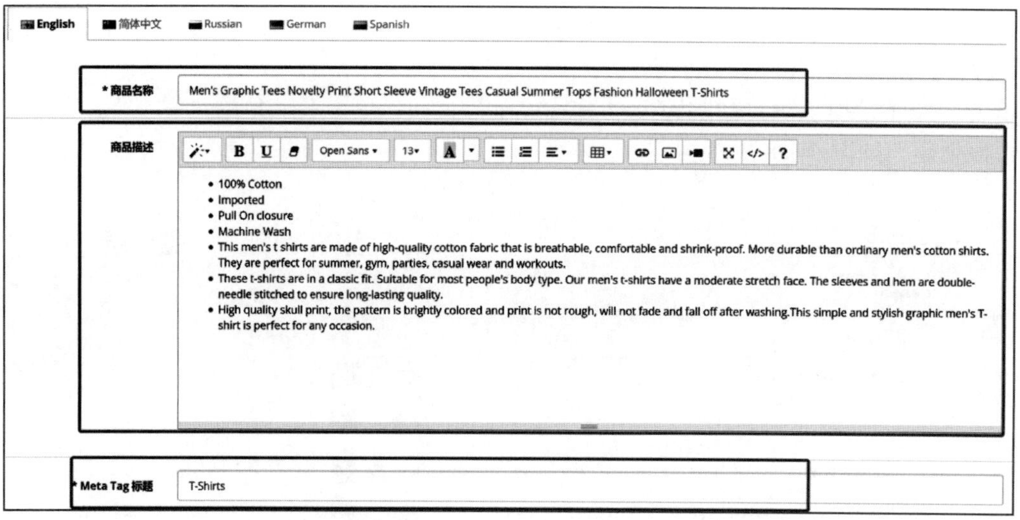

图 4-30 填写商品名称、商品描述、Meta Tag 标题等信息

4. 填写商品数据

在发布商品时要准确填写商品的数据，包括商品型号、SKU、销售价格、商品数量等，如图 4-31、图 4-32 所示。

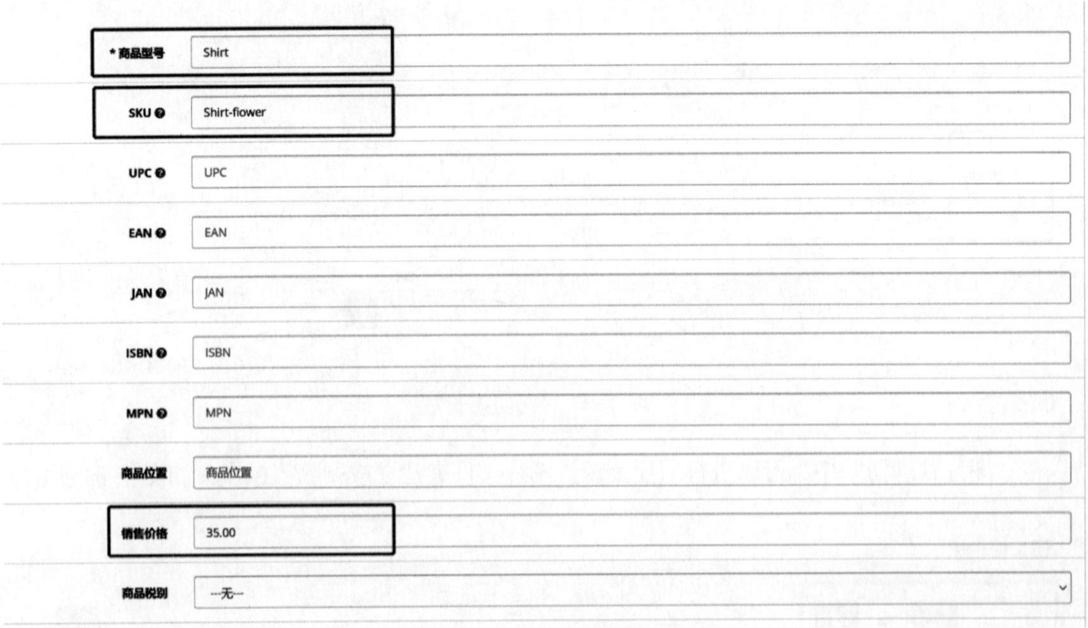

图 4-31　填写商品数据 1

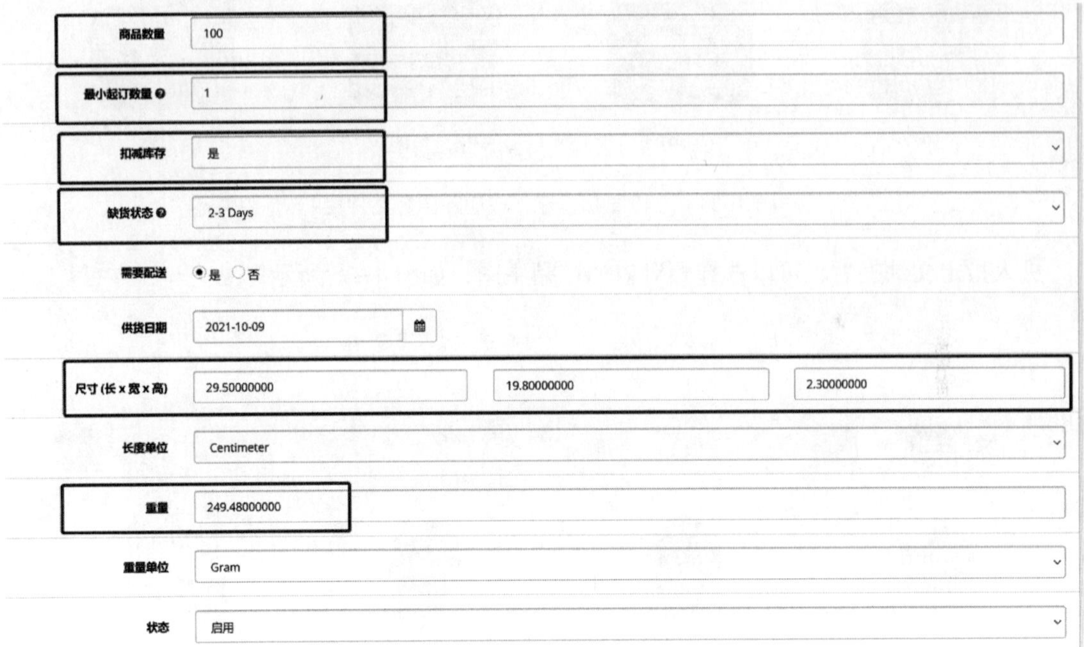

图 4-32　填写商品数据 2

5. 设置商品图片

在图 4-33 所示页面单击“图片”选项，进入“图片管理器”。

图 4-33　添加图片

在“图片管理器”中，可以进行图片上传、图片文件夹建立或删除等操作，如图 4-34 所示。

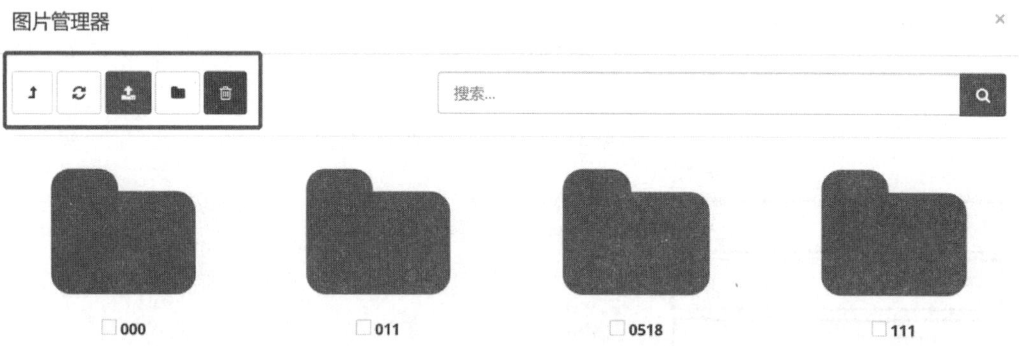

图 4-34　上传图片、建立或删除图片文件夹

进入指定文件夹后，可以选择相对应的产品主图，如图 4-35 所示。

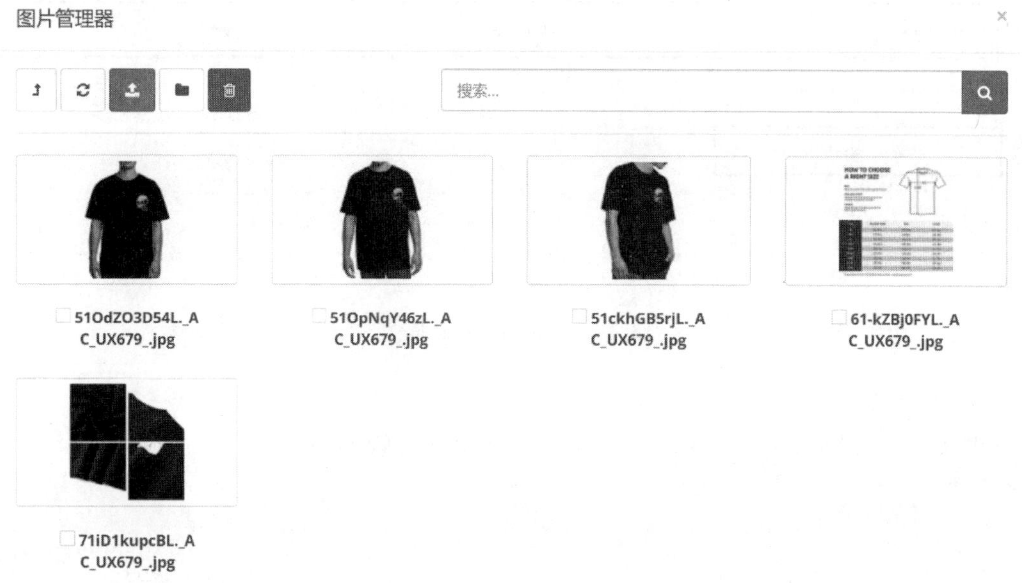

图 4-35　选择产品主图

在“附加图片”中，可以添加其他附加图片，如图 4-36 所示。

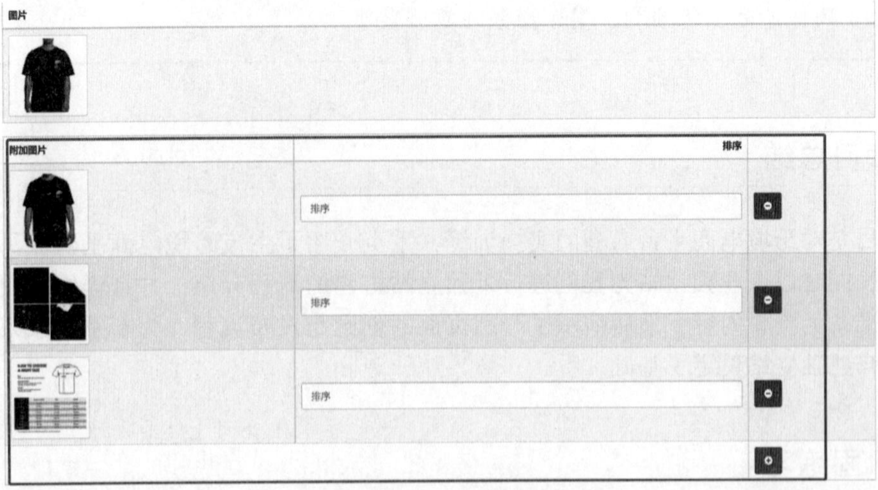

图 4-36　选择附加图片

6. 发布产品

在选择好主图及附加图片后，单击图 4-37 中的“保存”按钮，进行商品信息保存。点击“商品管理”选项，跳转至商品管理列表，在列表中可以查看到刚刚上传的商品，如图 4-38 所示。

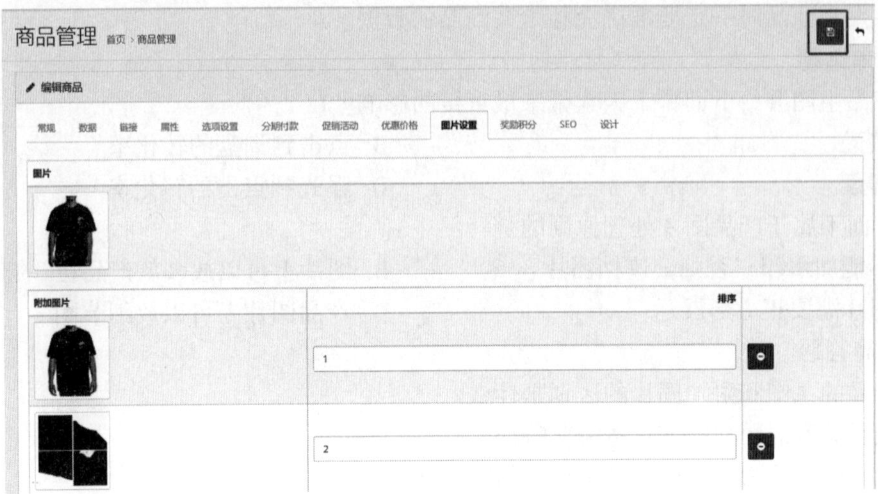

图 4-37　点击“保存”

	图片	商品名称 ^	商品型号	价格	数量	状态	管理
		Men's Graphic Tees Novelty Print Short Sleeve Vintage Tees Casual Summer Tops Fashion Halloween T-Shirts	Shirt	$35.00	100	启用	

图 4-38　商品上传成功

课堂讨论

为了确保产品上传顺利，卖家必须注意哪些事项？

项目总结

本项目是对跨境电商平台入驻的实操训练，重点介绍了主流跨境电商平台亚马逊账号的注册流程，同时以企业独立站为案例进行了独立站搭建的流程介绍，并且详细说明了产品发布前需要准备的资料内容，最后演示了产品页面的创建与发布流程，为新手卖家入驻跨境电商平台或自建独立站奠定了基础。

巩固练习

一、填空题

1. 亚马逊平台销售计划可分为（　　　　　　　　　　）和（　　　　　　　　　　）。

2. 任何企业或个人在亚马逊平台可以注册（　　　　　　　　　　）个卖家账号。

二、判断题

1. 在写商品描述时要言简意赅，注意检查语法和拼写，可以模仿同行但是不要抄袭。（　　）

2. 在发布商品时一定要准确完整填写商品的数据。（　　）

三、单选题

1. 产品主图会给下面哪个因素带来最直接的影响？（　　）

A. 曝光　　B. 点击到询盘的转化率

C. 询盘　　D. 曝光到点击的转化率

2. 下面不属于产品图片处理原则的是（　　）。

A. 不能加水印，否则会遮挡图片　　B. 图片上可以放多款产品在一起展示

C. 图片需要正方形展示　　D. 产品图片上可以放细节图

四、简答题

1. 产品的主图和附加图片的区别是什么？

2. 吸引买家的图片应该具备哪些特征？

3. 发布产品前为什么要了解平台的禁限售规则？

项目五 跨境电商物流

知识目标

1. 了解跨境电商物流的概念和特征。
2. 熟悉跨境电商物流操作流程。
3. 熟悉跨境电商物流的价格构成及选择合适的物流。
4. 掌握跨境电商物流操作及专业术语和风险防范。

能力塑造

1. 熟练使用网络工具进行自主学习。
2. 能通过第三方软件对竞品进行分析。
3. 根据产品的特点选择合适的物流渠道。
4. 协作完成跨境电商物流的选择及价格制定工作。

素质培养

1. 具备严谨、规范的工作作风。
2. 具备踏实、严谨的劳动精神。
3. 具备岗位分工的责任意识与团队协作精神。
4. 具备诚实守信、合规运营的价值观念。

商务情景导入

AAA 有限公司的跨境电商运营团队想要开展跨境电商运营工作，在跨境电商物流方面的设计与准备是至关重要的。经运营团队研究决定，要对以下一些关键步骤和因素进行研究和分析，以保证跨境电商业务的顺利开展。

一、市场研究与物流需求分析

首先，公司需要对目标市场进行深入的市场研究，了解当地的消费者需求、购买习惯以及竞争态势。同时，分析跨境电商物流的需求，包括产品特性、运输量、运输时效等，以便为后续的物流设计提供数据支持。

二、选择合适的物流服务商

寻找经验丰富、专业可靠的跨境电商物流服务商是关键。物流服务商应具备完善的物流网络、高效的清关能力以及优质的客户服务。公司可以与多家物流服务商进行合作洽谈，比较价格、服务质量和运输时效等因素，选择最适合自己的合作伙伴。

三、设计合理的物流方案

根据产品特性和市场需求，设计合理的物流方案，包括选择合适的运输方式（如空运、海运、陆运等）、运输路线以及仓储策略。同时，要考虑运输过程中的保险问题，确保货物在运输过程中的安全。

四、优化仓储与配送网络

在跨境电商中，仓储与配送网络的优化至关重要。公司可以考虑建立海外仓，以减少运输时间和成本，提高客户满意度。同时，与当地的配送公司合作，确保货物能够及时、准确地送达消费者手中。

五、提高物流信息化水平

利用现代信息技术手段，提高物流信息化水平。通过建设和完善订单管理系统、库存管理系统和运输跟踪系统等，实现对物流过程的实时监控和跟踪，提高物流效率和准确性。

六、制定应急预案

跨境电商物流过程中可能会遇到各种突发情况，如天气变化、海关政策调整等。因此，公司需要制定应急预案，提前规划应对措施，以应对可能出现的风险和挑战。

七、遵守相关法律法规

在跨境电商物流过程中，公司需要遵守相关法律法规，如进出口税收政策、海关规定等。同时，要关注目标市场的知识产权保护问题，避免侵权风险。

综上所述，公司在开展跨境电商业务时，需要充分考虑跨境电商物流方面的设计与准备。通过深入市场研究、选择合适的物流服务商、设计合理的物流方案、优化仓储与配送网络、提高物流信息化水平以及遵守相关法律法规等措施，可以为公司跨境电商业务的顺利开展提供有力保障。

实训一　跨境电商物流模式

任务描述

跨境电商物流是伴随跨境电商的发展而产生的。随着跨境电商的发展，跨境电商物流迅速成长。跨境电商的发展是物流、信息流和资金流的协调发展。物流作为跨境电商中的一个重要环节，是决定跨境电商行业发展的关键性因素。在对比各大跨境电商物流优劣势以后，AAA 有限公司通过研究和讨论，选择适合服装类产品的物流渠道。公司要求跨境电商运营团队尽快做好跨境电商物流的调研，根据产品选择合适的物流渠道，制定价格体系，并指派跨境电子商务部主管来完成物流渠道选择任务，将跨境电商物流流程在团队内进行分享。

实训目标

学习跨境电商物流相关理论，通过实操训练，熟悉跨境电商物流选择知识与技巧。

实训要求

学生分为若干小组，组内分工协作，对代表性的物流渠道进行学习调研，了解不同物流渠道的优劣势，小组内讨论交流并形成总结报告。

实训成果

1. 完成跨境电商物流方案的选择。
2. 形成跨境电商物流选择的流程调研报告。

在电子商务市场交易中，卖家可以选择的跨境电商物流种类有很多，这里主要介绍邮政物流、国际商业快递、物流专线和海外仓四种主流模式。

一、邮政物流

邮政物流，是指各国邮政部门所属的物流系统。邮政物流包括各国邮政局的邮政航空小包、大包以及中国邮政速递物流分公司的EMS、e邮宝、e特快等。

邮政物流是中国经营历史最悠久、规模最大、网络覆盖范围最广、业务品种最丰富的快递物流综合服务提供商，拥有享誉全球的“EMS”特快专递品牌和国内知名的“CNPL”物流品牌。中国邮政速递物流主要经营国内速递、国际速递、合同物流等业务。国内速递和国际速递服务涵盖卓越、标准和经济不同时限水平和代收货款等增值服务；合同物流涵盖仓储、运输等供应链全过程。

此处重点介绍中国邮政国际航空小包、大包的相关知识。

1. 中国邮政国际航空小包

（1）中国邮政国际航空小包简介。中国邮政国际航空小包又称中国邮政小包、邮政小包、航空小包，是指包裹重量在2千克以内，外包装长、宽、高之和小于90厘米，且最长边小于60厘米，通过邮政空邮服务寄往国外的小邮包。它可以分为平邮小包和挂号小包两种，可寄往全球各个邮政网点。挂号小包的派送范围为全球241个国家和地区。

（2）中国邮政国际航空小包说明。

①资费与查询。资费低，首重按照100克起算（货运代理按照实际重量算），挂号服务费率稍高。运费计算公式：平邮运费=标准运费×实际重量×折扣；挂号运费=标准运费×实际重量×折扣+挂号费8元。平邮小包不受理查询，挂号小包在大部分国家可全程跟踪，在部分国家只能查询到签收信息，在部分国家不提供信息跟踪服务。

②规格限制。包裹重量≤2千克，寄往阿富汗的限重1千克。最大尺寸：非圆筒形货物：长+宽+高≤90厘米，单边长度≤60厘米；圆筒形货物：直径的两倍+长度≤104厘米，单边长度≤90厘米。最小尺寸：非圆筒形货物：单件邮件长度≥14厘米，宽度≥9厘米；圆筒形货物：直径的两倍+长度≥17厘米，长度≥10厘米。

2. 中国邮政国际航空大包

（1）中国邮政国际航空大包简介。中国邮政国际航空大包，又称航空大包或中邮大包，是区别于中国邮政国际航空小包的服务，是中国邮政国际普通邮包裹三种服务方式中的航空运输服务方式，可寄达全球200多个国家和地区。对时效性要求不高而重量稍重的货物，可选择使用此方式发货。

（2）中国邮政国际航空大包说明。

①根据运输物品的重量和所到达国家的不同，中国邮政国际航空大包的包裹体积、重量限制标准有所不同，具体可登录官网进行查询。寄往各国的包裹尺寸限度分为以下两种。第

一种尺寸：单边≤150 厘米，长度+长度以外的最大横周≤300 厘米。第二种尺寸：单边≤150 厘米，长度+长度以外的最大横周≤200 厘米。

②根据目的地不同，中国邮政国际航空大包的运送时效也有所不同，通常到亚洲邻近国家为 4~10 天，到欧美国家为 7~20 天，到其他国家和地区为 7~30 天。

二、国际商业快递

国际商业快递也称国际快递（international express service），是指在两个或两个以上国家或地区之间所进行的快递、物流业务。国家与国家（或地区）传递信函、商业文件及物品的递送业务，即通过国家之间的边境口岸和海关对快件进行检验放行的运送方式。国际快件到达目的国家之后，需要在目的国进行再次转运，才能将快件送达最终目的地。

随着出口型跨境电商的发展，国际快递巨头们正在加快在中国的布局。在中国，TNT（荷兰快递服务商）已拥有 33 家分支机构、3 个国际快递口岸；FedEx（隶属于美国联邦快递集团）已经覆盖中国 200 多个城市；UPS（美国联合包裹运送服务公司）每周约有 200 个航班将中国与全球市场连接起来，服务网络覆盖超过 33 个城市；DHL（全球著名的邮递和物流集团）在五大洲拥有将近 34 个销售办事处以及 44 个邮件处理中心，其运输网络覆盖全球 220 多个国家和地区的 120000 多个目的地（主要城市），是全球国际化程度最高的公司。

国际快递业务具有如下特点。

（1）国际快递环境具有差异性，如法律法规、人文、习俗、语言、科技发展程度和硬件设施不同。国际快递运输是国际贸易的一个组成部分，在组织货物运输的过程中，需要经常同国外发生直接或间接的广泛的业务联系，这种联系不仅是经济上的，也常常会涉及国际间的政治问题，是一项政策性很强的涉外活动。因此，国际快递运输既是一项经济活动，也是一项重要的外事活动，这就要求我们不仅要用经济观点去办理各项业务，而且要有政策观念，按照中国的对外政策的要求从事国际运输业务。

（2）国际快递的时效性强，丢包率低，过程更加安全可靠；但仿牌、含电池、特殊类产品基本上都不能递送，此外，物流成本高。国际快递运输的时效性强，按时装运进出口货物，及时将货物运至目的地，对履行进出口贸易合同、满足商品竞争市场的需求、提高市场竞争能力、及时结汇等都有着重大意义。特别是一些鲜活商品、季节性商品和敏感性强的商品，更要求迅速运输，不失时机地组织供应，才有利于提高出口商品的竞争能力，有利于巩固和扩大销售市场。因此，国际快递运输必须加强时间观念，争时间、抢速度，以快取胜。

（3）国际快递系统的范围具有广泛性，快递本身的复杂性和国际快递的特殊性，使得其操作难度较大，面临的风险更多。国际快递运输是中间环节很多的长途运输。国际快递运输是国家与国家、国家与地区之间的运输，一般来说，运输的距离都比较长，往往需要使用多种运输工具，通过多次装卸搬运，要经过许多中间环节，如转船、变换运输方式等，经由不同的国家和地区，要适应各国不同的法规和规定。如果其中任何一个环节发生问题，就会影响整个的运输过程，这就要求我们做好组织工作、环环紧扣，避免在某环节上出现脱节现象，给运输带来损失。

国际快递运输涉及国内外许多部门，需要与不同国家和地区的货主、交通运输、商检机构、保险公司、银行或其他金融机构、海关、港口以及各种中间代理商等打交道。同时，由于各个国家和地区的法律、政策规定不一，贸易、运输习惯和经营做法不同，金融货币制度的差异，加之政治、经济和自然条件的变化，都会对国际快递运输产生较大的影响。

（4）国际快递的信息化要求决定其具有先进性。国际快递对信息的提供、收集与管理有更高的要求，要求有国际化信息系统的支持。

（5）国际快递运输的风险较大。由于在国际快递运输中环节多，运输距离长，涉及的面广，情况复杂多变，加之时效性又很强，在运输沿途国际形势的变化、社会的动乱，各种自然灾害和意外事故的发生，以及战乱、封锁禁运或海盗活动等，都可能直接或间接地影响到国际快递运输，以致造成严重后果，因此，国际快递运输的风险较大。为了转嫁运输过程中的风险损失，各种进出口货物和运输工具，都需要办理运输保险。

三、物流专线

物流专线，又称货运专线，指物流公司用自己的货车、专车或者航空资源，运送货物至其专线目的地。一般物流公司在目的地有自己的分公司或者合作网点，以便货车来回都有货装。

跨境电商已经从单一的包裹模式发展成为以邮政包裹模式为主导，其他模式并存的多元化模式。不同模式的优点弥补了跨境电商物流的不足。例如，在将货物发往比较偏远的新兴国家时，可以选择物流专线。物流专线被认为是跨境电商直发模式的理想物流选择，它不仅兼具时效和成本，在稳定性和安全性方面也达到了跨境运输的要求。目前在一些热门市场中，物流专线已经逐渐与邮政包裹平分秋色，甚至成为卖家首选。

四、海外仓

1. 海外仓的定义

海外仓是建立在海外的仓储设施。在跨境电商贸易中，海外仓是指境内卖家将商品通过大宗运输的形式运往目标市场国家，在当地建立仓库、储存商品，然后再根据当地的销售订单，第一时间做出响应，及时从当地仓库直接进行分拣、包装和配送，减少了重复而复杂的清关步骤。货物批量运输，降低了运输成本；买家收到商品后能轻松地实现退换货，改善了购物体验。

2. 海外仓成本构成

确切地说，海外仓包括头程运输、仓储管理和本地配送三个部分。头程运输是指境内卖家通过海运、空运、陆运或者联运将商品运送至海外仓。仓储管理指境内卖家通过物流信息系统，远程操作海外仓中的商品，实时管理库存。本地配送指海外仓根据订单信息，通过当地邮政或快递将商品配送给买家。

以美国海外仓为例，海外仓成本=头程费用+仓储及处理费用+本地配送费用。

头程费用：商品从中国境内运往美国海外仓产生的费用。

仓储及处理费用：商品存储在海外仓和库存管理产生的费用。

本地配送费用：商品通过当地邮政或快递配送给买家产生的费用。

3. 海外仓的流程

卖家使用海外仓的流程如下：

（1）卖家亲自将商品运到海外仓，或者委托承运商将商品发至承运商的海外仓。对于这段国际货运，卖家可采用海运、空运，或者快递方式将商品送达仓库。

（2）卖家在线远程管理海外仓。卖家使用物流商的物流信息系统，远程操控海外仓中的商品，并且实时更新相关操作。

（3）海外仓根据卖家指令进行操作。物流商依托海外仓的自动化操作设备，严格按照卖家指令对商品进行存储、分拣、包装、配送等操作。

（4）系统信息实时更新。完成从海外仓送到买家手中的本地配送后，系统会及时更新，以显示库存状态，让卖家实时掌握情况。

课堂讨论

1. 邮政物流、国际商业快递、物流专线和海外仓各自的特点及优势有哪些？
2. 跨境电商物流中禁止快递的物品有哪些？

实训二 亚马逊物流操作流程

任务描述

作为现今跨境电商 B2C 平台头部的亚马逊，其物流模式分为亚马逊物流（FBA）和卖家自配送（FBM）。卖家应根据跨境销售的商品不同，选择合适商品的物流服务。从竞争的角度来看，当大部分卖家都采用 FBA 发货的时候，FBA 发货客观上已经成为卖家的标配，在这种情况下，要想在激烈的竞争中取胜，FBA 就具有非常重要的意义。AAA 有限公司要求运营团队对亚马逊 FBA 的优势进行总结，对于符合亚马逊 FBA 的商品品类进行总结讨论，并对 FBA 操作流程进行团队分享，最后对亚马逊 FBA 物流进行总结。

实训目标

通过实操训练，熟悉亚马逊物流模式及操作流程。

实训要求

学生分为若干小组，组内分工协作，对亚马逊物流优劣势进行讨论总结，小组内讨论交流并形成总结报告。

实训成果

1. 全面了解亚马逊物流的优势及适用品类。
2. 熟悉亚马逊物流发货流程及平台操作。

亚马逊作为现今跨境电商 B2C 平台的头部，提供 FBA 和 FBM 两种主要的物流服务模式，其中 FBA 发货客观上是大部分卖家的标配，本实训主要是熟悉这两种模式的内涵，同时重点对 FBA 的操作方法与流程进行练习。

一、亚马逊物流概述

FBA，是亚马逊针对专业卖家提供的一项仓储服务，是指卖家将商品批量发送至亚马逊运营中心，由亚马逊负责帮助卖家存储，当商品售出后，由亚马逊完成订单分拣、包装和配送，并为这些商品提供买家咨询、退货等客户服务。

一般来说，适合用 FBA 的商品需要符合以下条件。

（1）商品质量过硬，性价比高。这样的商品一般不会出现退换货的情况，很大程度上减少了卖家的损失。

（2）体积小，重量轻。商品的体积小，重量轻，易于运输，既节约物流成本，又可以使 FBA 的仓储费用更低，可以有效地控制物流仓储成本。

（3）商品利润高。考虑到 FBA 费用和平台佣金等费用，如果是常卖品，还应考虑到仓储费用，所以应选择一些利润比较高的商品来分摊此部分的费用。

FBM，指的是卖家使用亚马逊平台销售自己的商品，并使用自己的物流系统进行订单处理、包装和发货，FBM 需要卖家自己负责库存管理、订单处理、包装和物流配送等环节。卖家需要在亚马逊平台上建立商品列表，接收订单并在规定时间内完成发货。

对于亚马逊的卖家来说，两种物流模式都有各自的优势。

（1）FBA 的优势如下。

优势 1：符合要求的订单可以享受免费配送服务。使用 FBA，卖家的商品将有资格享受亚马逊 prime（会员）免费隔日达或次日达服务，并且对于符合要求的订单，所有买家都可以享受免费配送服务，提高配送速度，改善客户体验。

优势 2：亚马逊提供 7×24 专业客服。亚马逊使用当地语言为 FBA 商品提供 7×24 专业客服，并处理亚马逊物流订单的退货，即使卖家休假，商品也可以保持正常销售，减轻卖家的运营压力。

优势 3：多种特惠物流解决方案帮助优化物流成本。FBA 针对特定的商品、地区提供特惠物流解决方案，帮助优化物流成本。例如：针对特定商品的特惠解决方案，提供亚马逊物流新选品计划、亚马逊物流轻小商品计划等；针对北美三大站点的跨地区解决方案，提供亚马逊物流远程配送计划；针对欧洲 5 国的跨地区解决方案，提供亚马逊物流欧洲整合服务。

优势 4：有助于提高商品曝光和赢得“购买按钮”。使用 FBA 后，亚马逊提供的快捷配送服务和 7×24 专业客服，有助于卖家的商品获得更高的客户满意度及商品评价，从而帮助卖家的商品增加赢得“购买按钮”的机会。使用 FBA 配送的商品会带有 prime 标记，买家搜索商品时，往往更习惯于筛选带有 prime 标记的商品，此外更高的客户满意度及商品评价，搜索排名会更加靠前，从而帮助加大商品曝光。

（2）FBM 的优势如下。

优势 1：更大的自由度和控制权。卖家可以自己掌握库存管理、订单处理和物流配送等环节，可以更灵活地调整商品价格、库存量和物流速度等。

优势 2：更低的费用。与 FBA 相比，FBM 不需要支付亚马逊的存储和履行费用，因此可以降低销售成本。

优势 3：更快的响应速度。由于卖家直接管理物流配送，可以更快地响应客户订单，提高客户满意度和忠诚度。

优势 4：更好的品牌控制。卖家可以通过自己的包装和物流方式来展示品牌形象和品质，进一步提高品牌认知度和美誉度。

优势 5：更容易处理特殊商品。一些特殊的商品（如易碎品、大件商品等）可能无法使用 FBA 服务，因为它们需要更特别的物流处理方式。在这种情况下，卖家可以使用 FBM 服务来处理这些订单。

课堂讨论

在亚马逊物流模式下，哪些品类的商品更适合用 FBA？哪些品类的商品更适合用 FBM？

二、FBA 操作流程

FBA 在实际操作中具有严格的操作流程及规范，操作时需要严格按照亚马逊的要求进行填写，具体流程可以从以下几个方面进行。

1. 将商品转变为 FBA SKU

操作步骤：在“亚马逊配送服务”页面点击“库存”，选择“管理所有库存”找到需要转变的商品，在商品最后的标记选项卡中选择“转换为‘亚马逊配送’”，也可以多选之后，选择“转换为‘亚马逊配送’”，这样就可以把商品转变成 FBA 商品了，如图 5-1 所示。

2. 确认 FBA 商品

选好要发货的 FBA 商品后，页面会跳转，点击“发布为亚马逊物流商品并发送至亚马逊”确认转换 FBA 发货就可以了，如图 5-2、图 5-3 所示。

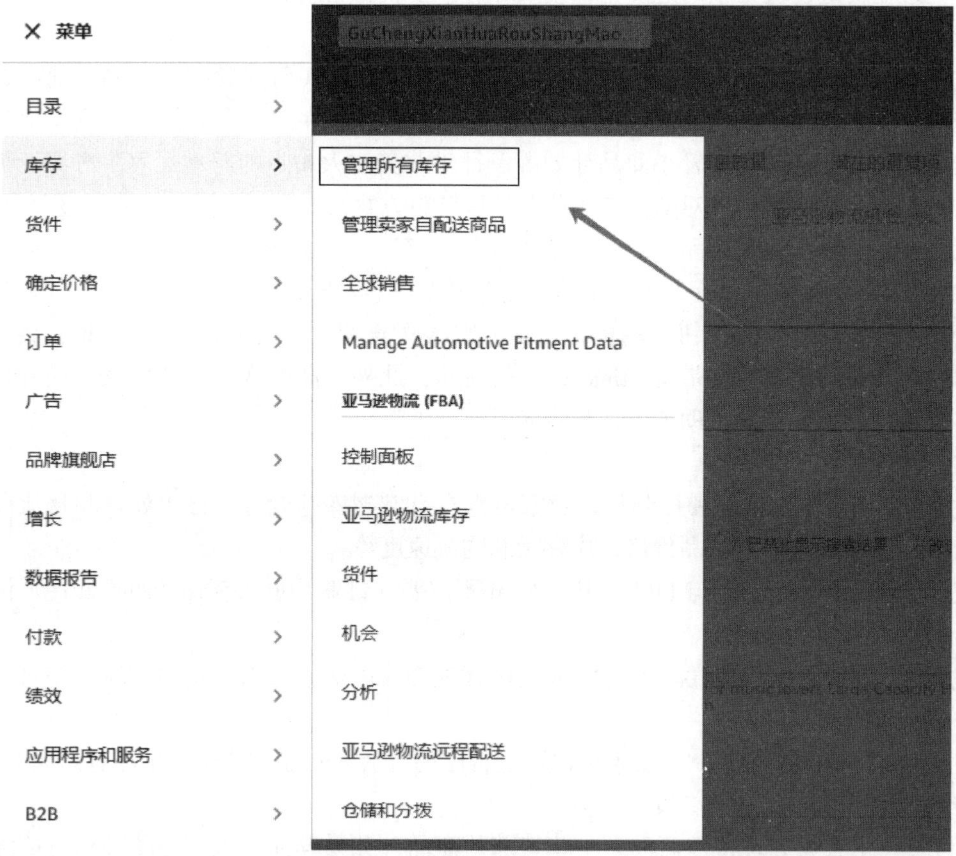

图 5-1　将商品转变为 FBA SKU

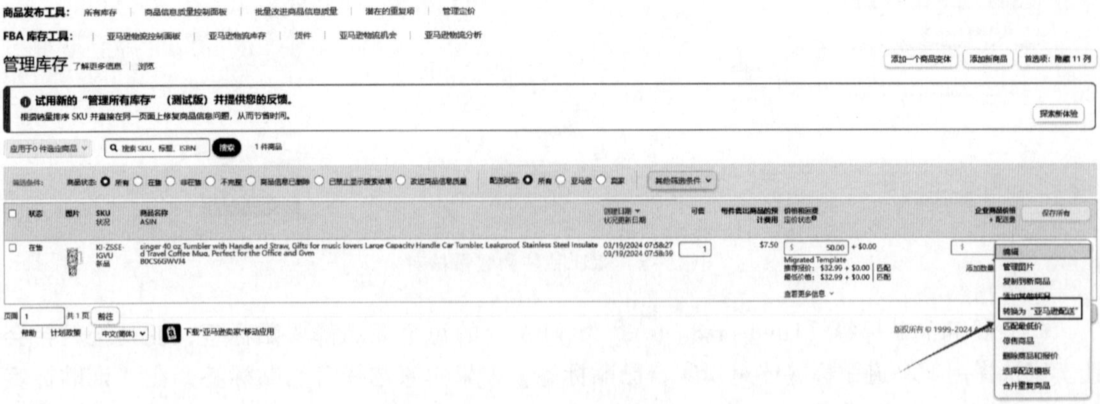

图 5-2　转换为“亚马逊配送”

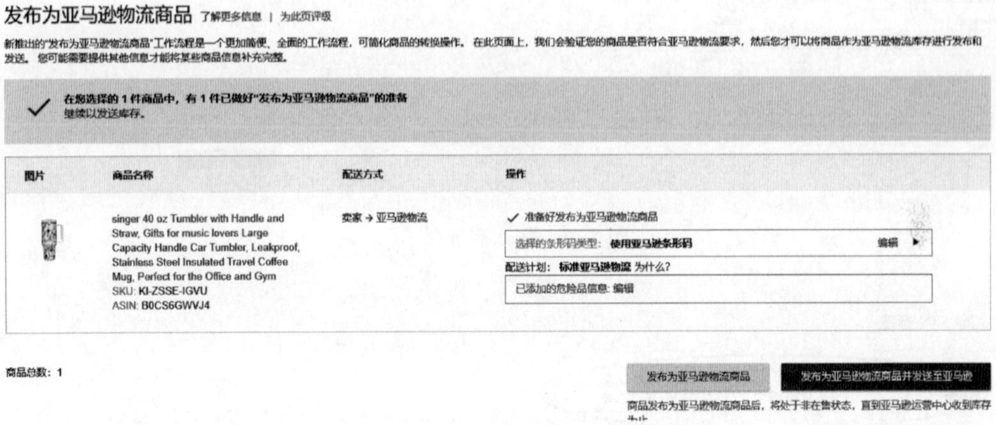

图 5-3　发布为亚马逊物流商品

3. 创建发货单

（1）设置套装数量（set quantity）。输入发货商品的数量，如果卖家之前上传商品的时候没有输入商品包装类型，这里还要填写商品的包装类型。包装类型有两种：混装，即不同的商品混合装箱；原厂包装，即相同的商品、SKU 装一箱，如图 5-4 所示。

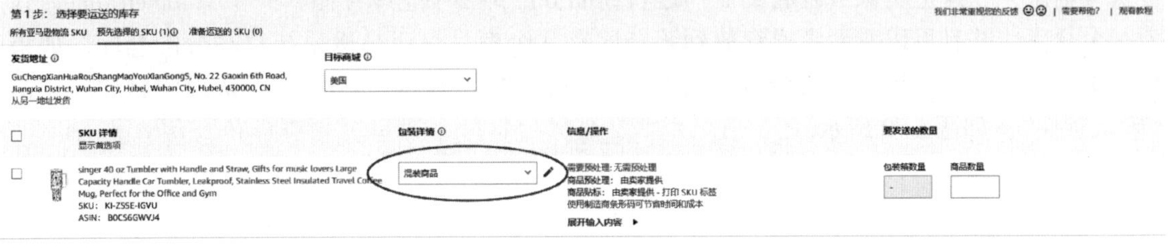

图 5-4　包装类型选择

（2）准备商品（prepare products）。对 SKU 品种和数量进行核对，确保实物商品的 SKU 和数量与创建时填写的完全一致，如图 5-5 所示。

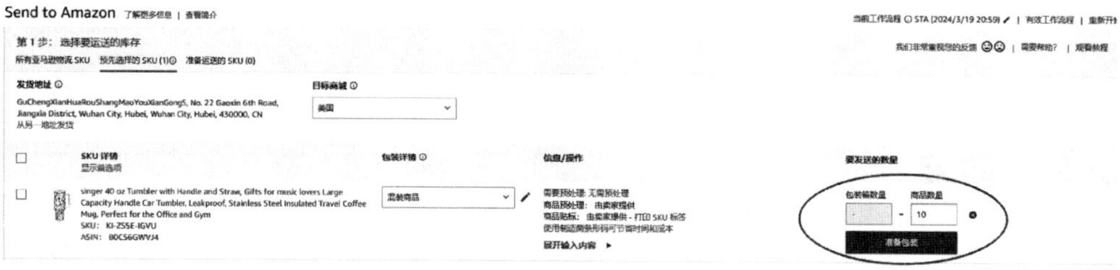

图 5-5　SKU 品种和数量核对

（3）给商品贴标签（label products）。发 FBA 仓的每个商品都要贴标签，亚马逊后台会让卖家选择由亚马逊贴标签还是卖家自己贴标签，如果卖家选择自己贴标签，在“谁贴标签（who labels）”下面选择“商户（merchant）”，并选择相应规格的标签纸打印标签，如图 5-6、图 5-7 所示。

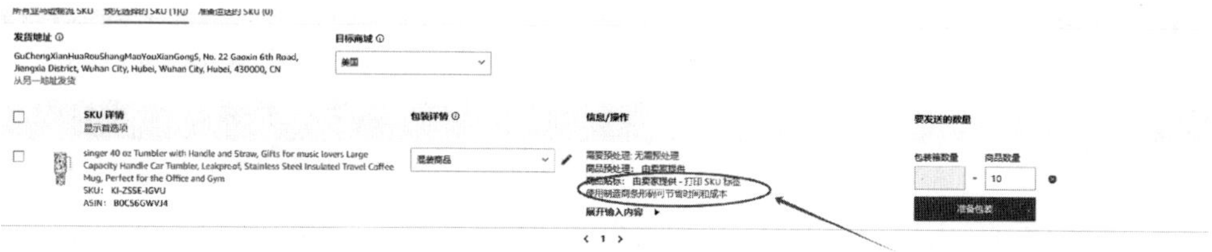

图 5-6　贴标签选择

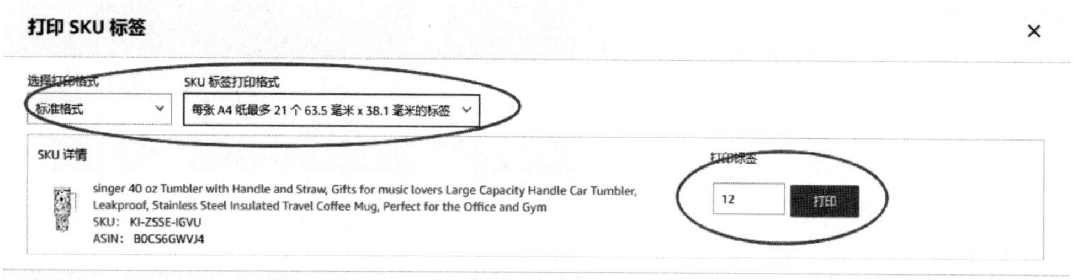

图 5-7　打印 SKU 标签

（4）查看发货信息（review shipments）。检查货件的起运地、包装类型、商品、商品准备费等信息，在这里卖家可以看到亚马逊将商品分配到哪个仓库存储，一个 shipment name 代表一个仓库，并且可以看到卖家存放到该仓库有几个商品，亚马逊系统自动分配仓库，如果卖家不想分仓，可以提前在后台设置合仓（合仓需要另外收取费用），确认没问题后，点击“确认货件”，如图 5-8 所示。

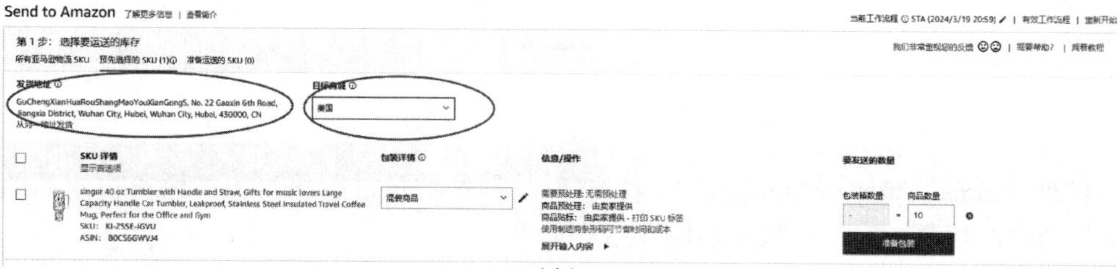

图 5-8　查看发货信息

（5）准备装运（prepare shipment）。首先，检查货件中的商品；其次，检查选择的运输服务和设置箱子信息；最后打印货件标签，如图 5-9、图 5-10 所示。

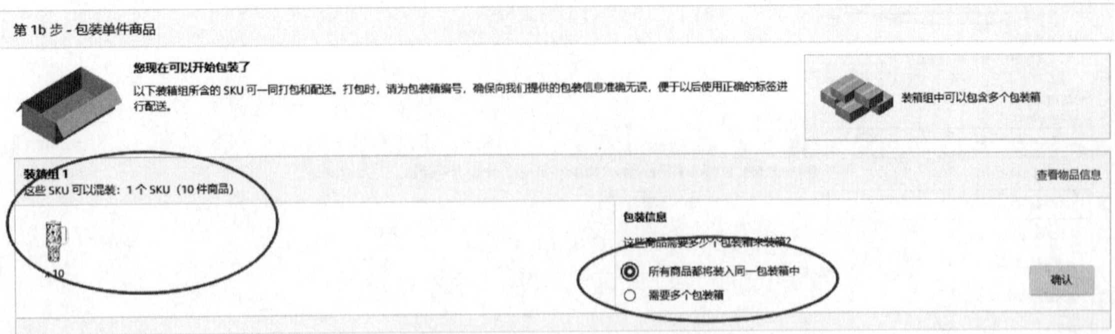

图 5-9　检查货件中的商品

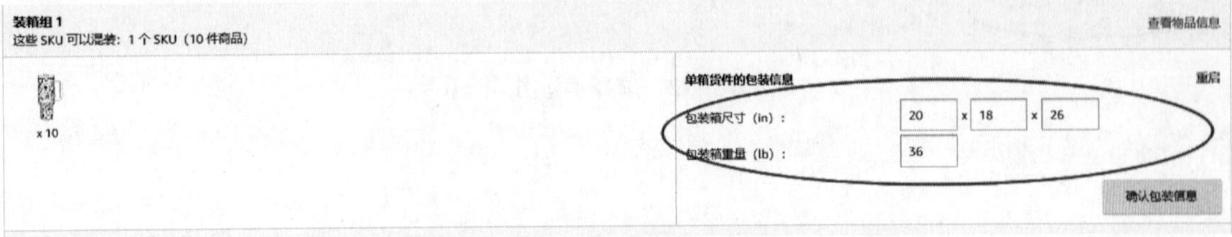

图 5-10　检查选择的运输服务和设置箱子信息

（6）运输服务（shipping service）。需要卖家选择 shipping method（承运方式）和 shipping carrier（承运人），一般承运方式默认填写“小包裹快递（SPD）”，承运人默认填写“其他或 DHL”，如图 5-11 至图 5-14 所示。

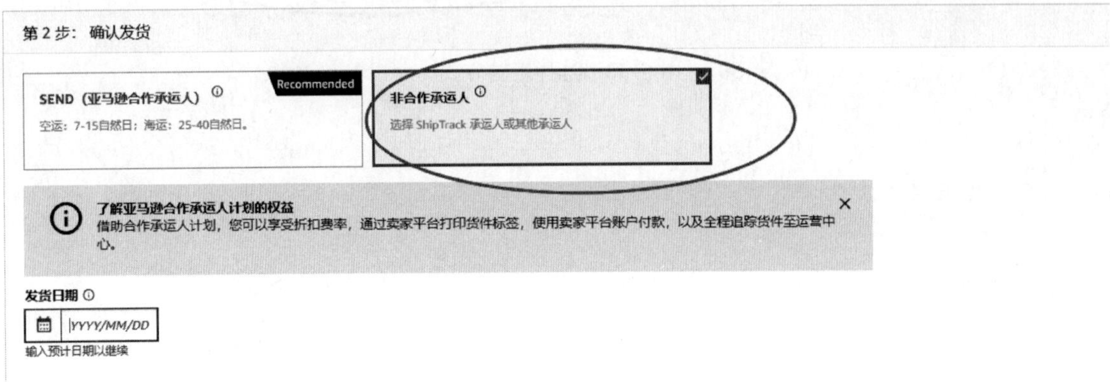

图 5-11　选择承运人

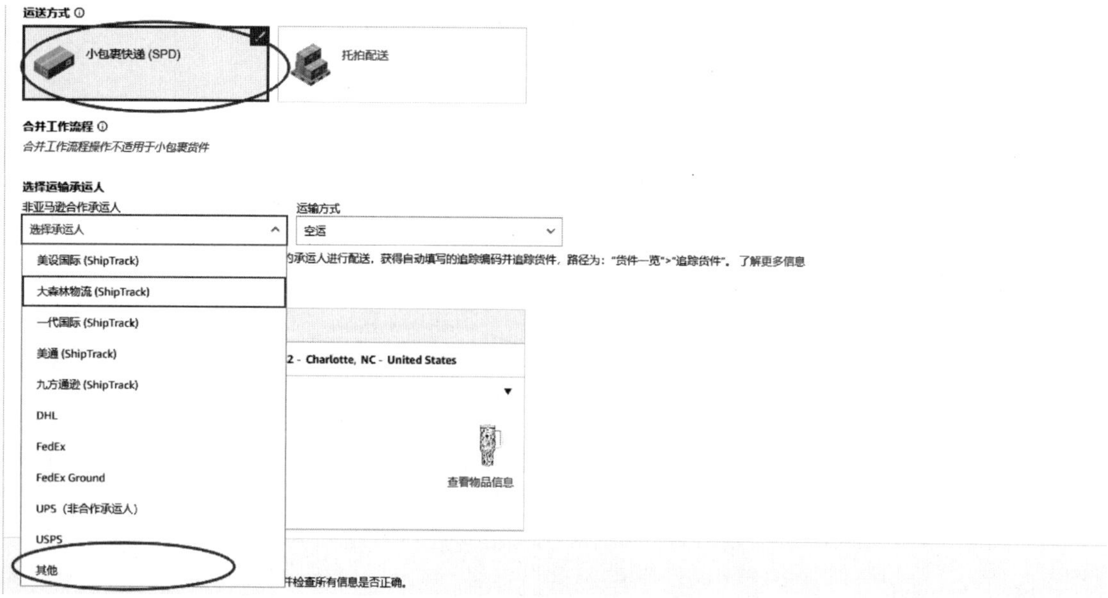

图 5-12　选择承运方式

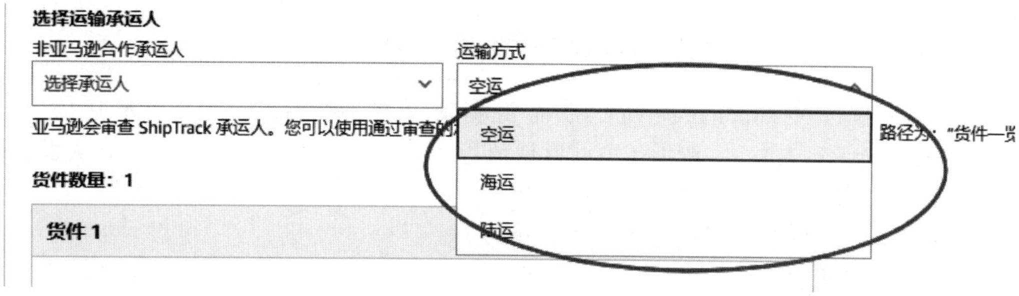

图 5-13　选择运输方式

图 5-14　接受费用并确认发货

（7）总结（summary）。填写物流追踪编码，拿到追踪编码后，在订单状态上标记已发货，如图 5-15 所示。

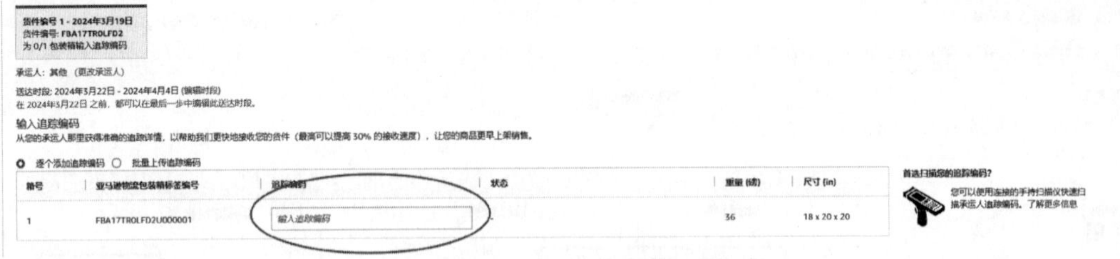

图 5-15　填写物流追踪编码

> **课堂讨论**
>
> 在操作亚马逊 FBA 的过程中，哪些方面是最重要的？

三、FBA 卖家平台具体操作

2022 年 9 月份开始，Send to Amazon 将取代亚马逊所有商城中的“发/补货”工作流程。Send to Amazon（简称 STA）是一个简化版标准化的货物创建过程，通过简化且更加灵活的货件创建流程，只需几步就可以补充亚马逊的物流库存，可以为亚马逊卖家节省时间。具体操作步骤如下。

在“库存管理”勾选卖家要发货的商品，点击“发/补货”，就进入该页面，如图 5-16 所示。

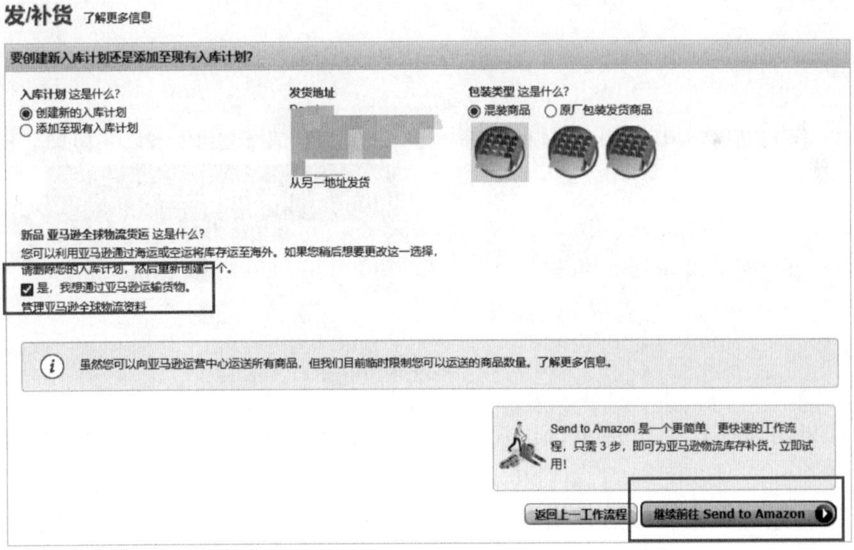

图 5-16　库存管理

这里需要提醒的是，不要勾选亚马逊跨境物流服务（AGL），系统是默认的。点击“继续前往 Send to Amazon”就可以进入设置页面。三个步骤即可完成发/补货工作。

第一步：确认要发货的库存，核对商品数量，SKU 以及 ASIN（Amazon standard identification number，亚马逊标准识别号）是否正确，如图 5-17 所示。

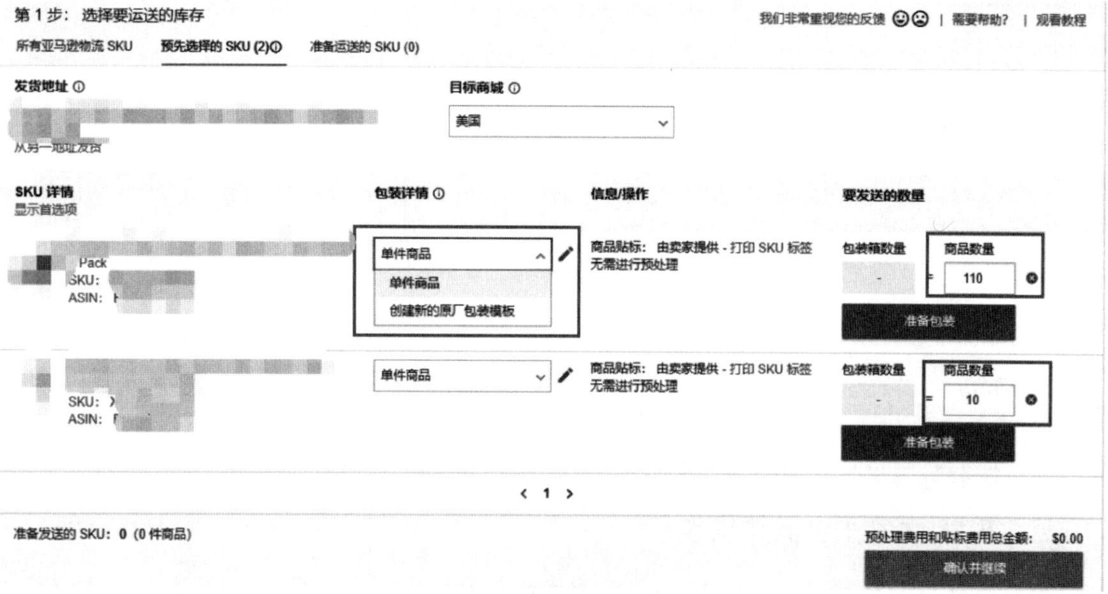

图 5-17　确认要发货的库存

①选择装箱方式——混装还是原厂包装。这里很重要一点，如果商品是混装，则选择“包装单件商品”；如果商品是标准包装，则选择“创建新的原厂包装模板”（如果已经创建，则直接选择，无需创建）。

此处卖家的商品是混装，所以选择“包装单件商品”，然后填写需要发货的数量，如图 5-18 所示。

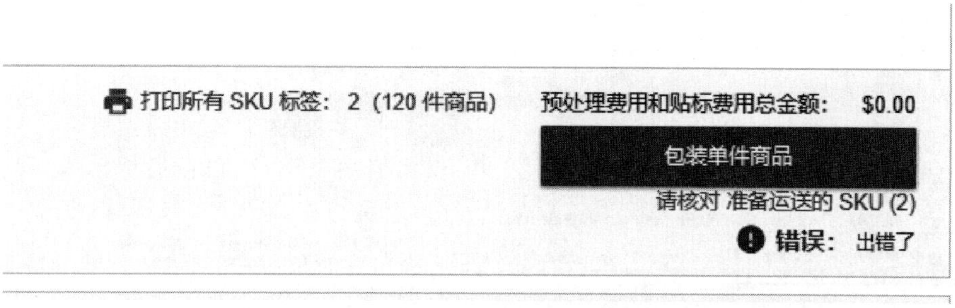

图 5-18　选择装箱方式

注意，如果出现这样的出错页面，卖家要多次刷新页面，目前该功能还是有很多小问题的。

②选择包装详情。包装详情是指有关 SKU 包装、预处理及贴标方式的信息。这里先默认选择“包装单件商品”，然后在第二步才会被要求填写装箱信息。或者，卖家也可以选择创建一个原厂包装模板，提前填入装箱信息，方便之后重复使用这些模板，避免为每个货件重新输入包装详情。每个 SKU 最多可以有 3 个模板。创建新的原厂包装模板界面如图 5-19 所示。

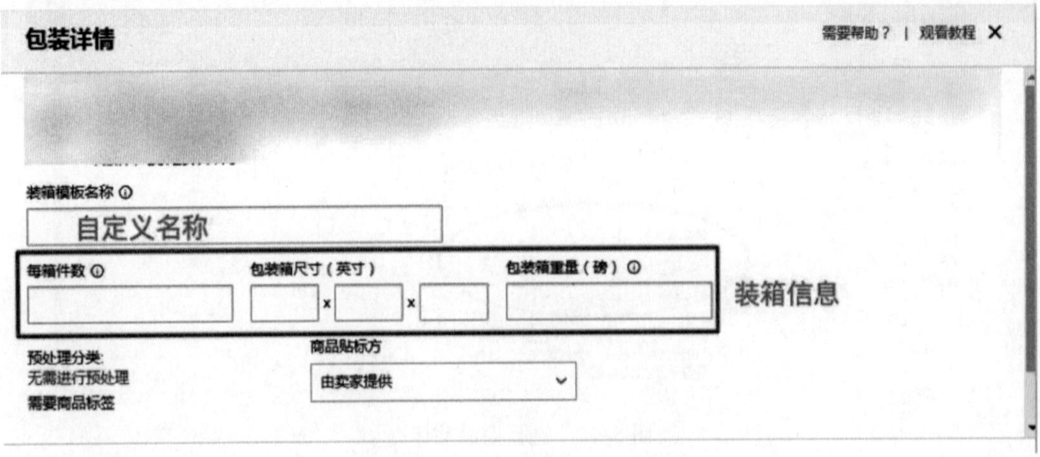

图 5-19　创建新的原厂包装模板

③选择预处理分类，预处理所有者和标签所有者。点击“需要预处理及贴标详情”，如实选择预处理分类，如图 5-20 所示。

图 5-20　选择预处理分类

如不需要进行预处理，就选择“无需进行预处理”，如图 5-21 所示。

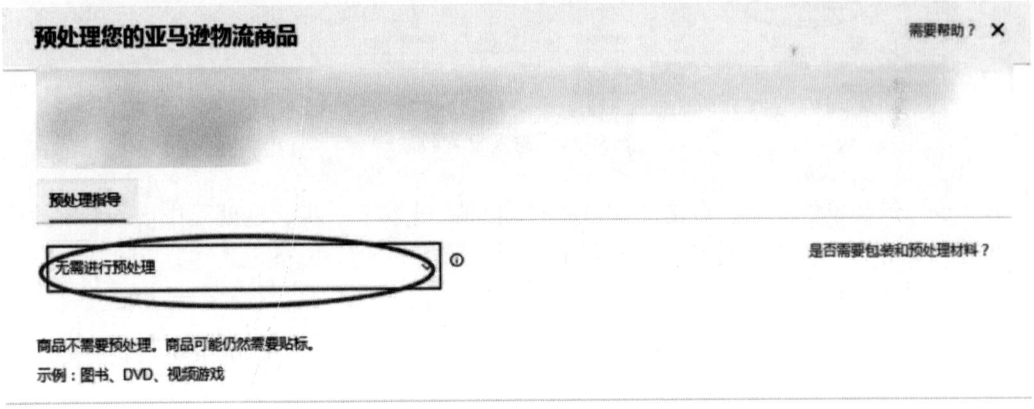

图 5-21　预处理分类选择页面

④选择商品贴标方。卖家自己贴标免费，亚马逊贴标要额外收费，如图 5-22 所示。

注意，如果卖家想要批量编辑 SKU 的预处理分类、预处理所有者和标签所有者，可以选中要编辑的每个 SKU 旁边的复选框，然后进行批量操作，如图 5-23 所示。

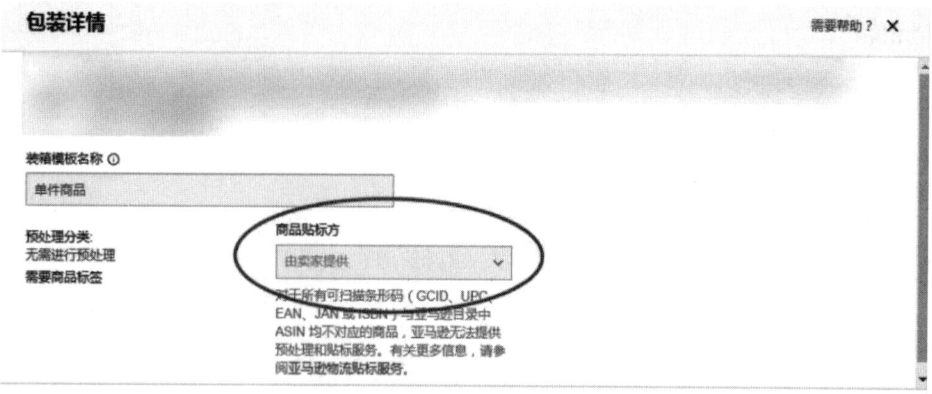

图 5-22　选择商品贴标方

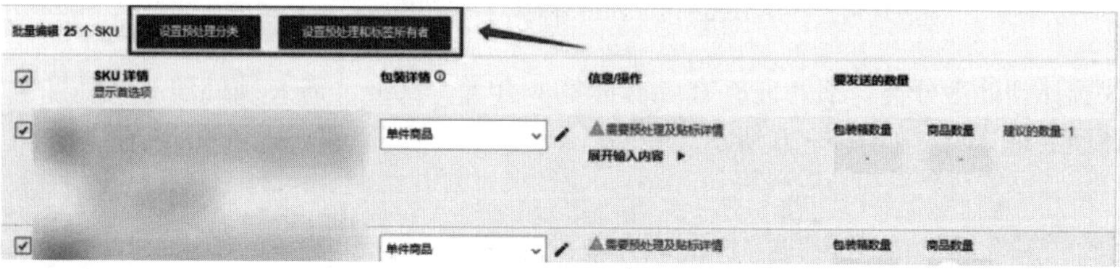

图 5-23　批量编辑预处理

⑤输入发货数量，点击“准备包装”。以上操作之后，卖家在“准备运送的 SKU”中就可以查看刚才选择的所有要发货的 SKU，如图 5-24 所示。

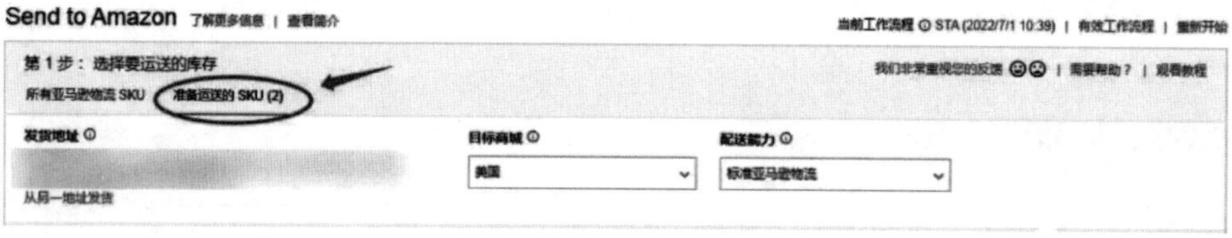

图 5-24　输入发货数量

第二步：包装单件商品。点击“包装单件商品”进入下一步，也就是图 5-25 中的第 1b 步。点击右上角的“查看/编辑”可以返回到第一步。

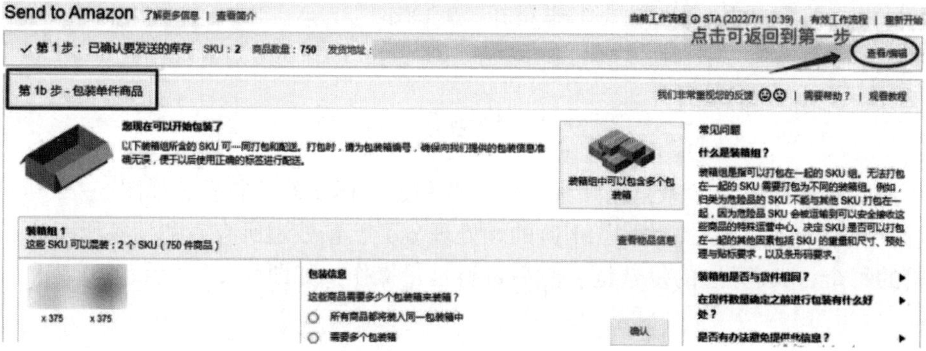

图 5-25　包装单件商品

①选择“所有商品装入同一个包装箱中”，输入包装信息，如图 5-26 所示。

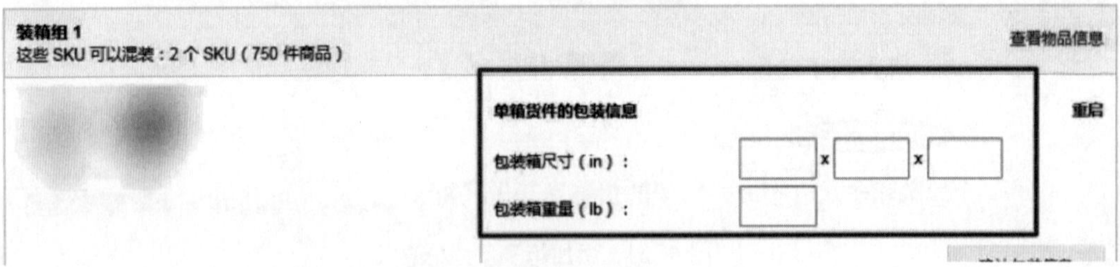

图 5-26 同一个包装箱

②选择“需要多个包装箱”。可以选择通过网页表单输入，或 excel 表上传。这里演示用网页表单输入：随意填一个数字（因为下一步还可以删减），如图 5-27 所示。

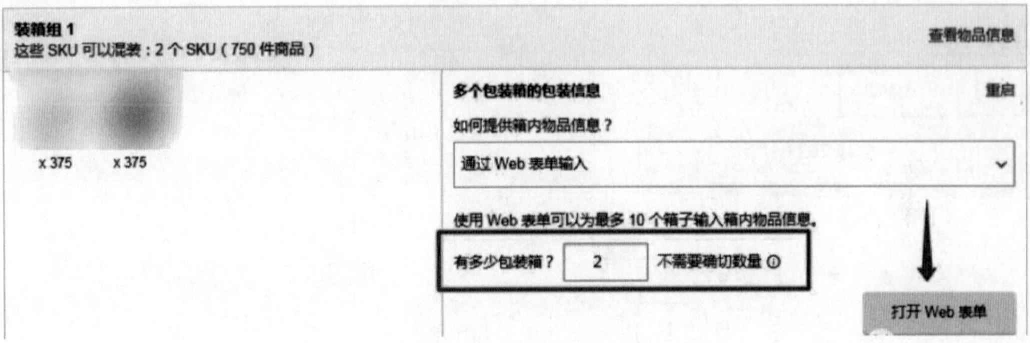

图 5-27 多个包装箱

按实际情况，填入每个 SKU 在每个箱子中的数量，以及每个箱子的重量和尺寸，如图 5-28 所示。

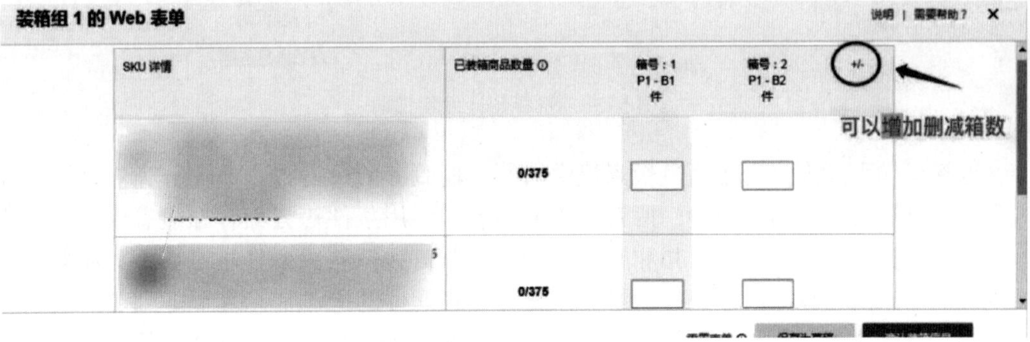

图 5-28 填写装箱组 Web 表单

如果多个箱子尺寸不一，可以添加更多箱子尺寸，旁边的复选框用来勾选每个箱子的对应尺寸，如图 5-29 所示。

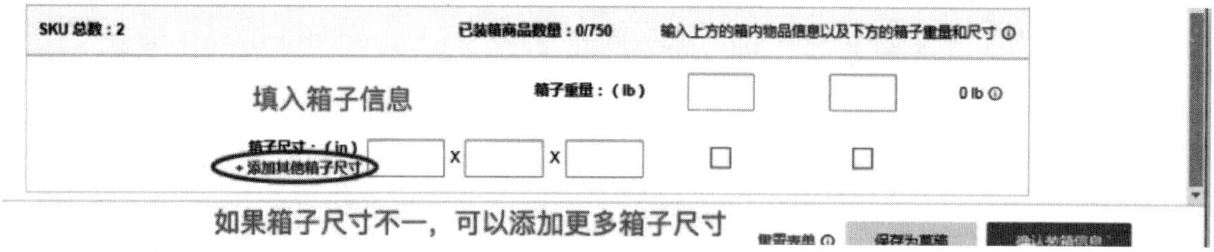

图 5-29　添加箱子尺寸信息

第三步：确认发货。

①选择预计发货日期。提供打算将库存交给承运人的日期，以便亚马逊做好准备接收库存，并避免不必要的延迟，如图 5-30 所示。

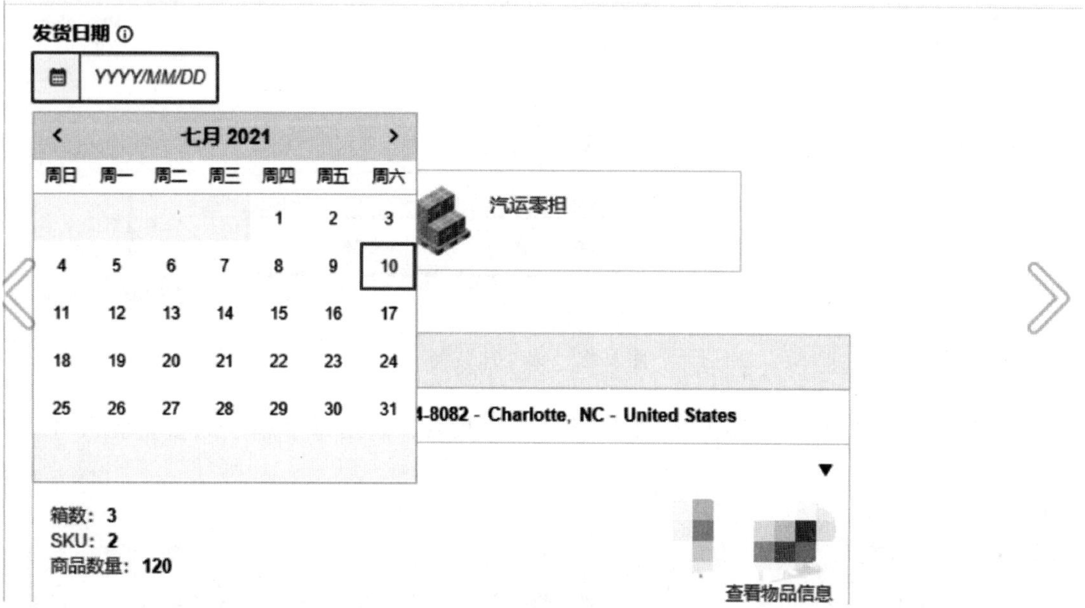

图 5-30　选择预计发货日期

②选择运输承运人。为亚马逊卖家提供入库运输服务的第三方物流商分为亚马逊合作承运人和非亚马逊合作承运人两种，两者在服务内容、使用条件等方面存在显著区别。合作承运人通常能享受更优惠的运费折扣和更稳定的运输服务，但使用条件相对严格；而非合作承运人则提供更大的选择灵活性，但需要卖家自行负责货件的追踪信息和服务细节。卖家在选择时应根据自身需求和预算进行权衡。此处选择非亚马逊合作承运人 DHL，然后接受费用并确认发货（如果卖家需要亚马逊发货等服务，是需要费用的），如图 5-31 所示。

③打印装箱标签，如图 5-32 所示。打印外箱单，跟旧版一样，然后就可以标记发货了。

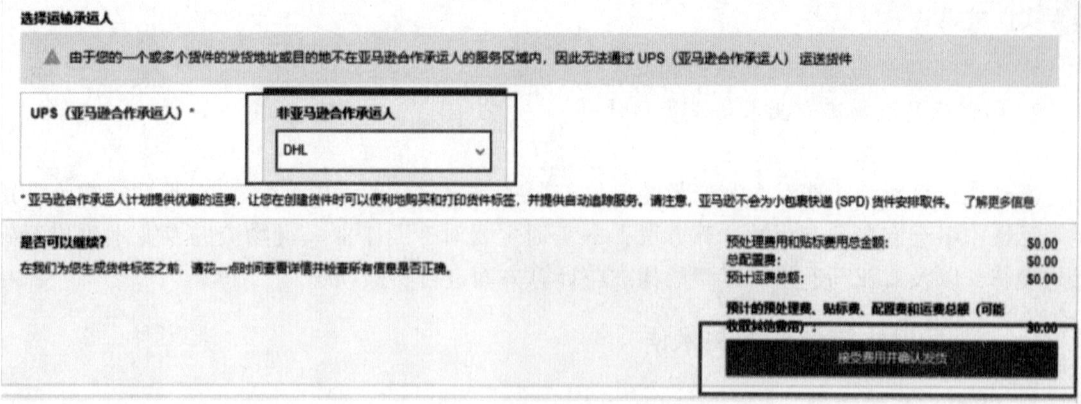

图 5-31　选择运输承运人

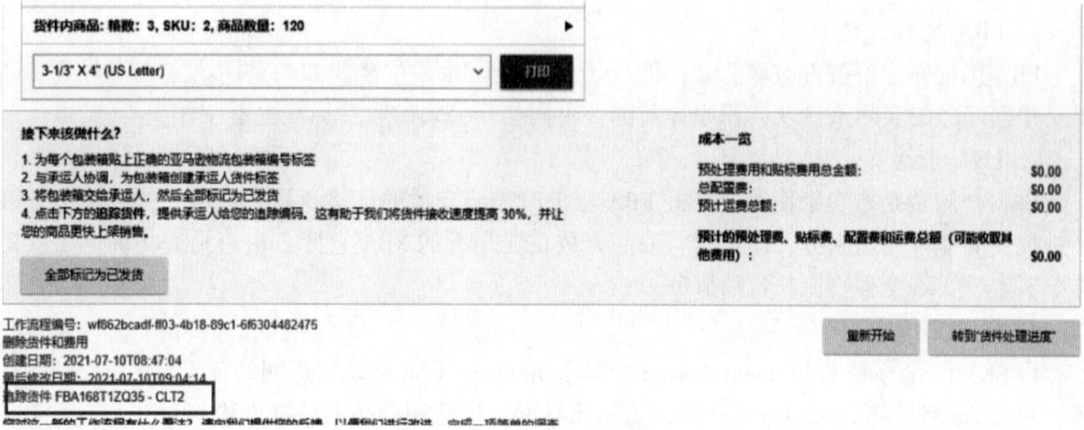

图 5-32　打印装箱标签

实训三　亚马逊物流费用计算方法

任务描述

AAA 有限公司要求运营团队对亚马逊 FBA 物流的费用构成、相关术语以及计算做一次全面的学习研讨，使运营团队能够独立对亚马逊 FBA 头程进行费用拆解及计算。

实训目标

通过实操训练，熟悉亚马逊物流费用的构成。

实训要求

学生分为若干小组，组内分工协作，对亚马逊物流费用构成及计算进行讨论总结，小组内讨论交流并形成总结报告。

实训成果

1. 全面了解亚马逊物流费用的构成。
2. 熟悉亚马逊物流专业术语及费用计算。

准确地计算物流运费对卖家产品的定价与服务方案制定有直接的影响，亚马逊物流费用在实际操作中会有自己专用的计算方法，本实训主要对专属于亚马逊物流的专业术语进行熟悉与理解，以及对亚马逊物流运费的构成与计算方面进行实操训练。

一、亚马逊物流计费相关术语

1. FBA 头程运输费

FBA 头程运输费主要是货物从国内运输到国外所产生的费用，一般是通过空运、海运这两种专线运输方式。

2. FBA 尾程派送费

FBA 尾程派送费按件收取，费用取决于商品的尺寸和重量。如果是用第三方海外仓，主要是根据产品的实际重量及体积来计费的，不同物流公司的收费标准也不一样。

3. FBA 仓储费

FBA 仓储费是指卖家使用亚马逊 FBA 服务时需要支付的存储商品的费用。FBA 服务是亚马逊提供的一种配送服务，即卖家将商品寄放在亚马逊的 FBA 仓库，由亚马逊将商品直接配送给买家，实现全程物流及售后服务。

4. FNSKU

FNSKV 的全称是 Fulfillment Network Stock Keeping Unit，即配送网络库存单位，又称 X0 码，每个商品对应唯一的 FNSKU 码，这是亚马逊识别仓库商品的独特方法。

5. 抛重

在跨境电商物流运输中，当实际重量大于体积重量，就属于重货，按实际重量计费。

6. 抛货

当体积重量大于实际重量，就称抛货，按体积重量计费。

二、头程的方式与费用计算

1. 头程方式

（1）直发快递。在国内一般都是由 UPS 联合包裹、联邦快递（FedEx）和 TNT 国际快递等这类的国际快递承运的。相比于空运和海运，国际快递的运输时间短，运输时效快，有的时候一周即可将货物送至欧洲，比较适合紧急补货的情况，但是整个运输过程，亚马逊并不负责相应的清关缴税。所以在选择快递时，要考察好对方的清关能力，因为这将影响货物的入库。当不考虑快递清关时，要做好申报及关税预付，并提前联系当地清关进口商。

（2）FBA 空运。FBA 头程运输使用空运的方式将货物运输至目的国后，再在当地使用快递的方式派送至亚马逊仓库。采用空运的方式，费用相对会比较高，有固定的航班线路从国内发往欧洲，需要 10 天左右。空运时间较长是因为航空公司为了节省运输成本，会将一些散货凑整或是排仓，这便会耽误一些时间。这种运输方式比直发快递稍慢一点，但整体时效也是较快的，快递通常是免预约入库，这就减少了很多麻烦。从安全性能方面考虑，FBA 头程运输中采用空运的方式相对会比较安全。

（3）FBA海运。FBA头程运输使用海运就比空运要便宜得多，因此市面上大多数亚马逊卖家采用的都是海运的运输方式。但是海运受天气方面的影响较大，运输时效不能保证，因此会导致整体运输的时间延长。一般来说，FBA头程运输使用海运前往欧洲需要一个月左右的时间，拖车送往亚马逊当地仓库通常需要提前预约入库，操作相对比较麻烦，但价格便宜，适合不紧急补货时使用。

（4）铁路运输。铁路运输相比于空运，时效慢，但是价格便宜；相比于海运则时效快，费用较高。铁路运输受自然天气限制小，起发时间和到达时间的准确度比较高，连续性强。

2. 头程费用计算

空运专线一般按货物的实际重量和体积重量计算，比国际快递便宜。与实际重量一样，成本一般按千克（kg）计算。体积重量运费有两种公式：

体积重量（kg）= 货物体积（CBM）/0.006

体积重量（kg）= 长（cm）×宽（cm）×高（cm）/6000

海运是最便宜的头程运输方式之一，一般按实际重量或体积重量收取，按成本较高的一方收取。不同航班的收费标准也不同，以实际收费标准为准：

运费 = 运价×运费吨 = 基本运费率×（1+附加费之和）×货运量

国际快递费用的计算方式如下：

对于21kg以下的产品：运费 = 首重（固定值）+（总重量−首重对应的重量，按快递公司规定的单位，如0.5kg）×续重（每增加一定重量的运费）。

对于21kg及以上的产品：运费通常不再区分首重和续重，而是直接按照每千克（或其他重量单位）的运费来计算。运费 = 总重量×每千克运费。

三、亚马逊物流费用明细

亚马逊物流具体包含以下费用。

1. 亚马逊物流订单的配送费

配送费指向买家配送在亚马逊店铺购买的商品而按件收取的费用，该费用因商品的分类、尺寸和重量而异。

2. 月度库存仓储费

亚马逊根据卖家的库存在运营中心占用的空间来收取月度库存仓储费。月度库存仓储费基于按亚马逊物流政策和要求正确包装且准备发货的商品的尺寸，根据日均体积［以立方英尺（ft^3）[①] 为单位］计算得出。费用会因商品尺寸和一年中的不同时间而异。

3. 长期仓储费

对于在运营中心存放超过365天的库存，除了月度库存仓储费，亚马逊还将收取长期仓储费。亚马逊会在每月15日使用库存快照评估长期仓储费。

4. 移除订单费用和弃置订单费用

卖家可以让亚马逊退还（即移除）或弃置卖家存放在亚马逊运营中心的库存。此项服务按件收取费用。

5. 退货处理费

亚马逊将对提供免费退货配送的订单收取退货处理费。对于在亚马逊商城出售且属于亚

① $1ft^3 = 0.0283m^3$。——编者注

马逊免予收取退货运费的某些分类下的买家退货商品，将收取亚马逊物流退货处理费。对于服装和鞋靴分类中退货的商品，亚马逊将收取退货处理费。对于钟表、珠宝首饰、箱包、手提包和太阳镜类退货的商品，不收取退货处理费。

6. 计划外服务费

如果库存抵达运营中心时未经过适当的预处理或贴标，亚马逊将为卖家提供这些服务。此项服务按件收取费用。

项目总结

通过本项目的学习与训练，了解并掌握了跨境电商物流的概念和特征，了解了邮政物流、国际商业快递、物流专线及海外仓等物流模式，熟悉了亚马逊物流的专业术语、费用计算及操作流程。

巩固练习

一、名词解释

海外仓　FBA　FBM　头程运费

二、单选题

1. 不属于跨境电商物流功能的是（　　）。

A. 运输配送　B. 生产控制　C. 仓储管理　D. 增值服务

2. 海外仓是指建立在境外的（　　）。

A. 物流公司　B. 仓储设施　C. 配送中心　D. 物流中心

三、多选题

1. 跨境电商物流模式有（　　）。

A. 邮政物流　B. 国际商业快递　C. 物流专线　D. 海外仓

2. 海外仓的优点有（　　）。

A. 降低物流成本　B. 加快物流时效　C. 退换货更灵活　D. 投建成本低

四、简答题

1. 国际快递业务具有哪些特点？
2. 建设海外仓会有哪些机遇和挑战？
3. 简述跨境电商物流流程。

【拓展阅读】

共绘经济发展蓝图 中国—中南半岛跨境物流重点口岸城市合作论坛在凭祥举行

凭祥 6 月 28 日讯（记者 胡戴炜）2023 年 6 月 28 日，中国—中南半岛跨境物流重点口岸城市合作论坛在广西凭祥市开幕，论坛围绕“智慧高效，畅通便捷——共谋口岸城市跨境物流合作发展”主题，就提升通关便利化、畅通国际供应链、构建跨境产业链等问题进行了探讨。来自国内外政府部门、商协会、企业、研究机构的嘉宾共 300 余人出席了论坛。

论坛上，友谊关口岸、东兴口岸、磨憨口岸、丹沙湾口岸、他曲口岸等 20 多个重点陆路口岸联合发起了中国—中南半岛跨境物流口岸智慧互联合作倡议，发布了中国（广西）—中南半岛跨境物流运营指数，广西商务厅与老挝沙湾拿吉省工贸厅、老挝甘蒙省工贸厅签署经贸合作备忘录，广西物流与采购联合会与河内物流协会签署了战略合作协议，中外双方企业签署了一批合作项目。

同时，为加快推进今年 6 月 26 日中越两国在北京签署的《关于共同推进智慧口岸试点建设的框架协议》落实，论坛期间，还举办了中越边境智慧口岸建设交流暨《框架协议》落实工作推进会，广西介绍了中越边境智慧口岸中方项目建设方案。

作为中国面向东盟开放合作的前沿和窗口，近年来，广西积极主动加大与越南、泰国、老挝、柬埔寨等东盟国家的经贸合作力度，取得了丰硕成果，实现了与各方的互利共赢，东盟连续 23 年成为广西第一大贸易伙伴。2023 年 1—5 月，广西与东盟国家进出口额 1370.1 亿元，增长 117.4%，东盟继续保持广西最大的贸易伙伴。

中国与中南半岛国家山水相连、命运与共，友好合作源远流长。中国—中南半岛经济走廊是中国《推动共建丝绸之路经济带和 21 世纪海上丝绸之路的愿景与行动》中提出的六大经济走廊之一，以南宁和昆明为起点，新加坡为终点，纵贯中南半岛的越南、老挝、柬埔寨、泰国、缅甸、马来西亚等国家，是中国与东盟合作的重要载体。随着 RCEP 全面生效实施以及“一带一路”倡议的深入推进，区域内经济一体化加速，国际产业链供应链日益密切，跨境物流需求不断增加，跨境电商、海外仓等新业态新模式加速成长，为中国—东盟经贸合作增添了活力。

作为第 20 届中国—东盟博览会框架下的一项投资促进活动，中国—中南半岛跨境物流重点口岸城市合作论坛的成功举办，体现了中国与中南半岛国家推动国际供应链稳定畅通的决心，凝聚了各个重点口岸推进通关便利化的共识，对推动中国—中南半岛经济走廊建设、促进区域经济一体化将发挥积极作用。

项目六 跨境电商网络营销与推广

知识目标

1. 了解跨境电商网络营销与推广的定义与内涵。
2. 熟悉跨境电商网络营销与推广的模式、特征与分类。
3. 认知跨境电商网络营销与推广的主流平台及发展趋势。

能力塑造

1. 熟练使用网络工具进行跨境电商网络营销与推广。
2. 通过网络搜集资料解读跨境电商行业发展趋势。
3. 场景化描述跨境电商网络营销与推广。

素质培养

1. 具备严谨、规范、主动学习的工作作风。
2. 具备踏实、严谨的劳动精神。
3. 具备岗位分工的责任意识。
4. 具备迎合社会科技进步的创新精神和创新意识。

商务情景导入

跨境电商是指通过互联网平台，将国内外市场连接起来，实现商品或服务的跨境交易的一种商业模式。随着互联网技术的发展和全球化的深入，跨境电商已经成为国际贸易的新趋势和新机遇。跨境电商不仅可以为消费者提供更多样化、更优质、更便捷的购物体验，也可以为企业拓展海外市场、提升品牌知名度、降低运营成本、增加竞争力等带来诸多好处。

然而，跨境电商也面临着不少挑战和困难，如市场环境的复杂性、消费者需求的多样性、产品质量和安全的保障、物流和清关的效率和成本、税收和监管的变化等。因此，要想在跨境电商领域取得成功，仅仅有优质的产品和服务是不够的，还需要有效的网络营销与推广策略。

网络营销与推广是指利用互联网技术和媒介，通过各种方式和手段，向目标市场和消费者传递信息，引起他们的注意和兴趣，促进他们产生购买行为或其他相关行为的一种营销活动。网络营销与推广可以帮助企业提高品牌知名度和美誉度，扩大市场份额和客户群体，增加销售额和利润率，建立长期的客户关系等。

跨境电商网络营销与推广有多种方式和渠道，如媒体报道和测评（PR）、关键意见领袖（key opinion leader，KOL）红人营销、Deal（促销）网站合作、社媒运营和营销、广告投放、邮件营销、联盟营销等。不同的方式和渠道有各自的优势和局限性，需要根据企业目标、产品特性、市场特点、消费者特征等因素进行综合分析和选择。同时，也需要注意网络营销与推广的规划、执行、监测和评估等环节，以保证效果的最大化。

为了让学生更好地了解跨境电商网络营销与推广的具体内容和方法，在接下来的课程中，将以案例分析的形式，详细介绍几种常用且有效的网络营销与推广策略，并给出相应的建议和指导。希望学生能够积极参与讨论，分享自己的经验和看法，共同学习进步。

AAA 有限公司是一家专注于跨境电商的公司，主要从事户外服饰、鞋帽、箱包等品类的出口贸易。公司的目标市场是欧美、东南亚、中东等地区，拥有多个自有品牌和代理品牌，产品质量和服务水平都有保障。公司希望能够借助互联网平台，将自己的产品和品牌推广给更多的海外消费者，提升市场占有率和品牌影响力，从而增加订单量和收入。为了实现这一目标，公司需要制定一套有效的网络营销与推广策略，包括以下几个方面。

市场调研：需要对目标市场和消费者进行深入的了解，分析他们的需求、偏好、购买行为、消费习惯等特点，以及竞争对手的优势和劣势，找出自己的市场定位和差异化优势。

渠道选择：需要根据目标市场和消费者的特点，选择合适的网络营销与推广渠道，如网站、社交媒体、邮件、广告、KOL 等，以及相应的平台和媒体合作伙伴。

内容制作：需要根据不同的渠道和平台，制作吸引人的网络营销与推广内容，如图片、视频、文章、评论等，突出自己的产品和品牌特点，传递有价值的信息，引起消费者的注意和兴趣。

活动策划：需要根据不同的时期和场合，策划有创意的网络营销与推广活动，如折扣、赠品、试用、抽奖等，激发消费者的参与和购买欲望，增加转化率和复购率。

效果评估：需要定期对网络营销与推广的效果进行监测和评估，收集和分析相关的数据和反馈，如流量、点击率、转化率、订单量、收入，以及消费者的满意度和忠诚度等，找出优势和不足之处，进行调整和优化。

通过以上几个方面的网络营销与推广策略，AAA 有限公司可以有效地提升自己在海外市场的知名度和美誉度，吸引更多的潜在客户和忠实客户，增加订单量和收入，实现跨境电商业务的发展。

实训一　站内营销推广

任务描述

本实训介绍主要跨境电商平台站内营销推广，包括亚马逊、全球速卖通、eBay、Wish 等平台的站内推广方式和技巧，从而增加销量和利润。

实训目标

1. 了解主要跨境电商平台的特点和优势，以及各自的站内推广方式和渠道。
2. 熟悉主要跨境电商平台的站内推广规则和要求，以及如何避免违规和惩罚。
3. 掌握主要跨境电商平台的站内推广技巧和方法，如如何选择合适的关键词、如何优化产品标题和描述、如何设置合理的销售价格和促销折扣、如何提高产品评价和反馈等。
4. 学会利用主要跨境电商平台的数据分析工具，以监测和评估站内推广的效果，以及根据数据进行调整和优化。

实训要求

1. 选择一个或多个跨境电商平台，选择一个或多个适合自己的产品类别，根据所选平台的站内推广方式和技巧，对自己的产品进行优化和推广。

2. 利用所选平台的数据分析工具，定期收集和分析自己的产品的流量、点击率、转化率、订单量、收入等数据。

3. 根据数据分析的结果，对自己的产品进行调整和优化，以提高站内推广的效果。

实训成果

1. 整理知识学习提纲。
2. 撰写跨境电商平台站内推广分析报告，包括平台类型、特点、营销推广规则等内容。
3. 列出团队待解决问题清单。

一、全球速卖通的营销推广

全球速卖通是阿里巴巴旗下的一个跨境电商平台，主要面向全球消费者，提供来自中国和其他国家的各类商品。全球速卖通平台站内营销推广是指卖家利用平台提供的各种营销工具和渠道，来提高商品的曝光量、流量和转化率，从而增加销售额和利润的活动。全球速卖通平台站内营销推广主要包括以下几个方面。

1. 站内推广

站内推广是一种按点击付费的网络推广方式，卖家可以通过自主设置多维度关键词，免费展示产品信息，并按照点击费用进行结算，如图 6-1 所示。站内推广可以帮助卖家精准匹配潜在买家，提高商品的点击率和销量。

站内推广的主要步骤如下。

（1）开通站内推广服务。卖家需要在全球速卖通后台申请开通站内推广服务，并充值相应的费用，才能使用站内推广功能。

（2）选择推广产品。卖家可以根据自己的经营目标和商品特点，选择适合推广的商品，并设置相应的出价、预算、时间等参数。

（3）设置推广关键词。卖家可以根据商品的属性、类目、目标市场等因素，选择合适的关键词，并设置相应的匹配模式、出价等参数。

（4）优化推广创意。卖家可以根据商品的优势、买家的需求、竞争对手的情况等因素，优化商品的标题、图片、描述等内容，提高商品的吸引力和转化力。

（5）监测推广效果。卖家可以通过全球速卖通后台查看和分析站内推广的数据和报告，如曝光量、点击量、点击率、转化率、成交额、投入产出比等指标，及时调整优化推广策略。

图 6-1　全球速卖通平台站内推广

2. 联盟营销推广

联盟营销是一种按效果付费的网络推广方式，卖家可以通过设置联盟佣金，让专业的营销机构或网站为其推广商品，并按照销售额的一定比例进行结算，如图 6-2 所示。联盟营销可以帮助卖家扩大商品的曝光范围，提高商品的知名度和信誉度。

联盟营销推广的主要步骤如下。

（1）开通联盟营销服务。卖家需要在全球速卖通后台申请开通联盟营销服务，并设置相应的佣金比例和规则，才能使用联盟营销功能。

（2）选择参与联盟营销的商品。卖家可以根据自己的经营目标和商品特点，选择适合参与联盟营销的商品，并设置相应的佣金比例和规则。

（3）合作联盟站长或机构。卖家可以通过全球速卖通后台查看和选择合适的联盟站长或机构，并与其进行沟通和合作。

（4）监测联盟营销效果。卖家可以通过全球速卖通后台查看和分析联盟营销的数据和报告，如曝光量、点击量、转化率、成交额、佣金支出等指标，及时调整优化合作策略。

图 6-2　全球速卖通平台联盟营销推广

3. 店铺 Code 推广

店铺 Code 是一种促销工具，卖家可以通过设置优惠金额和使用条件，让买家在有效期内使用店铺 Code 购买商品，如图 6-3 所示。店铺 Code 可以帮助卖家吸引买家的注意力，刺激买家的购买欲望，提高商品的转化率。

店铺 Code 推广的主要步骤如下。

（1）创建店铺 Code 活动。卖家需要在全球速卖通后台创建店铺 Code 活动，并设置相应的优惠金额、使用条件、有效期等参数。

（2）选择参与店铺 Code 活动的商品。卖家可以根据自己的经营目标和商品特点，选择适合参与店铺 Code 活动的商品，并设置相应的库存数量和限制条件。

（3）发放或领取店铺 Code。卖家可以通过全球速卖通后台或其他渠道发放或领取店铺 Code，并在商品详情页或店铺首页展示店铺 Code 信息。

（4）监测店铺 Code 效果。卖家可以通过全球速卖通后台查看和分析店铺 Code 活动的数据和报告，如领取量、使用量、使用率、成交额、投入产出比等指标，及时调整优化促销策略。

图 6-3　全球速卖通平台店铺 Code 推广

4. 满减推广

满减是一种促销工具，卖家可以通过设置订单满 X 金额即可立减 Y 金额的条件，让买家在购买商品时享受优惠。满减可以帮助卖家增加买家的购买数量，提高客单价和利润。

满减推广的主要步骤如下。

（1）创建满减活动。卖家需要在全球速卖通后台创建满减活动，并设置相应的满减条件、有效期等参数。

（2）选择参与满减活动的商品。卖家可以根据自己的经营目标和商品特点，选择适合参与满减活动的商品，并设置相应的库存数量和限制条件。

（3）展示满减信息。卖家需要在商品详情页或店铺首页展示满减信息，并引导买家进行多件购买或搭配购买。

（4）监测满减效果。卖家可以通过全球速卖通后台查看和分析满减活动的数据和报告，如参与量、成交量、成交额、投入产出比等指标，及时调整优化促销策略。

5. 单品折扣推广

单品折扣是一种促销工具，卖家可以通过设置商品的折扣力度和时间段，让买家在限定时间内购买商品。单品折扣可以帮助卖家抓住买家的冲动消费心理，提高商品的销售速度和清仓效果。

单品折扣推广的主要步骤如下。

（1）创建单品折扣活动。卖家需要在全球速卖通后台创建单品折扣活动，并设置相应的折扣力度、时间段等参数。

（2）选择参与单品折扣活动的商品。卖家可以根据自己的经营目标和商品特点，选择适合参与单品折扣活动的商品，并设置相应的库存数量和限制条件。

（3）展示单品折扣信息。卖家需要在商品详情页或店铺首页展示单品折扣信息，并引导买家在规定时间内下单购买。

（4）监测单品折扣效果。卖家可以通过全球速卖通后台查看和分析单品折扣活动的数据和报告，如参与量、成交量、成交额、投入产出比等指标，及时调整优化促销策略。

6. 平台活动推广

平台活动是一种促销工具，卖家可以通过参与平台组织的各类活动，如新品试用、团购、行业活动等，让买家在活动期间购买商品，如图 6-4 所示。平台活动可以帮助卖家提高商品的曝光量和口碑度，增加商品的竞争力和市场份额。

平台活动推广的主要步骤如下。

（1）选择参与平台活动的商品。卖家可以根据自己的经营目标和商品特点，选择适合参与平台活动的商品，并设置相应的优惠条件和规则。

（2）报名参与平台活动。卖家需要在全球速卖通后台报名参与平台组织的各类活动，并按照平台要求提交相关资料和信息。

（3）展示平台活动信息。卖家需要在商品详情页或店铺首页展示活动信息，并引导买家在活动期间下单购买。

（4）监测平台活动效果。卖家可以通过全球速卖通后台查看和分析平台活动的数据和报告，如参与量、成交量、成交额、投入产出比等指标，及时调整优化促销策略。

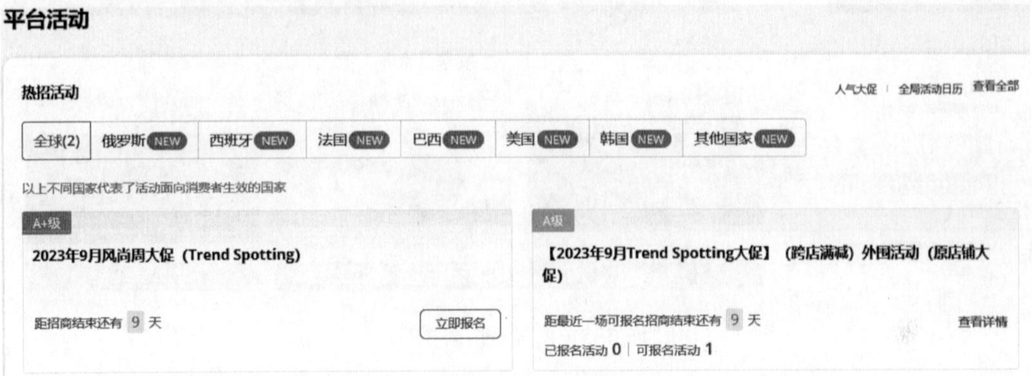

图 6-4　全球速卖通平台活动推广

课堂讨论

全球速卖通平台多种站内营销推广方式是否需要同时使用？

二、亚马逊的营销推广

亚马逊是全球最大的跨境电商平台之一，主要面向全球消费者，提供来自不同国家和地区的各类商品。亚马逊平台站内营销推广是指卖家利用平台提供的各种营销工具和渠道，来提高商品的曝光量、流量和转化率，从而增加销售额和利润的活动。亚马逊平台站内营销推广主要包括以下几个方面。

1. 亚马逊广告推广

亚马逊广告是一种按效果付费的网络推广方式，卖家可以通过设置关键词、产品或类目等条件，让商品在搜索结果页或其他相关页面展示，并按照点击或销售的一定比例进行结算，如图 6-5 所示。亚马逊广告可以帮助卖家精准匹配潜在买家，提高商品的点击率和销量。

亚马逊广告推广的主要步骤如下。

（1）开通亚马逊广告服务。卖家需要在亚马逊后台申请开通亚马逊广告服务，并设置相应的账户信息和支付方式，才能使用亚马逊广告功能。

（2）选择推广产品。卖家可以根据自己的经营目标和商品特点，选择适合推广的产品，并设置相应的出价、预算、时间等参数。

（3）设置推广条件。卖家可以根据商品的属性、类目、目标市场等因素，选择合适的条件，并设置相应的匹配模式、出价等参数。

（4）优化推广创意。卖家可以根据商品的优势、买家的需求、竞争对手的情况等因素，优化商品的标题、图片、描述等内容，提高商品的吸引力和转化力。

（5）监测推广效果。卖家可以通过亚马逊后台查看和分析亚马逊广告推广的数据和报告，如曝光量、点击量、点击率、转化率、成交额、投入产出比等指标，及时调整优化推广策略。

图 6-5　亚马逊广告推广

2. 亚马逊促销推广

促销是一种促进消费者购买行为的营销手段，卖家可以通过设置优惠券、满减、限时折扣等方式，让买家在购买商品时享受优惠，如图 6-6 所示。促销可以帮助卖家吸引买家的注意力，刺激买家的购买欲望，提高商品的转化率。

图 6-6　亚马逊促销推广

亚马逊促销推广的主要步骤如下。

（1）创建促销活动。卖家需要在亚马逊后台创建促销活动，并设置相应的优惠方式、使用条件、有效期等参数。

（2）选择参与促销活动的商品。卖家可以根据自己的经营目标和商品特点，选择适合参与促销活动的商品，并设置相应的库存数量和限制条件。

（3）发放或领取优惠券。卖家可以通过亚马逊后台或其他渠道发放或领取优惠券，并在商品详情页或店铺首页展示优惠券信息。

（4）监测促销效果。卖家可以通过亚马逊后台查看和分析促销活动的数据和报告，如领取量、使用量、使用率、成交额、投入产出比等指标，及时调整优化促销策略。

3. 亚马逊店铺活动推广

店铺活动是一种参与平台组织的各类活动，如新品试用、团购、行业活动等，让买家在活动期间购买商品的营销手段。店铺活动可以帮助卖家提高商品的曝光量和口碑度，增加商品的竞争力和市场份额。

亚马逊店铺活动推广的主要步骤如下。

（1）报名参与店铺活动。卖家需要在亚马逊后台报名参与平台组织的各类活动，并按照平台要求提交相关资料和信息。

（2）选择参与店铺活动的商品。卖家可以根据自己的经营目标和商品特点，选择适合参与店铺活动的商品，并设置相应的优惠条件和规则。

（3）展示店铺活动信息。卖家需要在商品详情页或店铺首页展示店铺活动信息，并引导买家在活动期间下单购买。

（4）监测店铺活动效果。卖家可以通过亚马逊后台查看和分析店铺活动的数据和报告，如参与量、成交量、成交额、投入产出比等指标，及时调整优化促销策略。

4. 亚马逊品牌推广

品牌推广是一种提升品牌知名度和忠诚度的营销方式，卖家可以通过创建品牌旗舰店、商品集、视频广告等方式，让买家了解品牌的故事、价值和产品。品牌推广可以帮助卖家建立品牌形象，增加品牌粉丝，提高品牌溢价。

亚马逊品牌推广的主要步骤如下。

（1）注册品牌。卖家需要在亚马逊后台注册自己的品牌，并提供相关的资质证明，才能使用品牌推广功能。

（2）创建品牌旗舰店。卖家可以通过亚马逊后台创建自己的品牌旗舰店，并设置相应的店铺名称、logo、banner（网页上的横幅广告）、导航栏等元素，以及添加自己的商品和内容。

（3）创建商品集。卖家可以通过亚马逊后台创建自己的商品集，并设置相应的商品集名称、描述、图片等元素，以及添加自己的商品和内容。

（4）创建视频广告。卖家可以通过亚马逊后台创建自己的视频广告，并设置相应的视频标题、描述、链接等元素，以及上传自己的视频文件。

（5）监测品牌推广效果。卖家可以通过亚马逊后台查看和分析品牌推广的数据和报告，如曝光量、点击量、转化率、成交额、投入产出比等指标，及时调整优化推广策略。

课堂讨论

亚马逊平台多种站内营销推广方式是否需要同时使用？

三、eBay 的营销推广

eBay 是全球最大的在线拍卖和购物平台之一，主要面向全球消费者和卖家，提供各类新品和二手商品的交易，如图 6-7 所示。

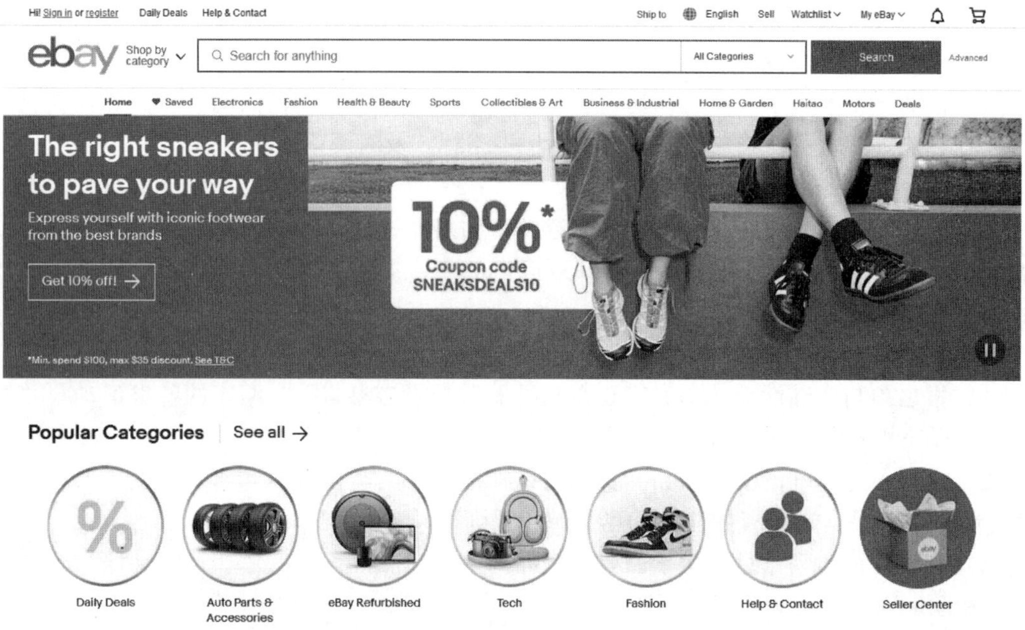

图 6-7　eBay 平台主页

eBay 平台站内营销推广是指卖家利用平台提供的各种营销工具和渠道，来提高商品的曝光量、流量和转化率，从而增加销售额和利润的活动。eBay 平台站内营销推广主要包括以下几个方面。

1. eBay 促销推广

eBay 促销推广的主要步骤如下。

（1）创建促销活动。卖家需要在 eBay 后台创建促销活动，并设置相应的优惠方式、使用条件、有效期等参数。

（2）选择参与促销活动的商品。卖家可以根据自己的经营目标和商品特点，选择适合参与促销活动的商品，并设置相应的库存数量和限制条件。

（3）发放或领取优惠券。卖家可以通过 eBay 后台或其他渠道发放或领取优惠券，并在商品详情页或店铺首页展示优惠券信息。

（4）监测促销效果。卖家可以通过 eBay 后台查看和分析促销活动的数据和报告，如领取量、使用量、使用率、成交额、投入产出比等指标，及时调整优化促销策略。

2. eBay 品牌推广

eBay 品牌推广的主要步骤如下。

（1）注册品牌。卖家需要在 eBay 后台注册自己的品牌，并提供相关的资质证明，才能使用品牌推广功能。

（2）创建品牌旗舰店。卖家可以通过 eBay 后台创建自己的品牌旗舰店，并设置相应的店铺名称、logo、banner、导航栏等元素，以及添加自己的商品和内容。

（3）创建商品集。卖家可以通过 eBay 后台创建自己的商品集，并设置相应的商品集名称、描述、图片等元素，以及添加自己的商品和内容。

（4）创建视频广告。卖家可以通过 eBay 后台创建自己的视频广告，并设置相应的视频标题、描述、链接等元素，以及上传自己的视频文件。

（5）监测品牌推广效果。卖家可以通过 eBay 后台查看和分析品牌推广的数据和报告，如曝光量、点击量、转化率、成交额、投入产出比等指标，及时调整优化推广策略。

3. eBay 站内广告推广

站内广告是一种按效果付费的网络推广方式，卖家可以通过设置关键词、产品或类目等条件，让商品在搜索结果页或其他相关页面展示，并按照点击或销售的一定比例进行结算。站内广告可以帮助卖家精准匹配潜在买家，提高商品的点击率和销量。

eBay 站内广告推广的主要步骤如下。

（1）开通站内广告服务。卖家需要在 eBay 后台申请开通站内广告服务，并设置相应的账户信息和支付方式，才能使用站内广告功能。

（2）选择推广商品。卖家可以根据自己的经营目标和商品特点，选择适合推广的商品，并设置相应的出价、预算、时间等参数。

（3）设置推广条件。卖家可以根据商品的属性、类目、目标市场等因素，选择合适的条件，并设置相应的匹配模式、出价等参数。

（4）优化推广创意。卖家可以根据商品的优势、买家的需求、竞争对手的情况等因素，优化商品的标题、图片、描述等内容，提高商品的吸引力和转化力。

（5）监测推广效果。卖家可以通过 eBay 后台查看和分析站内广告推广的数据和报告，如曝光量、点击量、点击率、转化率、成交额、投入产出比等指标，及时调整优化推广策略。

四、Wish 的营销推广

Wish 是一个成立于美国的移动端购物平台，主要面向全球的年轻和中低收入群体，提供各类低价和新奇的商品。Wish 平台主页如图 6-8 所示。

图 6-8　Wish 平台主页

Wish 平台站内营销推广是指卖家利用平台提供的各种营销工具和渠道，来提高商品的曝光量、流量和转化率，从而增加销售额和利润的活动。Wish 平台站内营销推广主要包括以下几个方面。

1. Wish 搜索引擎推广

搜索引擎是买家在 Wish 平台上寻找商品的主要方式，卖家可以通过设置合适的关键词、标题、图片、描述等内容，让商品在搜索结果页上获得更好的排名和展示。搜索引擎推广可以帮助卖家精准匹配买家的需求，提高商品的点击率和销量。

Wish 搜索引擎推广的主要步骤如下。

（1）选择关键词。卖家需要根据商品的属性、类目、目标市场等因素，选择合适的关键词，并设置相应的匹配模式、出价等参数。

（2）优化标题。卖家需要根据关键词和买家的搜索习惯，优化商品的标题，让标题简洁、清晰、有吸引力，并包含主要的关键词。

（3）优化图片。卖家需要根据商品的特点和买家的视觉偏好，优化商品的图片，让图片清晰、真实、有质感，并突出商品的卖点。

（4）优化描述。卖家需要根据商品的详情和买家的购买动机，优化商品的描述，让描述完整、准确、有说服力，并包含相关的关键词。

2. Wish 活动推广

活动是一种促进消费者购买行为的营销手段，卖家可以通过参加平台或自己发起的各种活动，让商品在活动页面上获得更多的曝光和优惠。活动推广可以帮助卖家吸引买家的注意力，刺激买家的购买欲望，提高商品的转化率。

Wish 活动推广的主要步骤如下。

（1）选择活动类型。卖家可以根据自己的经营目标和商品特点，选择适合参加或发起的活动类型，并设置相应的活动名称、描述、图片等元素。

（2）选择参与活动的产品。卖家可以根据自己的库存数量和限制条件，选择适合参与活动的产品，并设置相应的活动价格、库存数量等参数。

（3）发布或领取活动链接。卖家可以通过平台或其他渠道发布或领取活动链接，并在商品详情页或店铺首页展示活动信息。

（4）监测活动效果。卖家可以通过平台查看和分析活动推广的数据和报告，如曝光量、点击量、转化率、成交额、投入产出比等指标，及时调整优化活动策略。

3. Wish 竞价推广

竞价推广是一种按效果付费的网络推广方式，卖家可以通过设置关键词、产品或类目等条件，让商品在搜索结果页或其他相关页面展示，并按照点击或销售的一定比例进行结算。竞价推广可以帮助卖家精准匹配潜在买家，提高商品的点击率和销量。

Wish 竞价推广的主要步骤如下。

（1）开通竞价推广服务。卖家需要在平台申请开通竞价推广服务，并设置相应的账户信息和支付方式，才能使用竞价推广功能。

（2）选择推广商品。卖家可以根据自己的经营目标和商品特点，选择适合推广的商品，并设置相应的出价、预算、时间等参数。

（3）设置推广条件。卖家可以根据商品的属性、类目、目标市场等因素，选择合适的条件，并设置相应的匹配模式、出价等参数。

（4）优化推广创意。卖家可以根据商品的优势、买家的需求、竞争对手的情况等因素，优化商品的标题、图片、描述等内容，提高商品的吸引力和转化力。

（5）监测推广效果。卖家可以通过平台查看和分析竞价推广的数据和报告，如曝光量、点击量、点击率、转化率、成交额、投入产出比等指标，及时调整优化推广策略。

实训二　站外营销推广

任务描述

本实训的任务是了解站外营销推广的概念、方式和效果，以及如何在实际操作中运用站外营销推广的技巧和方法，提高跨境电商的品牌知名度和销售额。

实训目标

1. 理解站外营销推广的定义、作用和优势。

2. 了解不同的站外营销推广方式的特点、适用场景和操作步骤。

3. 掌握电子邮件营销、社交媒体营销、谷歌推广营销、Pinterest 营销的基本原理和实施方法。

4. 能够根据自己的产品特点和目标市场，选择合适的站外营销推广方式，并制定有效的推广策略和计划。

5. 能够通过分析数据和反馈，评估和优化站外营销推广的效果和效率。

实训要求

1. 选择一个自己感兴趣或熟悉的跨境电商产品或品牌，简要介绍其基本信息和市场情况。

2. 选择一个或多个适合该产品或品牌的站外营销推广方式，并说明理由。

3. 根据所选的站外营销推广方式，设计并实施一个具体的推广活动，包括确定目标受众、制定推广内容和形式、设置预算和时间等。

4. 收集并分析推广活动的数据和反馈，评价推广活动的效果和效率，并提出改进意见等内容。

实训成果

1. 整理知识学习提纲。

2. 撰写关于所选站外营销推广方式的说明报告，包括其特点、适用场景和操作步骤等内容。

一、电子邮件营销

电子邮件营销是指在用户事先许可的前提下，通过电子邮件的方式向目标用户传递有价值的信息的一种网络营销手段。电子邮件发送界面如图 6-9 所示。

1. 电子邮件营销的优势

电子邮件营销可以帮助跨境电商提高品牌知名度、增加用户忠诚度、促进产品销售和服务订购、收集用户反馈和建立长期关系等。电子邮件营销的优势主要有以下几点。

（1）成本低廉。相比于其他传统的营销方式，如广告、展会、电话等，电子邮件营销的成本低，只需要一些基本的软硬件设备和人力资源，就可以实现大规模的推广效果。

（2）目标精准。电子邮件营销可以根据用户的许可、兴趣、行为、地域等特征，进行细分和定制，发送个性化和相关性的信息，提高用户的响应率和满意度。

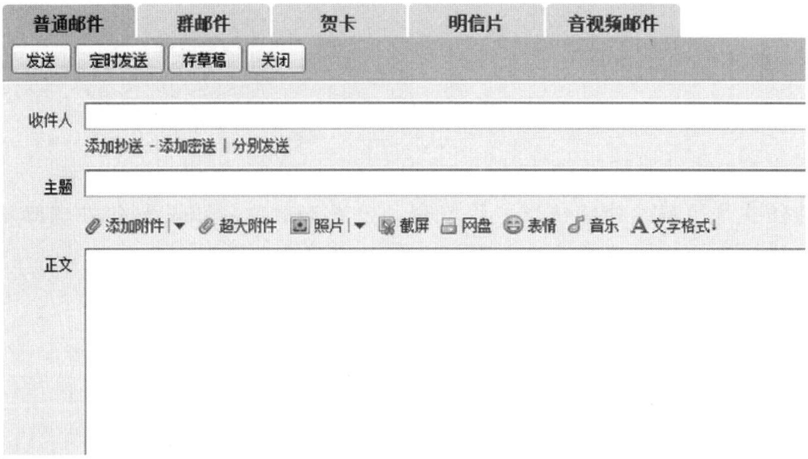

图 6-9　电子邮件发送界面

（3）交互性强。电子邮件营销可以利用多媒体、链接、按钮等元素，增加用户的参与度和互动度，引导用户进行下一步的操作，如浏览网站、填写表单、购买产品等。

（4）可测量性高。电子邮件营销可以通过各种工具和指标，对发送效果进行监测和分析，如到达率、打开率、点击率、转化率等，及时调整优化策略和方法。

2. 电子邮件营销的流程

电子邮件营销的流程主要包括以下几个步骤。

（1）明确目标。在进行电子邮件营销之前，需要明确推广的目的和目标，如提高品牌知名度、增加产品销售、维护客户关系等，并根据目标制定相应的策略和计划。

（2）建立列表。列表是指拥有用户许可并愿意接收信息的电子邮件地址集合，是电子邮件营销的基础和核心。列表可以通过多种方式获取，如网站注册、订阅表单、线下活动等，并需要定期更新和清洗，以保证列表的质量和有效性。

（3）设计内容。内容是指发送给用户的电子邮件正文，包括标题、图片、文字、链接等元素。内容需要根据目标、列表和时间等因素进行设计和优化，使内容具有吸引力、相关性和价值性，并符合法律法规和道德规范。

（4）选择平台。平台是指用于发送和管理电子邮件的软件或服务，可以提供各种功能和支持，如模板、编辑器、测试、发送、追踪、分析等。平台需要根据成本、效果和安全等因素进行选择和评估，并与自己的网站或系统进行集成和协调。

（5）发送测试。在正式发送电子邮件之前，需要进行测试和检查，以确保电子邮件的格式、内容、链接等没有错误或问题，并能够正常显示和发送。测试可以通过自己或第三方的工具或服务进行，并需要针对不同的设备、浏览器和邮箱进行测试。

（6）正式发送。在测试通过后，就可以按照计划发送正式的电子邮件了。发送时需要注意选择合适的时间、频率和批次，并避免发送过多或过少的电子邮件，造成用户的反感或遗忘。发送时还需要注意遵守不同国家或地区的法律法规和隐私政策，并尊重用户的选择和意愿。

（7）分析评估。在发送完成后，需要对发送效果进行分析和评估，以了解电子邮件营销的优势和不足，并根据数据和反馈进行改进和优化。分析评估可以通过平台或其他工具进行，并需要关注各种指标和维度，如到达率、打开率、点击率、转化率等。

3. 电子邮件营销的成功案例

为了更好地理解和运用电子邮件营销的方法和技巧，以下介绍几个电子邮件营销的成功案例，供参考和借鉴。

案例一：亚马逊的个性化推荐

亚马逊是全球最大的电子商务平台之一，也是电子邮件营销的领导者和先驱。亚马逊通过收集和分析用户的行为和偏好数据，实现了高度的个性化推荐，为用户提供最合适的产品和服务信息。亚马逊的电子邮件营销主要有以下几种类型。

(1) 欢迎邮件。当用户注册成为亚马逊的会员时，会收到一封欢迎邮件，介绍亚马逊的基本信息和优势，并引导用户进行下一步的操作，如完善个人资料、浏览商品分类、订阅喜欢的内容等。

(2) 购物车提醒。当用户将商品加入购物车但没有完成结算时，会收到一封购物车提醒邮件，提醒用户商品的库存、价格、优惠等信息，并提醒用户尽快下单购买。

(3) 订单确认。当用户完成订单支付时，会收到一封订单确认邮件，确认用户的订单信息和支付信息，并提供订单跟踪、退换货、评价等服务。

(4) 评价邀请。当用户收到商品并使用一段时间后，会收到一封评价邀请邮件，邀请用户对商品和服务进行评价，并提供评价指南和奖励机制。

(5) 个性化推荐。根据用户的浏览、购买、评价等行为，亚马逊会定期发送个性化推荐邮件，向用户推荐相关或相似的商品，并提供商品的详细信息和购买链接。

通过这些类型的电子邮件营销，亚马逊不仅提高了用户的忠诚度和满意度，也增加了用户的复购率和转化率，实现了电子商务平台的核心目标。

案例二：星巴克的会员促销

星巴克是全球最大的咖啡连锁品牌之一，也是电子邮件营销的佼佼者和创新者。星巴克通过建立会员制度，为用户提供了多种优惠和服务，并通过电子邮件营销来增强会员的忠诚度和活跃度。星巴克的电子邮件营销主要有以下几种类型。

(1) 会员卡激活。当用户注册成为星巴克的会员时，会收到一封会员卡激活邮件，引导用户激活会员卡，并介绍会员卡的使用方法和优惠政策。

(2) 会员生日祝福。当用户生日到来时，会收到一封会员生日祝福邮件，祝贺用户生日快乐，并赠送用户一杯免费咖啡或其他优惠券。

(3) 会员积分提醒。当用户消费或参与活动时，会收到一封会员积分提醒邮件，告知用户当前的积分余额和等级，并提醒用户如何使用积分兑换商品或升级等级。

(4) 会员专属活动。根据用户的喜好和购买行为，星巴克会定期发送会员专属活动邮件，向用户推荐新品、限量、打折等活动，并提供活动详情和参与方式。

(5) 会员调查问卷。为了了解用户对星巴克的满意度和意见，星巴克会不定期发送会员调查问卷邮件，邀请用户填写简单的问卷，并提供积分或优惠券作为奖励。

通过这些类型的电子邮件营销，星巴克不仅增加了用户对品牌的认同和信任，也激发了用户对产品和服务的兴趣及需求，实现了咖啡连锁品牌的核心目标。

案例三：网易严选的内容营销

网易严选是网易旗下一个高品质生活类电商平台，也是电子邮件营销的领导者和实践者。

网易严选通过打造精美而有趣的内容营销，为用户提供的不仅仅是商品信息，而是一种生活方式和态度。网易严选的电子邮件营销主要有以下几种类型。

（1）主题故事。网易严选每周都会发布一个主题故事邮件，以一个具体的主题或场景为线索，向用户展示相关或推荐的商品，并配以精美的图片、文字和视频等内容，讲述商品背后的故事和价值。

（2）商品介绍。网易严选每天都会发布一个商品介绍邮件，以一个具体的商品为核心，向用户展示商品的功能、特点、优势和使用方法，并配以精美的图片、文字和视频等内容，讲述商品如何解决用户痛点或满足需求。

（3）用户分享。网易严选每月都会发布一个用户分享邮件，以一个具体的用户为代表，向其他用户展示该用户购买并使用过网易严选商品后产生的心得和感受，并配以真实的图片、文字和视频等内容，讲述商品如何提升用户的生活品质和幸福感。

（4）专题活动。网易严选每季度都会发布一个专题活动邮件，以一个具体的节日或主题为契机，向用户推荐相关或适合的商品，并配以精美的图片、文字和视频等内容，讲述商品如何增加用户的节日气氛和主题体验。

通过这些类型的电子邮件营销，网易严选不仅展示了商品的品质和特色，也传递了一种高品质生活的理念和情感，实现了生活类电商平台的核心目标。

二、社交媒体营销

社交媒体营销是指在社交网络或平台上推广产品或服务的一种数字营销方式。社交媒体营销可以帮助跨境电商提高品牌知名度、增加用户互动、促进产品销售和服务订购、收集用户反馈和建立长期关系等。常见社交媒体如图 6-10 所示。

（1）Instagram　（2）Twitter　（3）Facebook

（4）YouTube　（5）Pinterest

图 6-10　常见社交媒体

1. 社交媒体营销的优势

社交媒体营销的优势主要有以下几点。

（1）覆盖广泛。社交媒体用户数量庞大，且分布在全球各地，是一个不可忽视的潜在市场。根据 HootSuite（是加拿大的一个社交媒体管理平台）的报告，截至 2021 年 10 月，全球社交媒体用户数量突破 45 亿，占世界总人口的 58%。通过社交媒体营销，跨境卖家可以接触到更多的目标用户，扩大市场份额。

（2）传播迅速。社交媒体具有强大的传播能力，用户可以通过点赞、评论、转发等方式，将信息迅速扩散到自己的社交网络中，形成口碑效应。通过社交媒体营销，跨境卖家可以利用用户的自发传播，提高品牌或产品的曝光量和影响力。

（3）互动性强。社交媒体是一个充满活力和创意的平台，用户可以通过多种形式和渠道，与品牌或产品进行沟通和互动，表达自己的需求和意见。通过社交媒体营销，跨境卖家可以与用户建立更紧密和深入的联系，增加用户的忠诚度和满意度。

（4）可测量性高。社交媒体可以提供丰富和详细的数据和指标，如用户画像、行为轨迹、参与度、转化率等，帮助跨境卖家监测和分析营销效果，并根据数据和反馈进行调整和优化。

2. 社交媒体营销的流程

社交媒体营销的流程主要包括以下几个步骤。

（1）明确目标。在进行社交媒体营销之前，需要明确推广的目的和目标，如提高品牌知名度、增加产品销售、建立长期关系等，并根据目标制定相应的策略和计划。

（2）选择平台。根据目标用户的特征和偏好，选择合适的社交媒体平台进行推广。不同的平台有不同的功能和特色，如 Facebook、Instagram、Twitter、YouTube、Pinterest 等，并且在不同国家或地区有不同的受欢迎程度和使用习惯。选择平台时需要考虑平台的覆盖范围、受众群体、内容形式、竞争程度等因素，并尽量保持平台之间的一致性和协调性。

（3）创建账号。在选择好平台后，需要创建专属于品牌或产品的官方账号，并完善账号的基本信息和形象，如名称、简介、头像、封面等，并设置好账号的权限和管理者。创建账号时需要注意保持账号的专业性和正规性，并与自己的网站或系统进行集成和协调。

（4）生成内容。内容是指发布在社交媒体上的信息或素材，包括文字、图片、视频、音频等形式。内容需要根据目标、平台和时间等因素进行设计和优化，使内容具有吸引力、相关性和价值性，并符合法律法规和道德规范。生成内容时需要注意保持内容的质量和更新频率，并与用户进行互动和回应。

（5）投放广告。广告是指通过付费方式，在社交媒体上展示品牌或产品信息的一种方式。广告可以提高内容的曝光量和影响力，并引导用户进行下一步的操作，如浏览网站、填写表单、购买产品等。投放广告时需要注意选择合适的广告形式、目标受众、预算和时间，并避免投放过多或过少的广告，造成用户的反感或遗忘。

（6）分析评估。在发布内容或投放广告后，需要对发布效果进行分析和评估，以了解社交媒体营销的优势和不足，并根据数据和反馈进行改进和优化。分析评估可以通过平台或其他工具进行，并需要关注各种指标和维度，如覆盖率、参与度、转化率等。

3. 社交媒体营销的成功案例

为了更好地理解和运用社交媒体营销的方法和技巧，以下介绍几个社交媒体营销的成功案例，供参考和借鉴。

案例一：奥利奥的“你可以用奥利奥做什么?”活动

奥利奥是一个著名的夹心饼干品牌，为了提高品牌的知名度和互动性，于 2013 年在 Facebook、Twitter、Instagram 等社交媒体平台上发起了一场名为“你可以用奥利奥做什么?”（What can you do with an Oreo?）的活动。活动的内容是邀请用户用奥利奥饼干创造各种有趣和惊奇的作品，并将作品的图片或视频上传到社交媒体上，配上话题标签#OreoSnackHacks，并@奥利奥官方账号。活动的奖励是每周选出最佳作品，并在官方账号上进行展示和推广。

这场活动持续了一个月，共收到了超过 2 万条用户参与的内容，其中有些作品非常有创意和趣味，如用奥利奥做成汉堡、比萨、冰淇淋等。这些作品不仅展示了用户对奥利奥的喜爱和热情，也引发了其他用户的好奇和模仿，形成了强大的传播效应。通过这场活动，奥利奥不仅提高了自己在社交媒体上的曝光量和影响力，也增加了用户对品牌的认同和信任，实现了快消品牌的核心目标。

案例二：耐克的“跑步挑战”活动

耐克是全球最大的运动品牌之一，为了提高品牌的忠诚度和活跃度，于 2016 年在 Facebook、Twitter、Instagram 等社交媒体平台上发起了一场名为“跑步挑战”（Running Challenge）的活动。活动的内容是邀请用户使用耐克旗下的跑步应用 Nike+ Run Club，记录自己的跑步数据，并将数据上传到社交媒体上，配上话题标签#NikeRunningChallenge，并@耐克官方账号。活动的奖励是每周选出最佳跑步者，并在官方账号上进行展示和推广。

这场活动持续了一个季度，共收到了超过 10 万条用户参与的内容，其中有些用户跑出了惊人的成绩，如跑步超过 100 公里、跑步速度超过 20 公里/小时等。这些内容不仅展示了用户对耐克和跑步的热爱和坚持，也激励了其他用户加入跑步中来，形成了强大的互动效应。通过这场活动，耐克不仅提高了自己在社交媒体上的覆盖率和参与度，也增加了用户对产品和服务的需求和消费，实现了运动品牌的核心目标。

案例三：宜家的“家具命名”活动

宜家是全球最大的家具零售商之一，为了提高品牌的趣味性和亲切感，于 2017 年在 Facebook、Twitter、Instagram 等社交媒体平台上发起了一场名为“家具命名”（Furniture Naming）的活动。活动的内容是邀请用户根据自己或他人的特征或故事，给宜家的家具起一个有意思或有故事的名字，并将名字上传到社交媒体上，配上话题标签#IKEAFurnitureNaming，并@宜家官方账号。活动的奖励是每周选出最佳命名，并在官方账号上进行展示和推广。

这场活动持续了一个月，共收到了超过 5 万条用户参与的内容，其中有些命名非常有趣和有创意，如给一张沙发起名为“懒惰熊”“分手专用”“狗狗之家”等。这些内容不仅展示了用户对宜家家具的喜爱和想象力，也引发了其他用户对家具命名和购买的兴趣，形成了强大的传播效应。通过这场活动，宜家不仅提高了自己在社交媒体上的知名度和趣味性，也增加了用户对品牌和产品的亲切感和购买意愿，实现了家具零售商的核心目标。

案例四：可口可乐的“分享一瓶可乐”活动

可口可乐是全球最大的饮料品牌之一，为了提高品牌的情感价值和社会性，于 2014 年在 Facebook、Twitter、Instagram 等社交媒体平台上发起了一场名为“分享一瓶可乐”（Share a Coke）的活动。活动的内容是在可口可乐瓶身上印上常见的人名或昵称，并邀请用户与自己喜欢或想要分享的人一起喝一瓶可乐，并将合影上传到社交媒体上，配上话题标签#ShareACoke，并@可口可乐官方账号。活动的奖励是每周选出最佳合影，并在官方账号上进行展示和推广。

这场活动持续了一个夏季，共收到了超过 50 万条用户参与的内容，其中有些合影非常有爱和有趣，如与恋人、朋友、家人、宠物、明星等一起分享可乐。这些内容不仅展示了用户对可口可乐的喜爱和情感，也传递了一种分享和友爱的理念和氛围，形成了强大的传播效应。通过这场活动，可口可乐不仅提高了自己在社交媒体上的覆盖率和参与度，也增加了用户对品牌和产品的需求及消费，实现了饮料品牌的核心目标。

三、谷歌推广营销

谷歌（Google）推广营销是指利用谷歌的各种广告服务，向全球用户展示产品或服务，提高品牌知名度，吸引潜在用户，增加销售额或询盘量的一种网络营销方式。

1. 谷歌推广营销的优势

谷歌推广营销的优势主要有以下几点。

（1）覆盖面广。谷歌是世界上最大的搜索引擎之一，在世界上200多个国家和地区拥有大量的搜索用户，同时谷歌通过其YouTube、Gmail、Google Play、Android等产品，聚集了大量的注册用户。

（2）精准性高。谷歌推广营销可以根据用户的搜索意图、兴趣、地理位置、语言、设备等多种因素，精准地将广告展示给目标受众。

（3）灵活性强。谷歌推广营销可以自主控制广告预算、投放时间、投标方式、广告创意等多个方面，随时调整优化广告策略。

（4）成效可测。谷歌推广营销可以通过谷歌分析等工具，实时监测和分析广告的曝光量、点击量、转化率、成本等数据，评估广告效果和投资回报率。

2. 谷歌推广营销的类型

谷歌推广营销包括以下五种基本的广告类型。

（1）Google关键词广告。这是最常见的搜索引擎关键词广告，当用户在谷歌上输入与产品或服务相关的关键词时，产品的文字广告将出现在搜索结果页面上。这种广告的优势在于精准匹配用户的搜索意图，提高点击量和转化率。

（2）Google视频广告。这是把产品的视频广告放在YouTube平台或者谷歌的合作网站上，根据产品的特点来决定应该让哪些用户看视频。这种广告的优势在于强大的表现力和感染力，提高品牌影响力和认知度。

（3）Google展示广告。这是把产品的图片或文字广告放在谷歌展示网络（Google Display Network，GDN）上，GDN是由200万个网站组成的一个巨大的网络平台，覆盖全球90%的互联网用户。这种广告的优势在于海量曝光和再营销功能，提高品牌曝光量和忠诚度。

（4）Google购物广告。这是一个基于产品的谷歌广告类型，专门为C端零售卖家推出的一种广告类型。其目的主要是方便用户在网上搜索、比较、轻松购买产品。这种广告会在谷歌搜索结果页面和购物页面展示产品图片、价格、公司名称等信息。这种广告的优势在于直观展示产品信息，提高购买意愿和转化率。

（5）Google应用广告。这是针对需要推广应用的广告商的一种广告形式，可以展示在谷歌搜索、YouTube、Google Play和其他在线平台上，以使更多的用户下载IOS或Android应用。这种广告的优势在于覆盖多个平台和渠道，提高应用下载量和活跃度。

3. 谷歌推广营销的操作步骤

要进行谷歌推广营销，需要遵循以下操作步骤。

（1）注册Google Ads账户。需要有一个Google Ads账户，才能使用谷歌的所有广告服务，包括Gmail、Google Ads、Google Drive、Google Calendar等。

（2）打造一个广告系列。登录Google Ads后台后，可以创建一个或多个不同类型和目标的广告系列。每个广告系列都有自己独立的预算、投放区域、语言等设置。可以根据自己的不同需求，如投放区域、产品系列、关键词类型、推广目标等，创建不同的广告系列。

（3）选择要创建的广告类型。根据选择的目标和行业特点，选择合适的广告类型。

（4）设置关键词和匹配模式。关键词是决定产品或服务是否出现在用户搜索结果中最重要的因素之一。需要选择与产品或服务相关且具有一定搜索量和竞争力的关键词，并设置合适的匹配模式来控制匹配范围。匹配模式分为四种：精确匹配、短语匹配、修改后宽泛匹配、宽泛匹配。匹配模式越精确，匹配范围越小；匹配模式越宽泛，匹配范围越大。

（5）编写创意文案。创意文案是指在文字或图片中展示给用户的内容。创意文案应该简洁明了地传达产品或服务的核心价值，并包含引导用户行动（Call to Action，CTA）的语句。创意文案应该与关键词和登录页保持一致，并符合谷歌规范。

（6）优化登录页。登录页是指用户点击产品或服务的文字或图片后跳转到网站上看到的内容。登录页应该与创意文案和关键词保持一致，并提供清晰有效的转化路径（如填写表单、拨打电话等）。登录页应该具有良好的设计和加载速度，并符合谷歌规范。

（7）监测分析数据。通过谷歌分析等工具，实时监测和分析投放的每个关键词和每个创意文案的曝光量、点击量、转化率、成本等数据，并根据数据反馈调整优化策略。

4. 谷歌推广营销的成功案例

以下是一些使用谷歌推广营销的成功案例。

案例一：Meepo

Meepo 是一个电动滑板品牌，通过谷歌视频广告，在短短两个月内，从零营业额做到了一天将近 2 万美元。该品牌利用 YouTube 平台的海量用户和视频的表现力，展示其在产品上的特点和优势，吸引了众多滑板爱好者的关注和购买。

案例二：CoSchedule

CoSchedule 是一个营销管理软件，通过谷歌展示广告，在三个月内将其网站流量增加了 9 倍，同时将其付费用户增加了 40%。该软件利用谷歌展示广告的海量曝光和再营销功能，针对不同阶段的潜在客户展示不同的广告创意和登录页，提高了品牌认知度和转化率。

案例三：PandaMobo

PandaMobo 是一个专注于帮助中国企业出海的数字营销机构，通过谷歌关键词广告，为其客户带来了大量的海外询盘和订单。该机构利用谷歌搜索引擎的覆盖面和精准性，选择与客户产品或服务相关且具有一定搜索量和竞争力的关键词，并设置合适的匹配模式和出价策略，提高了点击量和转化率。

四、Pinterest 营销

Pinterest 是一个图片社交分享网站，用户可以创建和管理主题图片集合，如事件、兴趣和爱好等。

Pinterest 采用的是瀑布流的形式展现图片内容，无需用户翻页，新的图片不断自动加载在页面底端，让用户不断地发现新的图片。Pinterest 上的每个图片都可以链接到一个网站，这就为品牌和商家提供了一个展示和推广自己的产品或服务的机会。

1. Pinterest 营销的内容

Pinterest 营销就是利用 Pinterest 这个平台来吸引和转化潜在的用户，提高品牌知名度和销售额的一种网络营销方式。Pinterest 营销主要包括以下几个方面。

（1）创建和优化自己的 Pinterest 账户，包括设置企业账户、验证网站所有权、完善资料、添加特色面板等。

(2) 制作和发布高质量的 Pins (即包含图片、链接和文字描述的帖子), 注意使用关键词、长图、清晰的标题和吸引人的内容。

(3) 整理和管理自己的 Boards (即存储 Pins 的分类), 注意使用关键词、细分主题、更新内容等。

(4) 参与和建立 Group Boards (即可共享内容的群组), 可以邀请或加入其他 Pinners (即 Pinterest 平台上的用户), 增加自己 Pins 的曝光率和转发次数。

(5) 使用 Pinterest Analytics (Pinterest 自有的报告和分析工具) 来分析自己 Pins 和 Boards 的表现, 了解自己的受众特征和兴趣, 优化自己的营销策略。

(6) 使用 Pinterest Ads 来投放付费广告, 根据自己的目标、预算和受众定位广告内容、形式和位置。

2. Pinterest 营销的优势

(1) Pinterest 拥有超过 2.5 亿活跃用户, 其中大部分是女性、千禧一代①、有孩子的家庭和高收入人群, 这些用户群体具有较强的消费能力和购买欲望。

(2) Pinterest 用户通常使用该平台来寻找和分享新事物、灵感和想法, 他们更愿意与零售商和品牌建立联系, 更容易被影响并做出购买决定。

(3) Pinterest 是一个免费的平台, 除了付费广告, 品牌和商家可以通过创建高质量的 Pins 来免费获得流量、关注度和转化率。

(4) Pinterest 具有强大的社交功能, 用户可以轻松地保存、下载、分享、访问和跟随其他用户发布的 Pins, 这有助于增加品牌和产品的口碑传播。

(5) Pinterest 具有强大的搜索功能, 用户可以通过输入关键词或使用视觉搜索来找到他们感兴趣的内容, 这为品牌和商家提供了一个优化搜索引擎并提高排名的机会。

(6) Pinterest 具有强大的广告效应, 根据数据显示, Pinterest 上每花 100 美元可以比其他渠道多赚 60 美元, 并且半数 Pinners 在看到一个 Promoted Pin (即 Pinterest 的广告形式) 后会购买, 并且 61%的用户表示他们因为 Pinterest 广告而发现了新的品牌或产品。

3. Pinterest 营销的具体操作步骤

(1) 注册并设置企业账户。可以使用邮箱或者 Facebook 或 Google 账号登录使用, 并选择 “Switch to business” 来升级成企业账户。然后完善资料, 包括企业名称、类型、网站 URL (统一资源定位符) 等, 并验证网站所有权。这样就可以解锁更多功能并使用 Pinterest Analytics 了。

(2) 创建并优化自己的 Boards。可以根据产品或服务类型、风格、主题等来创建不同分类的 Boards, 并用关键词对标题和描述进行优化。也可以添加特色面板来突出想要展示给访客的内容。另外, 还可以参与或建立 Group Boards 来与其他 Pinners 共享内容并增加曝光率。

(3) 制作并发布高质量的 Pins。可以手动上传图片或视频 (企业账户才可以发布视频), 或者从验证过的网站上直接保存 Pins。注意使用长图 (比例为 2∶3 或 600×900 像素), 清晰可见且吸引人。

(4) 优化 Pins 的标题、描述和链接。Pins 的标题应该简洁明了, 包含关键词, 吸引用户点击查看详情。Pins 的描述应该详细说明 Pins 的内容、价值和用途, 包含关键词, 引导用户访问网站或购买产品或服务。Pins 的链接应该指向验证过的网站上与 Pins 相关的页面, 如产

① 千禧一代, 是指出生于 20 世纪且 20 世纪未成年, 在跨入 21 世纪以后达到成年年龄的一代人。

品页面、文章页面、活动页面等，避免使用短链接或无效链接。

（5）使用 Pinterest Analytics 来分析 Pins 和 Boards 的表现。可以在 Pinterest Analytics 中查看 Pins 和 Boards 的曝光量、访问量、转发量、点击量、保存量等数据，了解哪些内容受到用户的欢迎，哪些内容需要改进。还可以查看受众特征和兴趣，了解他们的年龄、性别、地理位置、设备等信息，以及他们最喜欢的主题和品类等信息，这有助于优化营销策略和定位。

（6）使用 Pinterest Ads 来投放付费广告。如果想要更快、更有效地提高 Pins 和 Boards 的曝光率和转化率，可以使用 Pinterest Ads 来创建和管理广告活动。也可以根据自己的目标（如提高品牌知名度、增加网站流量、促进销售转化等），选择不同类型的广告，如 Promoted Pins、Promoted Video Pins（视频广告）、Promoted Carousels（轮播广告）、Promoted App Pins（推广应用的广告）等，并设置预算、时长、受众、出价等参数。还可以在 Pinterest Ads 中查看广告活动的效果报告，了解广告花费、展示次数、点击次数、转化次数等数据，评估广告投资回报率。

4. Pinterest 营销的成功案例

Pinterest 营销的成功案例有很多，以下是一些比较有代表性的案例。

案例一：Wayfair 的家居用品营销

Wayfair 是一个在线家居用品零售商，他们利用 Pinterest 来展示产品，吸引潜在用户，并提高销售额。他们的 Pinterest 营销策略包括以下几个方面。

（1）创建多个 Boards，涵盖不同的家居风格、场景、主题和季节，如“Modern Farmhouse（现代农舍）”“Small Space Living（小空间生活）”“Halloween Decor（万圣节装饰）”等。

（2）发布高质量的 Pins，使用清晰、美观、有吸引力的图片，展示他们的产品如何搭配和使用，同时添加简短而有用的文字描述和链接。

（3）使用 Promoted Pins 和 Promoted Video Pins 来投放付费广告，根据不同的目标和受众定制广告内容和形式，例如使用视频来展示产品的功能和细节，或者使用动态图片来展示产品的多样性和选择性。

（4）使用 Shop the Look Pins（Pinterest 平台的一种特殊功能或广告形式）来让用户直接从图片中购买他们感兴趣的产品，无需跳转到其他网站或页面。

（5）使用 Pinterest Analytics 来监测和分析他们的 Pins 和 Boards 的表现，了解用户的偏好、行为和反馈，优化他们的营销策略和广告效果。

Wayfair 的 Pinterest 营销取得了很好的成果，他们的 Pins 每月有超过 1100 万次转发，他们的网站流量和销售额也有显著提升。

案例二：BuzzFeed 的内容营销

BuzzFeed 是一个知名的数字媒体平台，他们利用 Pinterest 来推广内容，扩大他们的受众群体，并增加他们的收入。他们的 Pinterest 营销策略包括以下几个方面。

（1）创建多个 Boards，涵盖不同的内容类型、主题和兴趣，如“BuzzFeed Food（BuzzFeed 网站中的一个专注于美食相关内容的频道或栏目，致力于提供有趣、吸引人且与美食相关的内容，以满足用户对美食信息的需求和喜好）”“BuzzFeed Quizzes（是一系列由 BuzzFeed 网站提供的在线测试或问答活动，旨在为用户提供娱乐和互动体验。这些测试通常包括性格测试、人格诊断、兴趣爱好测试等多种形式，旨在通过用户的回答来生成个性化的结果或建议。这些结果往往以有趣、幽默或富有洞察力的方式呈现，给用户带来愉悦和惊喜）”“BuzzFeed Weddings（专注于婚礼相关内容的频道或栏目）”等。

(2) 发布高质量的Pins，使用引人注目、有趣、有创意的图片和标题，吸引用户点击查看详情，并添加链接到他们的网站或应用程序。

(3) 使用 Rich Pins 来为用户提供更多信息和功能，如使用 Article Pins 来显示文章标题、作者、描述等，或者使用 App Pins 来让用户直接从 Pinterest 下载他们的应用程序。

(4) 使用 Promoted Pins 来投放付费广告，根据不同的目标和受众定制广告内容和形式，如使用视频或动态图片来展示他们的内容特点和价值。

(5) 使用 Pinterest Analytics 来监测和分析他们的 Pins 和 Boards 的表现，了解用户的偏好、行为和反馈，优化他们的营销策略和广告效果。

BuzzFeed 的 Pinterest 营销取得了很好的成果，他们每月有超过 5000 万次转发，他们每月从 Pinterest 获得超过 2 亿次访问，并且通过 Pinterest 赚取了数百万美元。

案例三：L'Oréal Paris 的化妆品营销

L'Oréal Paris 是一个全球知名的化妆品品牌，他们利用 Pinterest 来展示产品，吸引潜在用户，并提高品牌知名度。他们的 Pinterest 营销策略包括以下几个方面。

(1) 创建多个 Boards，涵盖不同的产品类别、风格、场景和主题，例如“L'Oréal Paris Hair Color（染发产品系列）”“L'Oréal Paris Makeup（彩妆系列）”“L'Oréal Paris Red Carpet Looks（红毯妆容系列）”等。

(2) 发布高质量的 Pins，使用清晰、美观、有吸引力的图片，展示他们的产品如何搭配和使用，同时添加简短而有用的文字描述和链接。

(3) 使用 Shop the Look Pins 来让用户直接从图片中购买他们感兴趣的产品，无需跳转到其他网站或页面。

(4) 使用 Promoted Pins 和 Promoted Video Pins 来投放付费广告，根据不同的目标和受众定制广告内容和形式，如使用视频来展示产品的功能和效果，或者使用动态图片来展示产品的多样性和选择性。

(5) 使用 Lens Your Look（通过镜头展现你的风格）功能来让用户使用相机扫描自己的脸部或发型，然后根据他们的特征和偏好推荐适合他们的产品和风格，并提供购买链接。

(6) 使用 Tried It（尝试后分享个人的体验或感受）功能来让用户上传自己使用他们的产品后的照片或视频，并分享他们的评价和感受，从而增加用户的参与度和信任度。

(7) 使用 Pinterest Analytics 来监测和分析他们的 Pins 和 Boards 的表现，了解用户的偏好、行为和反馈，优化他们的营销策略和广告效果。

L'Oréal Paris 的 Pinterest 营销取得了很好的成果，他们的 Pins 每月有超过 300 万次转发，他们的品牌知名度和忠诚度也有显著提升。

项目总结

通过本项目的学习与训练，在了解并掌握跨境电商网络营销与推广的理论、内涵的基础上，重点学习了跨境电商营销的站内和站外两种营销推广方法。首先以亚马逊、全球速卖通、

eBay、Wish 平台为例介绍了站内营销推广的不同方式，展示了不同平台广告、促销、品牌推广等营销方式的步骤与技巧。然后又通过具体的案例与实操对站外营销的几种方法进行了系统的学习与体验，分别介绍了电子邮件营销、社交媒体营销、谷歌推广营销、Pinterest 营销等几种营销方法的基本原理及实施方法。

巩固练习

一、填空题

1. 跨境电商网络营销与推广的主要方式包括（　　　　　　）和（　　　　　　）两大类。

2. 在跨境电商平台内部进行的各种营销活动，主要包括搜索引擎优化（SEO）、关键词广告（PPC）、店铺装修、产品展示、促销活动、客户服务等，称为（　　　　　　）。

3. 在跨境电商平台之外进行的各种营销活动，主要包括媒体报道和测评（PR）、KOL 红人营销、Deal 网站合作、社媒运营和营销、广告投放、邮件营销、联盟营销等，称为（　　　　　　）。

二、判断题

1. 跨境电商网络营销与推广对于跨境电商企业具有重要意义，可以帮助企业扩大市场覆盖范围、降低营销成本、提高营销效率、增强竞争优势、提升品牌形象、增加客户忠诚度等。（　　）

2. 跨境电商网络营销与推广对于我国经济社会发展也具有重要意义，可以帮助我国企业拓展国际市场，提升产品质量和创新能力，增加外汇收入和就业岗位，促进贸易平衡和结构优化，推动“一带一路”建设和全球化进程等。（　　）

3. 跨境电商网络营销与推广的主要方式只有站内营销一种。（　　）

4. 站内营销是指在跨境电商平台之外进行的各种营销活动。（　　）

5. 站外营销是指在跨境电商平台内部进行的各种营销活动。（　　）

三、单选题

1. 下列哪一项不属于站内营销的内容？（　　）

A. 搜索引擎优化（SEO）　　B. 关键词广告（PPC）
C. 媒体报道和测评（PR）　　D. 店铺装修

2. 下列哪一项不属于站外营销的内容？（　　）

A. KOL 红人营销　　B. Deal 网站合作　　C. 产品展示　　D. 广告投放

3. 下列哪一项不是跨境电商网络营销与推广的思政价值？（　　）

A. 体现了我国对外开放的战略方针和国际视野
B. 体现了我国文化自信和文化软实力
C. 体现了我国社会主义核心价值观
D. 体现了我国科技创新和产业转型升级的要求和目标

4. 下列哪一项是跨境电商网络营销与推广的方法选择和组合的重要因素？（　　）

A. 目标市场　　B. 目标客户
C. 产品特点　　D. 所有以上选项都是

5. 下列哪一项是跨境电商网络营销与推广的评价方法？（　　）

A. 网络流量分析　　B. 网络转化率分析

C. 网络满意度分析　　D. 所有以上选项都是

四、简答题

1. 简述跨境电商网络营销与推广的概念。
2. 简述跨境电商网络营销与推广的意义。
3. 简述跨境电商网络营销与推广的思政价值。

项目七 跨境电商支付与结算

知识目标

1. 了解跨境电商中常用的支付方式。
2. 掌握跨境电商结算的基本流程。
3. 掌握跨境电商结算的方式和规则。

能力塑造

1. 了解跨境电商支付与结算的基本概念和流程。
2. 掌握跨境电商支付与结算的方式和工具。

素质培养

1. 具备思想政治素质，弘扬爱国主义精神，践行社会主义核心价值观。
2. 具备经济管理素质，了解国内外经济形势和市场需求。
3. 具备法律素养，了解国内外相关法律法规和政策。

商务情景导入

在跨境电商的各个环节中，支付是非常重要的一个环节，支付方式不仅影响着买家的购物体验，还会影响卖家收款与提现的成本。在境内的电子商务交易过程中支付环节可以选择支付宝和微信等多种在线支付渠道，但由于跨境电商支付涉及全球不同国家和地区的货币、汇率和支付方式，买家的支付习惯与使用的支付工具也不同，因此 AAA 有限公司意识到这个问题后，认为有必要让跨境电商运营团队进行有针对性的学习，了解各个国家和地区的支付习惯和偏好，以选择最适合目标市场的支付方式和工具，以及掌握相关的技术和流程，了解跨境电商结算的方式和规则，了解如何处理和核对支付的货币和结算的货币，在合法合规的前提下，进行财务核算和资金归集。同时，还需要了解国际支付的手续费、汇率差异和货币兑换规则，以确保收款方和付款方双方的利益得到平衡。

实训一 跨境电商支付的背景与流程

任务描述

随着全球电子商务的发展和互联网技术的普及，越来越多的人开始通过跨境电商平台进行跨境购物。因此，了解跨境电商支付的背景与流程对于从事相关行业的人员来说非常重要，AAA 有限公司要进行有关跨境电商支付方式的调研，具体了解跨境电商的背景与流程，以及常用的支付方式及其特点，为公司店铺的支付方式决策做好前期准备。

实训目标

通过学习，熟悉跨境电商的支付方式与流程。

实训要求

学生分为若干小组，组内分工协作，对跨境电商线上线下支付的流程与背景、主要市场以及跨境电商消费者的行为与习惯进行学习调研，了解市场的主要支付平台，以及消费者购买偏好，小组内讨论交流并形成总结报告。

实训成果

1. 经过调研讨论对支付流程与背景形成报告。
2. 列出团队待解决问题清单。

在国际贸易活动中，买卖双方可能互相不信任：买方担心预付款后，卖方不按合同要求发货；卖方也担心发货或提交货运单据后，买方不付款。因此选择一种买卖双方都信任的跨境支付方式进行结算就显得非常重要。本实训主要让学生了解当前跨境电商支付的现状与发展趋势，熟悉提升跨境支付效率的方式及支付流程；比较不同国家与地区间跨境电商支付的区别。

一、跨境电商支付的背景与未来发展趋势

1. 跨境电商支付的背景

跨境电商正在迅速成为全球贸易的主要形式之一，其市场规模和影响力在持续增长。然而，跨境电商的复杂性并未因此而减少，与境内电子商务相比，跨境电商交易双方的地域跨度更大，信息获取和产品交易一般只能借助网络，虚拟性更为明显。这使得跨境电商的交易主体更加关注信用保障和支付安全等问题。跨境电商支付的核心挑战在于，它需要在各种不同的法律、监管、货币和文化环境下进行。这涉及跨境交易的各方，包括买家、卖家、支付处理商、银行和监管机构。这些不同的参与者需要协同工作，以确保交易的安全、有效和合规。

随着技术的发展，跨境电商支付已经从传统的银行转账转变为更灵活、更安全的方式。例如，第三方支付平台已经成为电商支付的主要手段。而独立的第三方支付平台，往往具有良好的信誉，能够成为跨境电商交易的信用中介。同时其安全便捷的线上支付功能，也满足了跨境电商对安全的需要。这些平台连接买家和卖家，提供支付、结算和资金管理服务。通过这些平台，卖家可以进入全球市场，而买家也可以购买来自世界各地的商品。

但是，跨境电商支付也面临着一些挑战。一方面，由于跨境电商活动涉及跨国或跨地区交易，支付处理往往需要经过多个银行和金融机构，这使得交易的处理时间和成本增加。另一方面，由于不同国家和地区的法律法规和支付规定不同，跨境电商平台和支付服务商需要投入大量的资源来遵守这些规定，这也增加了交易的复杂性。

尽管如此，跨境电商支付的未来仍然充满希望。随着区块链技术的发展，我们可以期待一种更安全、更透明、更高效的支付方式。区块链可以实现即时支付，降低交易成本，同时

提高交易的透明度和可追溯性。此外，人工智能和机器学习也正在改变跨境电商支付的方式，通过预测分析、风险管理和自动化处理等方式，提高支付的效率和安全性。

2. 跨境电商支付的未来发展趋势

近年来，跨境电商已成为支持“外循环”的重要引擎，全国各地也高度重视跨境电商发展。伴随着互联网技术的发展，网络购物和在线支付的兴起，我国跨境电商继续保持快速增长。

艾瑞研究院发布的《2024 年中国跨境电商软件服务行业报告》显示，2021 年中国跨境电商进出口规模首次超过万亿美元，达到 1.2 万亿美元，截至 2023 年，中国跨境电商市场规模达 1.4 万亿美元，较 2019 年增长约 2 倍，实现 18.5%的年均复合增长率，高于同期中国 GDP 年均复合增长率 6.2%。预计至 2028 年，中国跨境电商市场将以 11.3%的年均复合增长率稳定增长，达到 2.4 万亿美元。由此可见，中国跨境电商市场仍处于快速发展期，如图 7-1 所示。

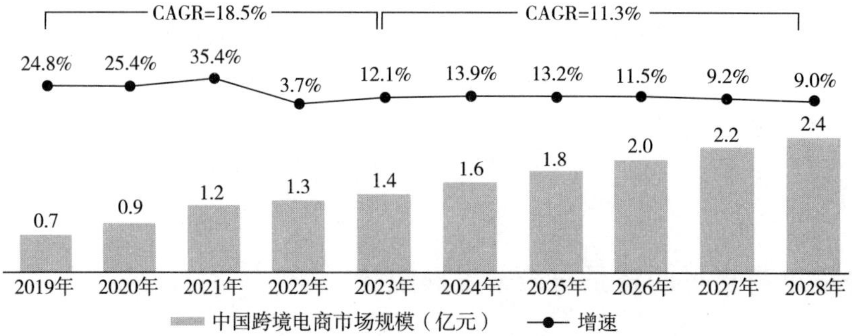

注：中国跨境电商市场规模按实际达成GMV口径计，含在线交易以及撮合交易。

图 7-1　2019—2028 年中国跨境电商市场规模统计预测

数据来源：艾瑞研究院

根据艾瑞研究院统计测算，2022 年中国跨境出口 B2C 电商收款服务规模达到 18176.6 亿元，同比增长 18.3%；2023 年市场有所回温，外贸行业整体增长空间的广阔与部分新兴市场的蓬勃发展，仍然给予从业者较大信心，预计至 2026 年行业将持续稳定高速发展，如图 7-2 所示。

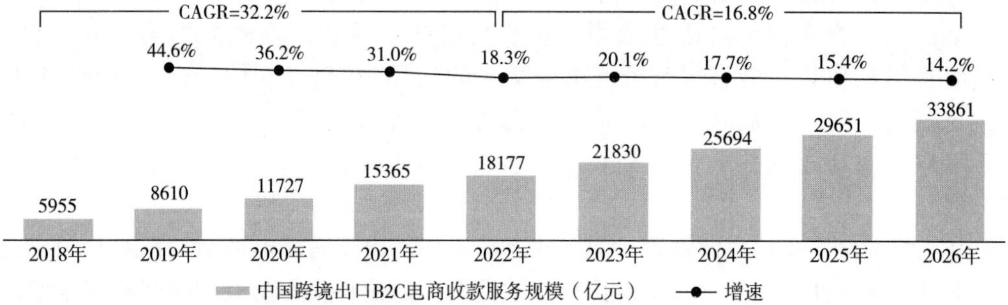

注：收款服务规模已从整体跨境出口B2C电商规模中去掉了“货款直接打入商家自行开立的境外账户”的规模，以及平台抽佣规模，因为此两部分不涉及收款业务。

图 7-2　2018—2026 年中国跨境出口 B2C 电商收款服务规模

数据来源：艾瑞研究院

与此同时，跨境电商支付也将面临更多的监管要求和合规挑战，需加强风险防范和反洗钱方面的能力，同时也需要与国际组织和标准机构保持沟通和协调，提升跨境支付的安全性和可信度。

跨境电商支付将加快数字化转型和创新，利用人工智能、区块链、云计算等技术提升跨境支付的效率和体验，同时也将探索数字人民币在跨境支付领域的应用场景和价值。

跨境电商支付将深化海外市场布局和合作，通过开放生态系统方式，与海外电子钱包、银行、金融机构等合作伙伴建立连接，为海外用户提供更多元化、本地化的跨境支付服务。

二、提升跨境支付效率的方式

提升跨境支付的效率和体验是跨境电商支付的重要目标。跨境卖家可以尝试以下几种方法。

（1）利用中央银行数字货币（Central Bank Digital Currencies，CBDC）进行跨境支付，可以降低中间环节、提高支付速度、降低成本、增强透明度和安全性，同时也可以促进人民币国际化。目前，我国已经在多个城市开展数字人民币试点，也在探索数字人民币在跨境支付领域的应用场景和价值。

（2）利用新技术如人工智能、区块链、云计算等提升跨境支付的效率和体验，可以实现数据共享、智能风控、自动化处理等功能，同时也可以提供更多元化、本地化的跨境支付服务。例如，人民币跨境支付系统（Cross-border Interbank Payment System，CIPS）利用自身业务功能及支付平台数据整合能力，为“跨境理财通”提供高效快捷的支付体验和额度统计功能。

（3）利用标准收发器产品提升跨境支付的可获得性，可以解决涉外企业跨境汇款面临的交易路径长、结算周期长、资金使用效率低等痛点，打通了人民币跨境支付“最后一公里”。

三、跨境电商支付的流程

跨境电商支付除了沿用传统的商业银行汇款模式，第三方支付机构参与下的互联网平台支付模式开始在国际结算领域呈上升趋势。

根据跨境电商进出口方向的不同，跨境电商支付主要分为境外收单和外卡收单两种。进口业务中，跨境电商支付表现为境外收单业务。境内买家通过跨境电商平台从境外卖家下单购买商品，支付机构为境内买家购置外币并支付给境外卖家。跨境电商进口业务支付流程如图 7-3 所示。

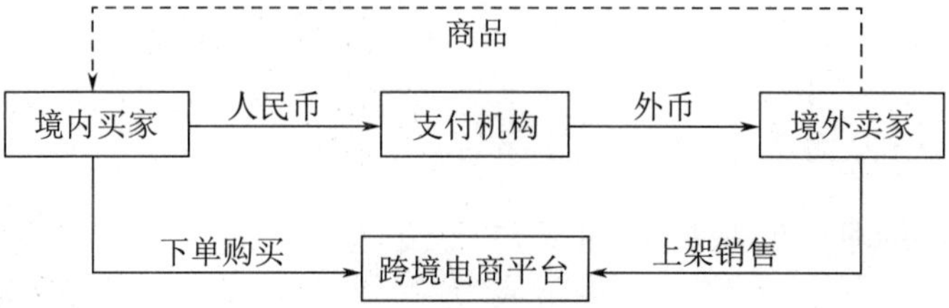

图 7-3 跨境电商进口业务支付流程

出口业务中，跨境电商支付表现为外卡收单业务。境内卖家通过跨境电商平台将商品销售给境外买家，境外买家在跨境电商平台下单购买商品，支付机构为境内卖家收取外币并代理结汇。跨境电商出口业务支付流程如图 7-4 所示。

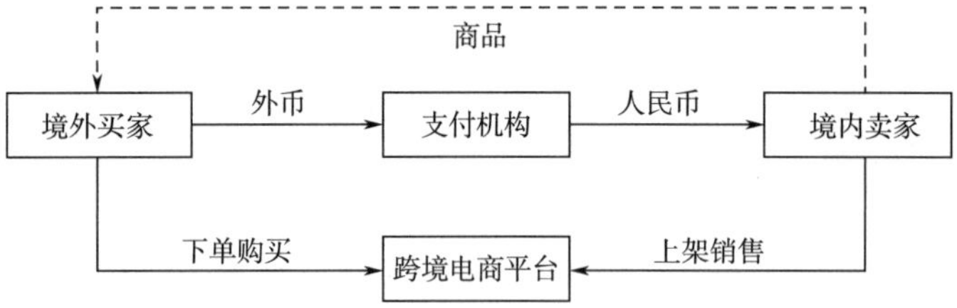

图 7-4　跨境电商出口业务支付流程

由此可见，支付机构是跨境贸易的资金通道。从跨境电商支付的过程来看，支付机构主要有第三方支付机构和商业银行两种。以下是通过第三方支付机构进行跨境支付的具体流程。

（1）跨境电商平台上的买家通过在线下单、支付等方式购买商品或服务，交易金额以人民币或外币结算。

（2）买家通过第三方支付平台向跨境电商平台支付订单金额，第三方支付平台将收到的资金进行结算，并将结算资金存入跨境电商平台的资金账户。

（3）跨境电商平台将资金账户中的外币资金汇出到海外收款账户。

（4）跨境电商平台根据订单信息，向海外仓库或供应商发出货物出口指令。

（5）在货物到达海外时，海外仓库或供应商会进行清关操作，包括海关申报、缴纳税费等。

（6）当海外清关完成并收到货款后，跨境电商平台将收到的外币资金汇回到国内的资金账户，完成跨境电商支付结算流程。

在我国，第三方支付机构针对跨境电商提供的跨境支付主要包括购付汇和收结汇两类业务。

购付汇是指境内买家通过跨境电商平台购买商品时，第三方支付机构为买家提供的购汇及跨境付汇业务，其主要针对进口跨境电商平台。当境内买家在跨境电商平台下单后，选择我国第三方支付机构进行支付，如支付宝、财富通等。订单信息在发送到境外卖家的同时，也会发送到我国第三方支付机构，我国第三方支付机构会通过境内买家所使用的与其合作的银行，将商品款项以购付汇模式支付给境外卖家。境外卖家收到我国第三方支付机构的支付信息后，通过跨境电商物流将商品运至境内买家手中。

收结汇是指第三方支付机构帮助境内卖家收取外币并兑换成人民币进行结算的业务。其主要针对出口跨境电商平台。境外买家通过跨境电商平台下单购买后，订单信息会同时发至境内卖家及境外第三方支付机构。境外买家通过支付公司、信用卡组织、银行、电汇公司等将商品款项支付给境外第三方支付机构，如 PayPal 等。境外第三方支付机构通过与其合作的我国第三方支付机构，以收结汇模式将商品款项支付给境内卖家，再通过跨境电商物流将商品送至境外买家手中，从而完成跨境电商交易活动。

四、不同国家和地区的跨境电商支付比较

随着全球化的发展，跨境电商已经成为不同国家和地区之间进行商业交易的重要方式。但在各个地区，跨境电商支付方式和支付速度也存在着一定的差异。

（1）美国的跨境电商支付方式相对成熟。在美国，消费者可以使用信用卡或借记卡支

付，如 Visa、MasterCard 等。此外，PayPal 也是一种常用的支付方式。这些支付方式在美国的电商市场中非常普遍，并且具有较高的安全性和可靠性。同时，美国的一些大型电商平台如亚马逊和 eBay 也提供了自己的支付系统，方便消费者进行购物。

（2）欧洲的跨境电商支付方式也较为多样化。在欧洲，常用的支付方式包括 Visa 和 MasterCard 信用卡、PayPal、Sofort Banking 等。这些支付方式在欧洲的电商市场中广泛使用，并且在支付速度和手续费方面表现良好。欧洲的电商市场也非常发达，消费者可以选择各种在线购物平台进行购物和支付。

（3）东南亚的跨境电商支付方式相对较为保守。在东南亚地区，主要的支付方式是银行转账和现金支付。虽然这些支付方式在一些发展中国家和地区仍然很普遍，但在一些发达国家如新加坡，电子支付已经逐渐普及。随着互联网的普及和电子商务市场的发展，东南亚地区的跨境电商支付方式也在逐渐改变和发展。

（4）俄罗斯的跨境电商支付方式相对较为有限。在俄罗斯，主要的支付方式是银行卡支付和电子钱包。然而，由于俄罗斯的金融监管政策较为严格，跨境电商支付受到了一定的限制。为了促进跨境电商的发展，俄罗斯政府也在积极推动电子支付的发展和规范。

（5）南美洲的跨境电商支付方式相对较为落后。以巴西为例，在巴西，主要的支付方式是现金支付和银行转账。由于巴西的金融基础设施相对薄弱，跨境电商支付面临着一些困难和挑战。然而，随着巴西经济的发展和互联网普及率的提高，相信跨境电商支付将会得到进一步的发展和完善。

（6）我国主流的支付平台是以支付宝、财富通为代表的非独立第三方支付机构。这些支付机构一般采用充值模式进行支付，实际上拥有大部分银行的网上银行功能。所以，无论是信用卡还是借记卡，只要开通了网上银行功能，就可以实现跨境电商支付。信用卡在我国的普及率还有待提高，大部分用户还是习惯使用借记卡进行支付。当然，信用卡目前在我国发展得非常快，普及率在剧增，城市的年轻白领群体使用信用卡进行跨境电商支付的方式尤为普遍。在一些经济发达的城市，VISA 与万事达信用卡支付已非常普遍，PayPal 支付的使用率也比较高。此外 QQ 钱包、微信支付等基于社交网络的支付方式也逐渐普及。

不同国家和地区的跨境电商支付方式各有特点。美国的电商市场成熟且安全，欧洲的电商市场发达且多样化，东南亚地区的支付方式相对保守但正在发展，俄罗斯的支付方式受限但政府正在推动电子支付的发展，而南美洲的电商市场相对落后但有望得到进一步发展。对于商家和消费者来说，选择适合自己国家和地区的跨境电商支付方式是非常重要的。

课堂讨论

在我国，无论是线上还是线下交易，消费者普遍都在使用网络支付的方式，扫码付款已成为一种常态，为什么在一些发达国家，在支付方式上仍以选择信用卡支付方式为主呢？

实训二 跨境电商支付工具

任务描述

在对比各大跨境电商平台产品线以后，AAA 有限公司通过研究和讨论，选择服装类产品开展跨境电商业务。公司要求跨境电商运营团队尽快做好目标市场支付方式调研，并将跨境电商支付流程在团队内进行分享。

实训目标

通过学习，熟悉跨境电商平台的线上线下支付方式及特点。

实训要求

学生分为若干小组，组内分工协作，对代表性的三家跨境电商平台进行支付方式及流程调研，了解不同平台、不同地域对于支付方式的市场反馈，小组内讨论交流并形成总结报告。

实训成果

对主流跨境电商平台支付方式进行调研，形成调研报告。

在跨境电商交易中，不同的国家与地区采用的支付与结算方式和工具大同小异，不同的交易平台支持的支付工具也不尽相同，本实训任务主要是让学生了解跨境贸易中线下与线上的主要支付工具，熟悉不同支付工具的特点、使用规则与方法。

一、线下支付工具

在国际跨境贸易支付方式中，被使用较多的主要是直接支付的方式，即经济活动当中的当事人双方直接通过银行发生关系的支付。一般包括汇付、托收和信用证三种模式。三种模式各有利弊，汇付一般应用于支付数额较小的支付场景，而信用证方式由于会保证卖方权益得到可靠保证，所以在大额支付场景中被使用较多。

1. 汇付

汇付主要分为信汇、电汇、票汇三种方式。汇付是指付款人通过银行主动把款项汇给收款人的一种支付方式。一笔汇款业务中涉及汇款人、汇出行、汇入行或解付行、收款人四个基本当事人。一般情况下，汇款人即进口商，汇出行通常是进口地银行，汇入行通常是出口地银行，收款人即出口商。汇付一般用于小额支付场景。

课堂讨论

信汇、电汇、票汇三种方式各自的特点与区别是什么？

2. 托收

托收是指在进出口贸易中，出口方开具以进口方为付款人的汇票，委托出口方银行通过其在进口方的分行或代理行向进口方收取货款的一种结算方式，包括 D/P（付款交单）与 D/A（承兑交单）。托收有利于买方，费用低、风险小。

3. 信用证

信用证是指银行根据进口方（买方）的请求，开给出口方（卖方）的一种保证承担支付货款责任的书面凭证。在信用证内，银行授权出口方在符合信用证所规定的条件下，以该行或其指定的银行为付款人，开具不得超过规定金额的汇票，并按规定随附装运单据，按期在指定地点收取货款。由于有开证银行自身信用担保，卖方的风险会降低很多。

二、线上支付工具

1. Payoneer

Payoneer 俗称 P 卡，成立于 2005 年，总部设在美国纽约，是万事达卡组织授权的具有发卡资格的机构，为支付人群分布广而多的联盟提供简单、安全、快捷的转款服务。数千家联盟以及数百万收款人的加入，使得 Payoneer 已成为支付行业的领先者。Payoneer 的合作伙伴涉及领域众多，并已将服务拓展到全球 210 多个国家或地区。Payoneer 卡的存在极大地方便了自由职业者以及外贸人士的生意往来，是很多人境外收款的必备工具。

Payoneer 目前是亚马逊唯一收款类官方合作伙伴，有美元、欧元和英镑三种币种的账户，日元收款服务即将上线。它让跨境卖家直接收款至自己的 Payoneer 账户；在资金入账后可立即以人民币提款至本地银行，或通过 Payoneer 预付万事达卡全球消费或取现。各币种均支持多平台店铺，个人和公司身份均可申请。另外，Payoneer 现在分有卡账户和无卡账户两种，有卡账户管理费每年 29.95 美元，无卡账户则不需要年费，Payoneer 转账无汇损，提现到境内需 1~3 个工作日，结汇无限制。Payoneer 适合单笔资金额度小但是用户群分布广的跨境电商网站或卖家。

Payoneer 与亚马逊合作，为亚马逊货币转换器不支持地区开户的账户提供收款服务，并且可以在美国平台和欧洲平台使用。例如，在美国平台上营销但没有美国和欧洲银行账户的中国卖家，可以通过在中国开户的银行账号，收到亚马逊的货款。Payoneer 账号注册可以通过访问官方网站进入主页进行注册，如图 7-5 所示。点击如图 7-5 所示右上角“注册”按钮后进入注册页面，如图 7-6 所示。按页面提示输入个人真实信息即可完成用户注册。

图 7-5 Payoneer 用户注册页面

图 7-6 Payoneer 用户注册信息录入

Payoneer 有如下优点。

（1）便捷。凭中华人民共和国居民身份证即可完成 Payoneer 账户的在线注册，并可自动绑定美国银行账户和欧洲银行账户。

（2）合规。可接收欧美地区公司的付款，并通过 Payoneer 和中国支付公司的合作完成线上的外汇申报和结汇，这样可避开每年 5 万美元的个人结汇额度限制。

（3）安全。对于欧美地区用户的入账，可在提供一定文件的基础上为卖家进行审核并提供全额担保服务。

2. 万里汇

万里汇（World First），俗称 F 卡，蚂蚁集团旗下品牌，2004 年成立于英国伦敦，一直致力于为全球中小微跨境电商和外贸 B2B 企业提供跨境收付兑服务。2019 年加入蚂蚁集团后，万里汇依托跨境金融领域的全球生态合作网络、境内外持牌机构，为跨境电商和外贸 B2B 客户提供一站式跨境收款和支付产品解决方案，助力跨境卖家更好地出海远航。万里汇在英国、美国、澳大利亚、新加坡、中国设立办事处，提供 24 小时中文电话服务。自 2004 年起，万里汇通过提供比传统银行更有针对性的专业服务，成功为 100000 名个人和企业客户兑换过 600 亿英镑。通过专业及个性化的服务以及定制科技，万里汇的企业和电子商贸部门帮助中小企业及跨境卖家在国际市场上拓展业务。对面向美元、英镑和欧元区（如德国、法国、西班牙和意大利）市场销售货物的中国卖家，万里汇可分别提供美元、英镑和欧元账户。提现时，万里汇会将款项自行打到卖家绑定的法人私人账户或者对公银行账户里。

个人或企业身份均可申请万里汇账户，个人账户与企业账户享有完全同级别的功能。一个万里汇账户可支持多个亚马逊店铺。例如，卖家有 5 个美国亚马逊店铺，那么可以将这些店铺的链接提供给万里汇，就可以开通 5 个子账户分别接收不同店铺的款项。同时收到的款项可以转换为任何货币提到中国香港或内地，且没有 5 万美元的外汇管制。万里汇作为一个外汇公司，可以在货币转换的过程中提供高于市场价的汇率。

万里汇收费标准如下。

无年费，没有提款额度限制。

新客户：若卖家在 2019 年 7 月 2 日前，未成功开立万里汇账户，则自 2019 年 7 月 2 日起，成功开立万里汇账户，每笔提现交易都将享受 0.3%费率。

老客户：若卖家在 2019 年 7 月 2 日前，已拥有万里汇账户，则系统将考察卖家 2018 年 6 月 1 日至 2019 年 5 月 31 日这一年观察期内的月平均交易量情况，为其自动调整活动生效后的优惠费率。

美元账户：一次性转款 1000 美元以下每笔 30 美元；1000 美元以上免手续费。

英镑账户：一次性转款 500 英镑以下每笔 10 英镑；500 英镑以上免手续费。

欧元账户：一次性转款 500 欧元以下每笔 10 欧元；500 欧元以上免手续费。

加元账户：一次性转款 1000 加元以下每笔 30 加元；1000 加元以上免手续费。

汇损：每次转款汇损在 1%~2.5%，月流水超过 50 万美元，可获最低汇损 1%~1.5%。

万里汇的官网主页如图 7-7 所示。

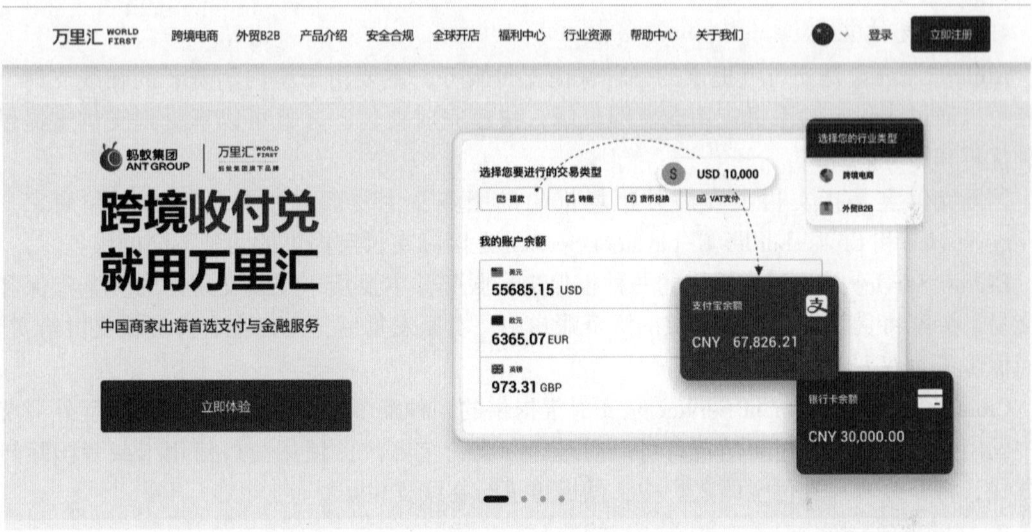

图 7-7 万里汇官网主页

3. PingPong

2015 年 3 月，国务院批准杭州成立中国（杭州）跨境电子商务综合试验区后，筹备 2 年、拥有“中国血统、美国背景”的跨境支付平台 PingPong 顺势在杭州应运而生，并同时在美国开设了分部。目前，使用 PingPong 进行收款的亚马逊卖家在杭州、深圳、广州、上海、江苏都有分部。PingPong 在中国按照中国人民银行和国家外汇管理局的监管要求开展业务，符合我国清算业务的监管要求。PingPong 在美国取得美国 FinCEN（美国金融犯罪执法局）签发的货币服务企业执照，按照美国金融机构标准接受监管，业务方案经过合作商业银行从中国总部到境外机构的多重合规检验。同时 PingPong 按照国际支付行业的高标准建立了反洗钱及反恐融资合规体系，对用户及最终受益人进行严格的身份认证和尽职调查，认证用户的银行信息和收集详细的交易信息，以监控和防范洗钱或其他金融犯罪行为。因此，PingPong 既能够保障卖家亚马逊境外收款账号的安全，同时也能保障从银行收款到资金回国的整个系统安全可靠。PingPong 的官网主页如图 7-8 所示。

图 7-8　PingPong 官网主页

4. 国际支付宝

Alipay Express 是支付宝提供的一种快捷支付服务，主要用于境内消费者的在线支付。消费者可以通过支付宝的手机应用或者网页版，快速完成支付，并且可以享受到支付宝提供的各种优惠和服务。

国际支付宝是指支付宝在海外市场推出的服务，主要面向境外的消费者和商家。而 Escrow Service 和 Cross-border E-payment Service 是国际支付宝提供的两种不同的服务。

Escrow Service 是支付宝提供的一种担保交易服务，主要用于在线交易中的资金担保和安全交易。买家将货款支付到支付宝的资金账户中，卖家发货后，支付宝会将货款支付给卖家，从而保障买卖双方的利益。

Cross-border E-payment Service 是支付宝提供的一种跨境支付服务，主要用于境外消费者在中国境内购物时的支付。消费者可以通过国际支付宝账户，使用海外信用卡或者国际转账等方式，将资金转入支付宝的账户中，然后再进行在线支付。

实操练习

1. 访问 Payoneer、万里汇 、PingPong 官网，体验账号注册所需条件与操作流程。
2. 研究分析几种不同支付工具的各自特点、相关收费情况及注意事项。
3. 形成小组实践报告。

实训三　主流跨境电商平台的结算方式

任务描述

随着跨境电商的迅速发展，跨境电商已经成为全球经济的重要组成部分，各个国家消费者积极参与跨境消费中，但是由于各个国家经济发展水平、消费者购买行为习惯不同，导致各个国家选择的平台不同。本实训基于各个区域跨境电商主流平台不同，帮助 AAA 有限公司确定目标市场并选择最便捷的支付工具。

实训目标

通过市场调研，确定目标市场并选择相应的支付方式。

实训要求

学生分为若干小组，组内分工协作，对亚马逊、全球速卖通、Wish、Shopee 四大平台以及跨境电商消费者的支付方式与平台进行学习调研，了解四大平台消费者支付偏好，根据消费者偏好确定支付方案，小组内讨论交流并形成总结报告。

实训成果

经过调研讨论确定公司在四大平台中支付方式的选择方案。

由于各个国家经济发展水平和消费者购买行为习惯的差异性，导致各个国家选择的跨境电商平台和支持的支付工具不同。本实训主要对亚马逊、全球速卖通、Wish、Shopee 等主流跨境电商平台的结算方式进行学习和训练。

一、亚马逊平台结算方式

亚马逊平台目前支持的主流收款方式有三种：官方提供的亚马逊全球收款、海外有效银行账户以及亚马逊支持的第三方跨境支付平台账户。

（1）亚马逊全球收款是亚马逊官方提供的一种收款服务，可以让卖家在不同国家和地区的亚马逊站点上销售商品，并将收入转换为本地货币存入卖家的银行账户。这种方式的优点是方便快捷，缺点是费用较高，包括转换费、提现费和汇率损失等。

（2）海外有效银行账户是指卖家在海外开设的银行账户，可以直接接收亚马逊站点的收入。这种方式的优点是费用较低，缺点是开户难度较大，需要注册海外公司、税号等，并且可能面临海外银行机构的监管。

（3）第三方跨境支付平台账户是指卖家通过与亚马逊合作的第三方支付服务商来接收和提现亚马逊站点的收入。这种方式的优点是开户简单，支持多种币种和多个平台，缺点是费用不一，需要根据不同的服务商和不同的条件来选择。常见的第三方跨境支付平台有：Payoneer、万里汇、Currencies Direct（俗称 CD 卡）、PingPong、DTAS（帝塔思）、Skyee（收款易）、LianLian Pay（连连支付）等。每个平台都有自己的特点和优势，卖家可以根据自己的需求和偏好来选择。

亚马逊所有站点的结算时间都是一样的。一般来说，亚马逊会在卖家注册平台 14 天后，向卖家银行账户存入卖家的销售收入。随后，结算流程每隔 14 天重复一次。但是，亚马逊会保留一部分预留金额作为风险控制，这部分金额会在满足一定条件后释放给卖家。万里汇、Payoneer、PingPong 对比如表 7-1 所示。

表 7-1 亚马逊的几种收款方式比较

项目	名称		
	万里汇	Payoneer	PingPong
申请资质	个人/公司身份均可申请	个人/公司身份均可申请	公司身份可申请，通过公司主体账号为该公司下面的其余个人店铺开设账号，不支持没有公司营业执照的个人独立申请账号

续表

项目	名称		
	万里汇	Payoneer	PingPong
安全性	老牌支付公司，接受美国、英国政府，以及我国香港特别行政区政府监管，安全有保障	亚马逊官方推荐，安全、快速。老牌支付公司，接受美国、欧洲政府监管。持有 MSB US（美国货币服务业务许可证）以及 E-Money License（金融监管牌照），人民币结汇还受中国国家外汇管理局监控，也是亚马逊官方推荐的安全收款方式	接受 FinCEN 监管，受中国和美国政府监管，作为国内本土企业也得到了当地政府的支持，美元账号由中国四大银行在美国的支行签发
手续费 到账时效	汇损费用（唯一收费）1%～2.5%，无开户费，无管理费，无年费，T+1（隔天到账）	有卡账户有卡片管理费 29.95 美元/年，无卡账户免管理费。美国初始账户入账收 1%，银行转款转出时收 2%，无汇损，无结汇限制。欧元、英镑账户入账免费，只有使用银行转款到当地时收取 2%，无汇损。按照累积入账金额系统自动给予手续费永久优惠，最低只需要 1%。官方告知：2～5 个工作日到账，普遍 1～3 个工作日到账，最快当日到账	无入账费、管理费，所有客户每笔提款收取 1%手续费，无汇损及其他费用，正常 1～3 个工作日到账，最快当日到账
开户费用	免费申请	免费申请	免费申请
卡的性质	后台在线账户管理，有独立客户经理管理账户	后台在线账户管理，有卡账户配套万事达美国银行卡	后台网银账号
亚马逊 账号绑定	可绑定多个亚马逊账号	可绑定多个亚马逊账号	可绑定多个亚马逊账号
提款方式	自行汇至卖家绑定的法人私人账户或者对公银行卡	ATM 取现+网上自助转款	网上自助转款到对公账户或法人的私人账户

课堂讨论

你都了解哪些支付平台？

二、全球速卖通平台结算方式

全球速卖通平台目前支持的主流收款方式有两种：信用卡结算和本土支付。

（1）信用卡结算。信用卡分为人民币通道和美元通道，买家可以使用 Visa 及 Master Card 对订单进行支付，如果买家使用此方式进行支付，平台将会将订单款项按照买家付款当日的汇率结算成人民币或美元支付给卖家。

（2）本土支付。本土支付方式包括了各个国家或地区的特定的支付工具，如俄罗斯的 Qiwi Wallet 和 WebMoney、巴西的 Boleto 等。

除了信用卡结算和本土支付方式，全球速卖通平台还支持一些其他的支付方式，如 T/T 银行汇款、西联汇款、Moneybookers 等，这些方式一般适用于大额交易或特殊情况。

不管使用哪种支付方式，全球速卖通平台都会将收款存入卖家的支付宝国际账户，卖家可以在“交易—资金账户管理—支付宝国际账户—我的账户”里核对款项并提现。

全球速卖通平台的打款周期一般是 14 天左右一次，全球速卖通会在卖家注册平台 14 天后，向卖家银行账户存入卖家的销售收入。随后，结算流程每隔 14 天重复一次。

但是，全球速卖通平台会保留一部分预留金额作为风险控制，这部分金额会在满足一定条件后释放给卖家。具体预留金额多少，视相关政策而定。全球速卖通常见的支付方式如表 7-2 所示。

表 7-2 全球速卖通常见的支付方式

支付方式	主要流通国别	特点
信用卡（Visa/MasterCard）	全球流通，全球速卖通主流的支付方式	开通 3D 密码
借记卡	全球流通	—
T/T 银行汇款	全球流通，全球速卖通用得很少	大额交易较为方便
Moneybookers	欧洲主流的支付方式	在线支付
Boleto	巴西主流的支付方式	在线支付，支付限额 1~1000 美元
Qiwi Wallet	俄罗斯主流的支付方式	地位相当于支付宝，支持西联汇款
WebMoney	俄罗斯	—

三、Wish 平台结算方式

Wish 平台目前支持的收款方式有六种：联动支付（UMPAY）、易联支付（PayEco）、AliPay、Payoneer、PayPal 和 PingPong。

（1）联动支付是直达中国账户的收款方式，手续费为 1%或更低，不收取货币兑换费用，汇率以联动支付合作银行实时汇率为准，5~7 个工作日内将款项转入卖家的银行账户。

（2）易联支付是直达中国账户的收款方式，手续费为 1%或更低，5~7 个工作日内将款项转入卖家的银行账户，每月 1 日和 15 日向卖家支付款项。

（3）AliPay 是直达中国账户的收款方式，手续费为 0.8%，5~7 个工作日内将款项转入卖家的银行账户，货币兑换时没有额外费用，汇率以合作银行（平安银行）的公开汇率为准。

（4）Payoneer 是以美元为单位转入卖家的 Payoneer 账户的收款方式，手续费根据卖家所在地区和提款金额而定，可从 Payoneer 账户中提款至本地银行账户（如人民币账户、欧元账户等），每月 1 日和 15 日向卖家支付款项。

（5）PayPal 是以美元为单位转入卖家的 PayPal 账户的收款方式，手续费为 0.1%，5~7 个工作日内将款项转入卖家的银行账户，仅适用于本地货币代码为 USD 的商户。

（6）PingPong 是直达中国账户的收款方式，手续费为 1%或更低，没有隐性费用，6 个工作日内将款项转入卖家的银行账户，根据提款金额进行收费。

四、Shopee 平台结算方式

Shopee 平台支持两种结算方式：货到付款和在线支付。

（1）货到付款是指卖家先把货物发出去，买家在收到货物时现场支付给快递员，然后快递员将款项转交给 Shopee 平台，卖家可以在 Shopee 平台上提交结算申请，由 Shopee 平台审核通过后，将支付给卖家货款。

（2）在线支付是指买家在下单时通过 Shopee 平台提供的支付渠道（如信用卡、本土支付方式、PayPal 等）进行支付，Shopee 平台会将款项托管，等待卖家发货、买家确认收货后，将款项打入卖家绑定的第三方收款账户（如 Payoneer、PingPong、LianLian Pay 等）。

Shopee 平台的打款周期一般是每月两次，分别是月初和月中，打款金额为打款日期前两周内已完成的订单。

需要注意的是 Shopee 平台除了新加坡站点用新加坡元结算，其他站点都用美元结算。

实操练习

1. 访问亚马逊、全球速卖通、Wish、Shopee 平台官网，了解每个平台支付与结算的详细条款。

2. 对比以上跨境电商平台不同支付结算方式的各自特点、相关收费情况及注意事项。

项目总结

通过本项目的学习与训练，我们对跨境电商中常用的支付方式有了全面的认识，掌握了跨境电商支付、结算的背景与基本流程，了解了不同国家和地区跨境电商支付方式、主流跨境电商平台采用的支付工具与结算方式，为公司的跨境电商支付与结算方式业务做了充分的准备。

巩固练习

一、单选题

1. PingPong 是（　　）的跨境电商支付平台。

A. 美国　　B. 英国　　C. 印度　　D. 中国

2. 网银在线属于（　　）跨境电商支付企业类型。

A. 传统银行业拓宽产品　　B. 专业第三方支付企业

C. 社交媒体　　D. 互联网企业从事跨境支付业务

3. 以下（　　）支付方式不属于亚马逊平台的常用的第三方支付。

A. PayPal　　B. 万里汇　　C. Payoneer　　D. PingPong

二、多选题

1. PayPal 平台的优势包括（　　）。

A. 安全　　B. 高效　　C. 费用低　　D. 操作简单

2. Payoneer 平台的优势包括（　　）。

A. 合规　　B. 费用低　　C. 操作简单　　D. 可收美金

三、判断题

1. 亚马逊美国站，用 Payoneer 的美元账户来收款，入账到 Payoneer 的是美元，费用是1%，再提现美元到国内是人民币，费用是 2%。（　　）

2. PayPal 收付双方必须都是 PayPal 用户，以此形成闭环交易，风控好。（　　）

四、简答题

1. 网银转账与银行电汇有哪些区别？

2. 什么是第三方支付机构？

3. 什么是非金融机构支付服务？它包含哪些方面的内容？

【拓展阅读】

数字人民币跨境试点将迎来新探索

新华社北京 2 月 1 日电（吴雨、陈佳媛）记者了解到，中国人民银行数字货币研究所与香港金融管理局将进一步深化数字人民币跨境试点合作，探索基于数字人民币的个人小额跨境汇款服务等，为内地和香港居民企业带来更多便利。

据介绍，在中国人民银行的指导下，中国人民银行数字货币研究所与香港金融管理局于 2020 年年底启动数字人民币跨境支付试点项目，涵盖香港用户兑换数字人民币、数字人民币钱包在两地线下线上商家消费支付等数字人民币使用场景。近日，中国人民银行和香港金融管理局推出深化内地和香港金融合作的六项举措，其中明确提出深化数字人民币跨境试点。

记者了解到，在前期测试和验证基础上，中国人民银行数字货币研究所与香港金融管理局将进一步深化试点合作。在前期参与验证机构的基础上，数字人民币跨境试点近期将引入更多参与运营机构及香港本地银行。目前相关机构已基本完成准备，将分批次面向公众提供服务。

在拓宽服务主体和场景方面，中国人民银行数字货币研究所相关人士介绍，将进一步便利香港居民开通和使用数字人民币钱包，丰富香港居民可使用的数字人民币钱包功能。同时，探索基于数字人民币的个人小额跨境汇款服务，提升汇款服务效率。此外，发挥数字人民币硬钱包和智能化服务优势，提供更加符合香港居民习惯的产品服务和使用体验。

中国人民银行数字货币研究所表示，将推进数字人民币和香港本地支付条码互通工作，充分复用现有受理环境资源，降低商户系统改造和投入成本，拓宽香港地区受理商户范围。在跨境电商、缴纳学费等重点场景，有序推动两地线上平台开通数字人民币支付方式。

项目八 跨境电商订单处理与客户服务

知识目标

1. 了解跨境电商平台的订单处理流程。
2. 熟悉跨境电商货物的包装步骤与注意事项。
3. 熟悉跨境电商客服的工作范畴。
4. 掌握跨境电商售前、售中、售后服务的内容要点。

能力塑造

1. 场景化描述跨境电商的交易与订单处理流程。
2. 能及时处理境外买家的订单。
3. 能够按照跨境电商服务技巧和能力要求完成客服策划工作。
4. 具备良好的跨文化交际能力，能够完成跨境电商售前服务工作。
5. 能够借助站内信、平台交流工具提供售中沟通与服务。
6. 能熟练应用平台规则，有效处理客户纠纷。

素质培养

1. 具备严谨、规范、主动学习的工作作风。
2. 具备踏实、严谨的劳动精神。
3. 具备岗位分工的责任意识与团队协作精神。
4. 具备终身学习的意识。

商务情景导入

随着 AAA 有限公司跨境电商业务逐步走向正轨，公司运营团队成员都希望在跨境电商销售旺季取得更好的销售业绩，为此他们优化了产品详情页。一段时间以后，上架产品的搜索量排名靠前，访客数量也增加了很多，但是真正下单付费的用户很少，而且与以往相比订单的数量还有下降趋势，公司运营主管通过查看客服人员与客户的邮件内容，以及买家评价反馈，找到了问题所在。接下来运营总监将从跨境电商订单处理与客户服务的售前、售中、售后等环节优化客服工作流程，提高客户满意度。

实训一 跨境电商订单处理

任务描述

店铺在收到买家订单后，AAA 有限公司电子商务部主管决定亲自处理这一笔订单。按照买家的要求，他要选择合适的物流，对产品进行运输包装，处理跨境电商物流单据，这些工作都要在平台规定的截止时间内高质量地完成。

实训目标

通过学习研讨与实操训练，掌握跨境电商的订单处理流程、跨境货物的包装步骤、跨境产品的发货流程等知识与技能。

实训要求

学生分为若干小组，完成本实训涉及的跨境电商理论知识的集中学习；组内分工协作，完成跨境电商订单的处理，并了解不同平台的订单处理特点及规则，小组内讨论交流并形成总结报告。

实训成果

1. 总结知识学习提纲。
2. 撰写跨境电商平台订单处理报告，包括平台规则、订单处理流程等内容。
3. 列出团队待解决问题清单。

卖家在处理订单时要遵循平台订单处理的流程，对产品进行必要的包装处理，并选择相应的跨境电商物流公司做好发货工作。

一、订单处理的流程

买家在跨境电商平台选择要购买的产品并下订单、付完款并且该订单通过平台确认后，该订单就进入需要卖家进行订单处理的流程。卖家在接到新订单消息通知后要做的第一件事是进行订单的确认，向买家确认购买的是什么产品，是否有库存，如果可以供货，接下来要确认买家的收货地址、物流方式等信息的准确性，确认无误后就可以进行下一步的发货工作；如果不巧遇到缺货的情况，要及时和买家进行沟通。发货前卖家需要对产品进行包装，确保产品不会在运输过程中出现破损等问题，在运输前和运输后都要与物流公司充分沟通，密切关注运输过程中可能出现的风险。订单处理流程如图 8-1 所示。

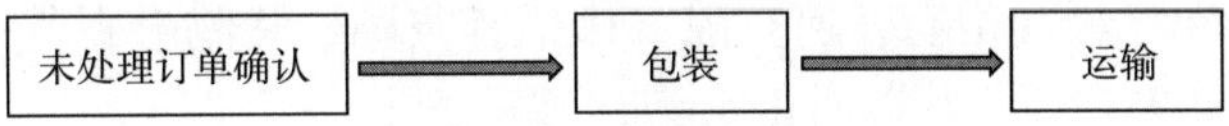

图 8-1　订单处理流程

课堂讨论

跨境电商订单处理过程中应该注意的问题有哪些？

二、跨境货物的包装

跨境货物的包装是很讲究技巧的，一个好的包装能保证产品在到达买家手中时完好无损。让买家有一个良好的购物体验非常重要，但跨境电商交易过程中的货物国际运输时间短则一星期，长则超过一个月，因此，只有把货物包装得非常牢固，它才能抵御长途运输中的挤压颠簸及各种不可抗力。

1. 跨境货物包装的步骤

一般情况下，跨境货物的包装主要包含以下 4 个步骤。

（1）包装的选择。为了保障产品能完好地运达目的地，挑选合适的箱子非常重要，可以试着用不同的方式将货物装箱。包装箱的体积直接影响运费的计价，如果选择的包装箱尺寸过大会造成较高的运费，同时还会增加箱内填充物的成本，造成不必要的浪费，大小合适的箱子可以减少货物与箱子之间的碰撞。如果订单有多件货物，则要把每件货物分开放置，为每件货物都准备充足的缓冲材料。而且还要注意填充材料的选择，不能在箱子里随意塞一些废旧报纸或者塑料袋，而是应该使用气泡膜或者充气袋等专业的包装材料，使买家有一个良好的购买体验。还需要注意的是，颗粒缓冲材料可能会在运输过程中移动，所以使用颗粒缓冲材料时一定要将它压紧、压实。

（2）打包。打包时最好使用一个新的坚固的箱子，并使用专门的包装材料把空隙填满，但不要让箱子鼓起来。如果是旧箱子，则要把以前的标签移除，而且一个旧箱子的承重力是会打折扣的，卖家要确保箱子足够牢固。

（3）封装。一定要用宽大的胶带（封箱带）来封装货物，不要用玻璃胶。以十字交叉的方式用胶带把包装拉紧，胶带宽度至少为 6 厘米。

（4）打印并粘贴物流面单。以 PDF 文件格式生成面单并打印，目前主流的方式是使用 100 毫米×100 毫米的热敏纸标签打印。打印好面单后将它贴在打包好的货物上面，防止面单在国际运输中由于被淋湿而遭到破坏。

2. 包装跨境货物时的注意事项

包装跨境货物时要注意的问题有很多，例如，选择合适的箱子、优质的包装材料，包装时不能留有空隙等，具体事项如下。

（1）跨境运输中应避免使用太大或表面有印刷物的箱子。箱子过大，货物可能在运输中过程中晃动；而箱子太花哨，则显得不专业。

（2）避免使用坏的箱子，货物可能会因此在运输中受损。同理，不要使用容易变形和不牢固的箱子。

（3）避免使用劣质的包装材料，不要将碎纸机里的废纸或其他劣质的材料用来填充箱子里的空隙，如果包装材料质量不好，则无法起到缓冲的功效。

（4）避免在箱子和货物间留有任何空隙，如果有空隙，货物会在其中晃动，使得空隙越来越大，让缓冲材料失去功效，货物可能会因此破损。

（5）避免使用任何形状奇怪的包装。例如，使用圆筒状的包装盒子或袋子，货物可能会在运输中滚落出卡车或集装箱。形状奇特的盒子或袋子可能会在运输中给货物带来不必要的麻烦。

（6）避免使用信封寄送价值较高或易碎的货物。实践证明，使用信封寄送货物，货物可能会被卡在信件分拣机里，而且货物不能受到任何有效的保护。

（7）地址应当打印出来并确保详细、准确，不要使用铅笔、水笔书写地址，因为书写内容可能会在运输过程中变得模糊不清。

三、跨境产品发货

跨境产品发货的流程如下。

1. 接受订单

卖家需要每天查看店铺的新增订单情况，并确认订单的具体内容，根据寄往的目的地不同预估运费。卖家应注意各个订单是新订单还是待付款订单，如果是待付款订单，可以写一封提醒付款的邮件发给买家。

2. 查看库存

卖家应该根据买家的新订单检查产品的库存情况，如果库存不足，有工厂的卖家需要抓紧生产；如果产品来源于淘宝或者阿里巴巴批发网等渠道，那么卖家需要联系批发商调货。卖家需要定期对店铺中产品的库存情况进行盘点，以防出现有订单但没有库存，进而导致无法发货的情况。

3. 选择合适的物流并及时发货

卖家应根据订单的具体内容、目的地，结合不同的物流公司的报价，选择最适合这笔订单的物流模式。发货完成以后，卖家应该在后台填写发货通知，并且给买家发站内信，告知该订单已发货。

4. 批量发货操作流程——以敦煌网为例

（1）登录官网—交易—在线发货—批量发货—查询订单（可发 10 单及以下单量），如图 8-2 所示。

- 订单状态：可以筛选交易订单是待发货、部分发货或者默认“全部”。
- 下单时间：可以选择交易订单的时间范围。
- 收货地：根据实际填写或者默认“全部”。
- 买家选择物流：根据实际填写或者默认“全部”。
- 选择发货物流：选择线上可支持的物流渠道（注意：批量发货是同一物流渠道）。
- 不含已申请发货的订单：打钩（已申请发货的订单是指已经回填了运单号的订单。如果之前有订单没有选择立即回填或者有后置运单的物流渠道的单还没有回填运单号，如果不勾选此项，那么这些还没有回填运单号的订单会再次出现在搜索结果中。如果勾选此项，那么就不会出现在搜索结果中）。

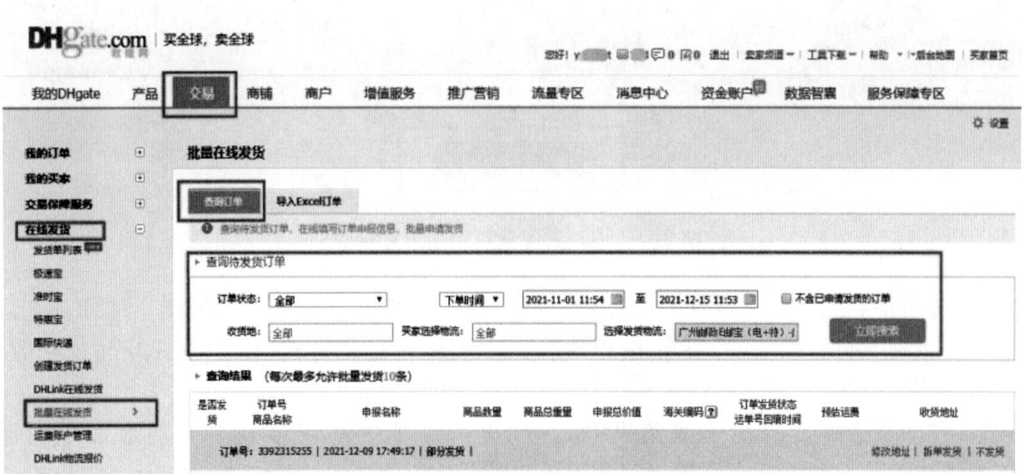

图 8-2　查询订单

（2）选择完以上各项后，点击“立即搜索”，搜索结果会显示在页面下方，如图 8-3 所示。

图 8-3　订单查询结果

（3）选择要发货的订单并填写相应信息及核对信息无误，如图 8-4 所示。

图 8-4　填写要发货订单信息并核对

（4）核对信息无误后，点击“下一步”进入下一个页面，如 8-5 图所示。选择“交运方式”“选择运费支付方式”，然后单击“下一步”，显示批量发货成功，并显示申请成功数量，如图 8-6 所示。

（5）打印货运标签（面单或条码单），点击“管理发货单”，选择要打印面单的订单（在订单号前面的方框里打钩，批量打印面单目前最多只支持 20 单）进行打印，如图 8-7 所示。最后将物流面单贴到相应的包裹上，自寄自送交货给仓库或者联系仓库人员揽收。

图 8-5　交运方式与运费支付方式选择

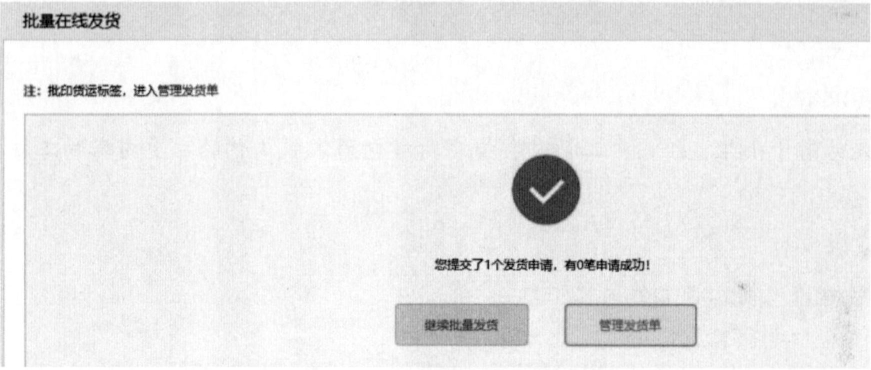

图 8-6　批量在线发货

图 8-7　打印物流面单

课堂讨论

1. 在卖家后台看到的订单状态有哪些?
2. 当看到买家没付款的订单时应如何处理?
3. 卖家在接受买家订单和发货后怎样做能提高客户满意度?

实训二 初识跨境电商客户服务

任务描述

随着互联网技术的广泛应用，越来越多的外贸订单逐渐转向碎片化，为此跨境电商企业对在线服务人员的需求也不断增加。作为跨境电商平台工作的重要组成部分，跨境电商客服不仅要为客户提供咨询服务、售后服务，还承担着店铺的后台管理、引导客户、促进销售等职能，为此明确客服的工作范畴、工作技巧十分重要。

实训目标

通过实操训练，熟悉跨境电商客服的工作内容和工作技巧。

实训要求

学生分为若干小组，组内分工协作，梳理跨境电商客服工作的主要内容和工作技巧。

实训成果

1. 完成跨境电商客服工作内容工单。
2. 绘制跨境电商客服沟通技巧思维导图。

由于跨境电商业务涉及环节多、时间跨度长，可能出现的问题也就随之增多，所以卖家在业务流程的各环节与买家保持良好的沟通就特别重要。本实训主要从跨境电商客服的工作内容、意义、必备的技能与技巧四个方面展开学习和训练。

一、认识跨境电商客服工作

随着全球化和互联网技术的快速发展，跨境电商已经成为一个重要的商业领域。在这个充满机遇与挑战的环境中，跨境电商客服扮演着至关重要的角色。他们是企业与消费者之间的桥梁，负责解决客户问题、提供优质服务，并为企业创造价值。

1. 跨境电商客服的概念

跨境电商客服是指跨境电商平台上的客户服务团队，主要负责与来自不同国家和地区的买家进行沟通和交流，解答问题，处理投诉，提供售后服务等。跨境电商客服需要具备多语言能力、跨文化沟通能力、专业的销售技巧和客户服务意识等，以便能够更好地满足客户需求，提高客户满意度和忠诚度。

2. 跨境电商客服的工作内容

跨境电商客服工作的工作内容主要包含5个部分，即售前咨询服务、售中订单处理服务、售后服务、客户关系维护、市场调研。

（1）售前咨询服务，即回答客户关于产品、运营、付款等方面的问题，为客户提供详细的购物指南。具体包括：

①产品信息咨询。客户通常会向客服人员咨询产品的详细信息，包括产品尺寸、材质、功能等。客服人员需要能够清晰地回答客户的问题，提供准确的产品信息。客服人员需要熟悉产品信息和特点，了解不同产品之间的差异，以便能够准确地回答客户的问题。如果客户对产品有任何疑问或需要进一步的解释，客服人员需要及时回复并提供帮助。

②运输和配送咨询。客户通常会向客服人员咨询产品的运输和配送方式、时间、费用等相关信息。客服人员需要能够清晰地回答客户的问题，提供准确的运输和配送信息。客服人员需要了解运输和配送流程和相关政策，以便能够准确地回答客户的问题。如果客户对运输和配送方式有任何疑问或需要进一步的解释，客服人员需要及时回复并提供帮助。

③支付方式咨询。客户通常会向客服人员咨询支付方式、安全保障等相关信息。客服人员需要能够清晰地回答客户的问题，提供准确的支付方式信息。客服人员需要了解不同支付方式的流程和特点，以便能够准确地回答客户的问题。如果客户对支付方式有任何疑问或需要进一步的解释，客服人员需要及时回复并提供帮助。

④退换货政策咨询。客户通常会向客服人员咨询退换货政策的相关信息，包括退换货的条件、流程、时间等。客服人员需要能够清晰地回答客户的问题，提供准确的退换货政策信息。客服人员需要了解公司的退换货政策和实践操作，以便能够准确地回答客户的问题。如果客户对退换货政策有任何疑问或需要进一步的解释，客服人员需要及时回复并提供帮助。

跨境电商售前咨询是客服工作中非常重要的一部分，客服人员需要具备专业的技能和知识，以及良好的沟通技巧和服务意识，以便能够为客户提供优质的服务，提高客户满意度和忠诚度。

（2）售中订单处理服务，即处理客户的订单，包括确认订单、发货、跟踪物流等，确保客户能够顺利收到商品。具体包括：

①确认订单。客服人员需要确认客户的订单信息，包括产品名称、数量、规格、价格等，确保订单的准确性。

②发货。客服人员需要按照客户的要求进行发货，确保货物能够及时准确地送达客户手中。

③跟踪物流。客服人员需要跟踪物流信息，及时更新订单状态，确保客户能够随时了解订单的运输情况。

（3）售后服务，即为客户提供优质的售后服务，如退换货、退款、维修等，解决客户的问题和投诉。具体包括：

①商品质量问题的处理。如果客户购买的产品存在质量问题，客服人员应该尽快处理并解决。客服人员可以通过退换货、维修等方式解决质量问题，确保客服人员的权益得到保障。在处理质量问题时，客服人员需要认真了解相关法律法规和平台规定，确保自己的解决方案合法、规范、有保障。

②退货、换货、维修服务。跨境电商售后服务中，退货、换货、维修等服务是常见的售后问题。客服人员应该明确公司的退换货政策和退款政策，并在销售过程中向客户清晰地说明。在处理这些售后问题时，客服人员需要与客户保持及时、有效的沟通，确保问题能够得

到快速解决。

③保持及时的沟通。在跨境电商中，及时的沟通可以帮助客户减少一些担忧。售前，客服人员需要与客户保持及时的沟通，说明产品运输时间表、意外损失的情况、是否可以退货等相关问题。在售后过程中，客服人员也需要及时与客户联系，了解客户的问题，并进行解决。良好的沟通可以增强客户的信任感和忠诚度。

（4）客户关系维护，即通过良好的客户服务，建立和维护良好的客户关系，提高客户满意度和忠诚度。具体包括：

①收集客户资料，建立客户数据库。这包括收集老客户的信息，如客户 ID、客户邮箱、订单金额、产品信息、收货地址、国家、联系电话等，并整理成数据库。如果要对客户做进一步挖掘，还需要收集更多的客户隐性信息，如客户的兴趣、爱好和对哪类产品感兴趣。这样可以为后续的个性化服务提供数据支持。

②通过各种方式与客户保持沟通和互动。这包括回复客户的邮件、电话咨询、短信提醒等，尽可能地了解客户的需求和反馈，为客户提供优质的服务和解决方案。客服人员需要尽快回复客户的问题，并尽可能地提供详细的解答和解决方案。这可以增强客户的信任感和忠诚度。定期回访客户，了解客户的使用情况、满意度和需求，及时解决客户的问题，提高客户的满意度和忠诚度。

③建立良好的信任关系。通过提供高质量的产品、专业的服务和及时的响应，赢得客户的信任和忠诚度。

④建立完善的客户服务体系，提高客户服务质量和效率。这包括提高客户服务团队的语言能力、沟通技巧、专业知识等方面，为客户提供更好的服务和解决方案。

⑤积极处理客户投诉和退换货问题。对于客户投诉，客服人员需要及时沟通，了解问题所在，并尽快解决；对于退换货问题，客服人员需要按照公司政策和流程，积极处理客户的退换货申请，确保客户的权益。

⑥积极收集客户反馈。将有价值的信息反馈给相关部门，以改进产品和服务。这样可以不断提高客户的满意度和忠诚度。

（5）市场调研，即了解客户需求和市场趋势，为公司的产品和服务提供改进和优化建议。具体包括：通过收集和分析市场数据，了解当前市场的发展趋势，包括客户需求、竞争对手情况、行业动态等。确定营销策略和产品定位，以便更好地满足客户的需求。对收集到的数据进行清洗、整理和分析，以发现市场趋势和客户需求。根据分析结果，制定针对产品和服务改进的建议，以及针对营销策略的调整建议。

课堂讨论

你觉得跨境电商客户服务工作重要吗？为什么？

二、跨境电商客户服务的意义

随着跨境电商行业的竞争越来越激烈，高质量的客户服务越来越重要。好的客户服务能够提高客户的满意度和忠诚度，促进订单的达成。

1. 提高成交率

客服人员可以提供专业的解答和帮助，解决客户对产品的疑虑和问题，提高客户对产品的信任度和购买意愿。客服人员可以根据客户的需求和偏好，提供定制化的服务和建议，增加客户的满意度和忠诚度，从而提高客户的复购率和推荐率。客服人员以其专业的解答和服务，建立与客户之间的信任关系，提高客户对产品的信任度和购买意愿。

2. 塑造企业的形象

客服人员应具备良好的沟通能力，能够清晰、准确地表达自己的意见和解决方案。无论是面对客户的咨询还是处理投诉，客服人员都应该以热情、耐心的态度对待，这种态度不仅可以缓解客户的不满和焦虑，还可以让客户感受到企业的专业性和诚信度。优质的客户服务有助于企业树立良好的形象，良好的形象是提升客户信任度的保证，能够为企业赢得良好的口碑。

3. 带来良好的客户体验

当客户在使用产品或服务遇到问题时，如退换货、退款、物流查询等，他们需要能够快速找到解决方案。客服人员可以提供帮助和解答，这些支持可以帮助客户更好地使用产品或服务。通过优质的客户服务，客服人员可以与客户之间建立信任关系。这种信任可以增加客户的忠诚度，并促进他们再次购买或推荐给其他人。优秀的客服人员为客户提供贴心的服务，能弥补在线购物体验不足的问题。

三、跨境电商客户服务工作技能

1. 外语应用能力

主流跨境电商平台多数情况以外文为主。除了英语，跨境电商从业者还需要掌握其他外语，如西班牙语、法语、德语等，以开拓不同市场的客户。这里的语言技能包括对专业术语的掌握，跨境电商从业者需要了解和掌握与产品、服务、平台等相关的专业术语，以便更好地与海外客户沟通。同时跨境电商从业者要了解不同国家和地区的文化差异和习惯，以便更好地与海外客户沟通，并提供更好的服务。良好的读写能力和说的能力能够架起跨文化沟通的桥梁。

2. 跨境电商专业知识

在产品维度，客服人员需要了解产品的特点、功能、使用方法等，以便更好地解答客户的问题和解决客户的问题；在市场知识维度，客服人员需要了解目标市场的消费行为、市场趋势、竞争情况等，以便更好地理解客户的需求和提供更好的服务；在平台维度，客服人员需要了解所使用的跨境电商平台的操作流程、政策规定、营销策略等，以便更好地利用平台资源为客户提供服务；在支付维度，客服人员需要了解各种支付方式的特点和操作流程，以便更好地解答客户关于支付方面的问题；在物流知识维度，客服人员需要了解国际物流的基本流程、运输方式、物流信息查询等，以便更好地解答客户关于物流方面的问题。

3. 良好的沟通能力

由于跨境电商的客户来自不同国家和地区，文化差异较大，因此客服人员需要了解并尊重不同文化的习俗和礼仪，以便更好地与海外客户交流。与此同时客服人员需要掌握良好的沟通技巧，包括倾听技巧、表达技巧、说服技巧等，以便更好地理解客户的需求和提供更好的建议。在与客户沟通时，客服人员需要控制自己的情绪，避免因为客户的抱怨或投诉而产生过激的反应，同时需要积极引导客户解决问题，通过诚实、守信、专业的服务来赢得客户的信任和忠诚度。客户服务工作并非仅由客服人员独立承担，而是需要与公司内部的多个团队，如销售、技术支持以及质量保证等团队紧密协作。客服人员需展现出卓越的团队合作能力，确保与这些团队协同一致，共同高效地完成工作任务。

四、跨境电商客户服务工作技巧

跨境电商客户服务工作是跨境电商交易工作的重要环节和步骤，具备良好的客服专业知识和沟通技巧的客服，可以与客户建立良好的信任关系，促成更多的订单。

1. 换位思考

作为一名合格的客服人员，要了解客户的需求和关注点，针对性地推荐产品，并解决客户的问题和疑虑。通过了解客户的需求和关注点，可以更好地满足客户的需求，提高客户的满意度和忠诚度。遇到问题时理解客户的想法和需求，以便更好地解决问题和提供服务。同时要能够预测客户可能遇到的问题和困难，提前提供解决方案和建议。客服人员要积极回应客户的问题和反馈，及时解决客户的问题和纠纷，提高客户满意度和忠诚度。同时，要能够分析客户的问题和反馈，不断改进产品和服务，提高客户满意度和忠诚度。在工作中要关注客户的情感和体验，以真诚、热情、耐心的态度与客户沟通，同时要能够积极处理客户的投诉和纠纷，以专业的态度和解决方案满足客户的需求。

2. 促进交易

客服人员在与客户沟通时，要了解客户的需求和关注点，针对性地推荐产品，并解决客户的问题和疑虑。在推荐产品时，要强调产品的优势和特点，以及与竞争对手相比的优势。通过强调产品优势，可以增加客户的购买信心和忠诚度。适时地提供优惠和促销，吸引客户的关注和购买。例如，可以提供折扣、赠品、免费配送等福利，提高客户的购买意愿和转化率。要主动询问客户的购买意向和需求，并确认客户是否已经做好购买决定。通过了解客户的意向和需求，可以更好地推荐产品和服务，提高客户的满意度和忠诚度。适当地引导客户下单，如提醒客户库存有限、时间有限等。通过引导客户下单，可以增加客户的购买信心和忠诚度。

3. 持续学习

客服人员需要时刻关注市场趋势和竞争对手的动态，了解行业的发展方向和客户需求的变化，不断学习新的产品知识和技能，以便更好地了解产品的特点、功能、使用方法，更好地解答客户的问题和解决客户的问题。客服人员要时刻关注客户服务的新理念和方法，了解新的服务模式和趋势。通过关注客户服务的新理念和方法，可以不断提高自己的服务水平，为客户提供更好的服务体验。客服人员需要经常进行自我反思和总结，了解自己的不足之处和需要改进的地方。通过自我反思和总结，可以不断改进自己的工作方式和方法，提高工作效率和客户满意度。

实操练习

以小组为单位，为跨境电商大促活动设计一份促销广告宣传单，包括英语广告宣传语、产品图片、促销信息等。

实训三 跨境电商售前沟通与服务

任务描述

AAA有限公司的客服人员，在查看店铺信息时发现有客户进入店铺，并收到了站内信。

作为跨境电商客服人员，应从哪些角度完成回复呢？

实训目标

通过实操训练，熟悉跨境电商售前客服的工作内容和工作技巧。

实训要求

学生分为若干小组，完成跨境电商售前客服工作内容工单。

实训成果

1. 完成跨境电商售前沟通与服务工作内容。
2. 绘制跨境电商售前沟通与服务思维导图。

在售前，当有客户进入店铺并发出站内咨询信息时，如果跨境电商客服人员能熟练掌握服务的工作技巧，严格遵守售前服务的原则，正确处理遇到的常见问题，将会有效促进该笔订单，提高店铺的成交量。

一、跨境电商售前服务的定义及原则

1. 跨境电商售前服务的定义

跨境电商售前服务是指在境外客户购买跨境电商平台上的产品之前，店铺或平台提供的一系列服务。售前服务的内容主要包括：通过多种语言展示产品详细准确的信息，提供清晰美观的图片，及时回复客户关于产品、价格、运费、支付方式、发货时间等咨询，解答疑问；根据客户的需求提供个性化推荐。总之，跨境电商售前服务的主要目的是帮助客户充分了解产品，消除顾虑，从而促进购买行为。

2. 跨境电商售前服务的原则

（1）快速响应。对于客户的咨询，售前客服需要快速、准确地响应，提供客户所需的信息和解答。

（2）礼貌服务。售前客服需要使用礼貌、专业的语言，避免使用过于随意或者不礼貌的语言。

（3）专业解答。售前客服需要具备专业的产品知识和服务技能，能够准确地解答客户的问题，并提供合适的建议。

（4）耐心细致。售前客服需要耐心细致地听取客户的问题，理解客户的需求，并给出详细的解答。

（5）保护隐私。售前客服需要保护客户的隐私，不泄露客户的个人信息和交易信息。

（6）积极引导。售前客服需要积极引导客户，帮助客户了解产品和服务，激发客户的购买欲望。

（7）有效沟通。售前客服需要与客户进行有效的沟通，了解客户的需求和问题，并给出合理的解决方案。

（8）诚信可靠。售前客服需要遵守诚信原则，提供真实、准确的信息和建议，不欺骗客户。

(9) 关注细节。售前客服需要关注细节，为客户提供最优质的服务，让客户感受到企业的专业和诚信。

二、跨境电商售前工作技巧

1. 跨境电商售前工作要点

(1) 熟悉产品。售前客服需要充分了解产品的性能、特点、使用方法等，以便能够准确地回答客户的问题，并提供专业的建议和意见。

(2) 了解客户需求。售前客服需要了解客户的需求和期望，通过询问客户的需求，推荐合适的产品，才能够更好地引导客户下单。

(3) 提供专业咨询服务。售前客服需要具备专业的咨询技巧，能够快速、准确地回答客户的问题，并提供合理的解决方案。在与客户沟通时，要快速简短地回复客户的问题，避免使用专业术语或难以理解的词汇，以免造成无效沟通。

(4) 调整客户的期望值。在与客户沟通时，售前客服需要了解客户的期望值，并将客户的期望值调整到合理的范围内。同时，要根据公司的实际情况和能力，尽可能地满足客户的期望。

(5) 关注客户体验。售前客服需要关注客户的体验，提供个性化的服务和建议，让客户感受到企业的专业和关怀。

(6) 建立信任关系。售前客服需要与客户建立信任关系，通过提供专业的建议和意见，让客户感受到企业的专业和诚信。

(7) 保持积极态度。售前客服需要保持积极的态度，耐心细致地解答客户的问题，并尽可能地满足客户的需求。

2. 跨境电商回复询盘技巧

(1) 回复询盘流程。

查看询盘：首先需要查看客户的询盘，了解客户的需求和关注点。

分析询盘：对客户的询盘进行分析，包括客户的需求、购买意图、预算等。

准备回复：根据询盘分析结果，准备回复内容。需要针对客户的需求和关注点，提供详细的产品信息、报价、交货时间等。

编写回复：根据准备的内容，编写回复邮件。需要注意用词准确、简洁明了，同时要避免使用过于复杂的术语或难懂的词汇。

审核回复：回复邮件编写完成后，需要进行审核。需要检查回复内容是否准确、完整，同时也要检查是否有语法错误、拼写错误等问题。

发送回复：审核通过后，将回复邮件发送给客户。

跟踪反馈：发送回复邮件后，需要跟踪客户的反馈情况。如果客户有任何问题或要求，需要及时回复和解决。

维护关系：回复询盘不仅仅是解决问题和提供答案，更重要的是建立信任关系。需要用诚信和专业服务赢得客户的信任和支持。

(2) 售前咨询常用回复模板。当客户光顾店铺、询问产品时，首先要跟客户打招呼，要亲切、自然地表示出你的热情，可以参考以下模板。

Hello, my dear friend. Thank you for your visiting to my store, you can find the products you need at my store. If there are no goods you need, you can tell us, and we can help you to find the source, please feel happy to buy everything here! Thanks again.

当推广新产品时，可以参考下列模板内容。

Hello, we have just launched a new product - [product name] . It is a unique [product description] that can [product benefits]. We are confident that it will meet your needs. Would you like us to send you more information?

当鼓励客户提交订单、提醒客户尽快确认订单时，可以参考以下模板。

We would like to encourage you to increase your order quantity. We have noticed that you have placed several orders in the past few months and we appreciate your business. As a loyal customer, we would like to offer you an additional discount on your next order. Please confirm your order as soon as possible to take advantage of this special offer. Thank you for your continued support.

三、跨境电商售前常见问题

一般来说，境外客户在跨境电商交易流程中遇到的问题主要包括产品问题、物流问题以及交易问题。

1. 产品问题

产品问题主要包括产品的功能、产品细节、内件详情等。客服人员必须充分了解产品的详情，给客户权威的回答。

（1）颜色问题。

①有关库存问题。

问题：What if the color I want is out of stock?

回答：We apologize that the color you want is currently out of stock. We suggest checking our website regularly for updates on inventory. If the color you want is not currently available, you can sign up for notifications when the item is back in stock.

问题：If I order the product now, will you guarantee that I will get the color I want?

回答：We cannot guarantee that you will receive the exact color you want if it is currently out of stock. However, we do our best to fulfill orders as quickly as possible and will notify you if there are any delays in delivery. We also offer the option to cancel your order if you would prefer to wait for the color to restock.

②颜色有色差。

问题：Can I return or exchange the product if I receive the wrong color?

回答：If you receive the wrong color, we offer a return and exchange policy. Please refer to our website's return policy for specific details on eligibility and procedures. We recommend contacting our customer service team for assistance if you encounter any issues.

（2）功能问题。

①了解功能。

问题：What are the product's main functions?

回答：The main functions of the product include X, Y, and Z. Please refer to the product description for a detailed list of features and specifications.

②产品保修问题。

问题：Does the product have a warranty?

回答：Yes, the product comes with a warranty. The warranty period is X years from the date of purchase. Please keep the purchase receipt and packaging for proof of purchase.

③功能不好用。

问题：Can I return or exchange the product if it doesn't work correctly?

回答：Yes, we offer a return and exchange policy for products that are faulty or not as described. Please refer to our website's return policy for specific details on eligibility and procedures. We recommend contacting our customer service team for assistance if you encounter any issues.

（3）产品尺码规格问题。

Dear[Customer Name],

Thank you for your inquiry about the product size. We understand the importance of accurate size information when making a purchase, especially when shopping for clothing and accessories.

The size of the product is based on[insert standard size chart/measurements]. We recommend that you refer to the size chart provided on our website or in the product description to determine the appropriate size for you. It's important to note that due to different body types and preferences, we recommend taking your own measurements before purchasing to ensure a perfect fit.

If you have any further questions or concerns, please feel free to contact our customer service team. We would be happy to assist you.

Best regards.

[Your Name]

（4）样品问题。

问题：Do you provide samples for the product?

回答：Yes, we do provide samples for some of our products. However, it depends on the specific product and the order quantity. If you are interested in a particular product and would like to request a sample, please contact our customer service team and we will assist you further.

2. 物流问题

（1）是否能够免运费。

问题：Is shipping free for my order?

回答：Yes, we offer free shipping for all orders above a certain value. However, please note that there may be exceptions for special promotions or specific products. If you have any questions about the shipping cost, please contact our customer service team, and we will provide you with accurate information.

（2）物流时效问题。

问题：When will my order be shipped?

回答：Generally, we will ship your order within[shipping time] after receiving it. However, due to logistics conditions and holidays, the shipping time may be delayed. If you need more accurate shipping time, please contact our customer service team and we will do our best to meet your needs.

（3）未收到货。

问题：Why hasn't my order arrived yet?

回答：The delivery time for orders may vary due to factors such as logistics company efficiency, traffic conditions, weather, etc. If you need more accurate estimated delivery time, please contact our customer service team, and we will do our best to provide assistance.

问题：My order was returned, why?

回答：If your order was returned, it may be due to reasons such as inaccurate delivery address, recipient not at designated location, product damage, etc. Our customer service team will help you understand more details and assist you in solving the problem.

（4）意外情况。

问题：What should I do if my order encounters an unexpected situation?

回答：If your order encounters an unexpected situation, such as item damage or loss, please contact our customer service team immediately. We will do our best to help you solve the problem and provide corresponding compensation.

3. 交易问题

（1）询价。

问题：Can you provide me with a quotation for the product?

回答：Sure, please provide us with the following information so that we can provide you with a quotation：

A. The name and model of the product

B. The quantity you need

C. Any special requirements (such as packaging, delivery time, etc.)

After receiving your information, we will provide you with a quotation within[time frame]. If you have any questions or need further assistance, please feel free to contact us.

（2）客户犹豫不定的处理。

问题：I'm hesitating to make a decision, can you help me with it?

回答：Of course, we understand that making a decision can be difficult sometimes. Please don't hesitate to contact us if you have any questions or concerns. We are here to help you and provide you with the best advice and support. However, if you are still unable to make a decision after consulting with us, we suggest that you take some time to think about it and consider all the options carefully. Thank you for your understanding and cooperation.

实训四　跨境电商售中沟通与服务

任务描述

AAA有限公司的客服人员，发现店铺中有了大量的浏览量，并且提出相关问题，面对客户的问题应当如何回答呢？

实训目标

通过实操训练，熟悉跨境电商售中客服的工作内容和工作技巧。

实训要求

学生分为若干小组，完成跨境电商售中客服工作内容工单。

实训成果

1. 完成跨境电商售中沟通与服务工作内容。

2. 绘制跨境电商售中沟通与服务思维导图。

经过售前周到的服务，客户大概率会在店铺下单购买，接下来跨境电商客服人员要专业且熟练地解答客户的咨询问题、快速准确地处理订单、跟进物流及处理退换货等问题，通过利用服务的工作技巧，严格遵守售中服务的原则，正确处理遇到的常见问题，以确保客户在购物过程中顺利完成交易并提升客户满意度。

一、跨境电商售中服务的定义及原则

1. 跨境电商售中服务的定义

跨境电商售中服务是指跨境电商平台上的客户服务人员负责与客户进行沟通和交流，处理客户在购物过程中遇到的问题，提供售中的全方位服务。售中客服的职责包括解答客户的咨询、处理订单、跟进物流情况、处理退换货等问题，以确保客户在购物过程中顺利完成交易并获得满意的购物体验。

2. 跨境电商售中服务的原则

（1）及时性。售中客服需要快速回复客户的问题，及时解决客户的需求，提高客户满意度。

（2）专业性。售中客服需要具备专业的商品知识和服务技能，能够准确解答客户的问题，提供专业的建议和解决方案。

（3）友好性。售中客服需要用友好的态度和语言与客户沟通，建立良好的客户关系，提高客户的忠诚度。

（4）诚信性。售中客服需要诚实守信，尊重客户的权益，不夸大宣传，不虚假承诺。

（5）安全性。售中客服需要保障客户的隐私和数据安全，遵守相关法律法规和平台规定，确保客户信息安全。

二、跨境电商售中工作内容

1. 订单核对

在客户付款之后，售中客服需要与客户核对订单信息，包括购买产品的颜色、大小、数量、收件地址、物流方式等基本信息。如果客户订单信息有特殊要求，售中客服需要按照客户要求分拆或合并订单、修改价格或者为客户填写订单备注信息。

2. 库存管理

售中客服还要经常查询产品数量，看看实际库存是否充足，一旦发现缺货，要及时补货，保证店铺库存与实际库存一致，这样才不会出现缺货发不了订单的情况。

3. 发送感谢信

订单确认无误之后，售中客服应在第一时间发送感谢信，感谢客户的购买，并告知会及时安排发货、更新物流信息。

4. 产品推荐

根据客户的需求和购买记录，售中客服可以向客户推荐其他相关产品，提高客单价和销售额。

5. 处理退换货

如果客户对购买的产品不满意，售中客服需要协助客户进行退换货处理，包括退款、换货、退货等操作。

6. 处理投诉

如果客户对购买的产品或者服务有投诉，售中客服需要及时处理和解决客户投诉，尽可能满足客户的需求和要求。

7. 客户关系维护

售中客服需要与客户保持良好的沟通和联系，及时回复客户的邮件和消息，提高客户满意度和忠诚度。

三、跨境电商售中常见问题

1. 收到订单

（1）收到订单未付款。

Dear[Customer Name],

Thank you for your interest in our products and for placing your order. We have received your order and are happy to provide you with the details.

However, we noticed that your order remains unpaid. Please confirm that you have received the order information correctly and that there are no issues with the payment method you used. If you encounter any problems or have any questions, please feel free to contact us.

We value your business and look forward to providing you with the best possible service. Please follow up on this order soon to ensure that we can process it as quickly as possible.

Thank you for your attention and support. We look forward to hearing from you soon.

Best Regards.

[Your Name]

[Your Position]

[Your Contact Information]

（2）提醒客户尽快付款（库存不多）。

Dear[Customer Name],

Thank you for your interest in our products and for placing your order. We have received your order and are happy to provide you with the details.

Unfortunately, we have noticed that the stock of the product you ordered is running low. We apologize for any inconvenience this may cause you. We suggest completing your payment as soon as possible to ensure the availability of the product.

Please confirm that you have received the order information correctly and that there are no issues with the payment method you used. If you encounter any problems or have any questions, please feel free to contact us.

We value your business and look forward to providing you with the best possible service. Please follow up on this order soon to ensure that we can process it as quickly as possible.

Thank you for your attention and support. We look forward to hearing from you soon.

Best Regards.

[Your Name]

[Your Position]

[Your Contact Information]

（3）提醒客户尽快付款（优惠活动要结束）。

Dear[Customer Name],

Thank you for your interest in our products and for placing your order. We have received your order and are happy to provide you with the details.

We would like to draw your attention to the fact that the special discounted price you are on your order will be ending soon. If you wish to take advantage of this special offer, we recommend that you complete your payment as soon as possible.

Please confirm that you have received the order information correctly and that there are no issues with the payment method you used. If you encounter any problems or have any questions, please feel free to contact us.

We value your business and look forward to providing you with the best possible service. Please follow up on this order soon to ensure that we can process it as quickly as possible.

Thank you for your attention and support. We look forward to hearing from you soon.

Best Regards.

[Your Name]

[Your Position]

[Your Contact Information]

2. 物流跟踪

（1）通知发货。

We are pleased to inform you that your order has been shipped! We have attached the tracking information to this email so that you can track the status of your order.

Please note that the tracking number is[Tracking Number]. You can use this number to track your order on the carrier's website. We recommend that you check the status of your order regularly to ensure that it is on track for delivery.

Please also note that the estimated delivery time is[Estimated Delivery Time]. If you have any questions or concerns about the delivery status, please feel free to contact us.

We value your business and look forward to providing you with the best possible service. Thank you for your attention and support. We look forward to hearing from you soon.

Best Regards.

[Your Name]

[Your Position]

[Your Contact Information]

（2）物流信息未更新。

Dear[Customer Name],

We would like to draw your attention to the fact that the delivery status of your order has not been updated for several days. We apologize for any inconvenience this may cause you.

We recommend that you check the status of your order regularly to ensure that it is on track for delivery. If you have any questions or concerns about the delivery status, please feel free to contact us.

We value your business and look forward to providing you with the best possible service. Thank you for your attention and support. We look forward to hearing from you soon.

Best Regards.

[Your Name]

[Your Position]

[Your Contact Information]

（3）货物超时。

Dear[Customer Name],

We are pleased to inform you that your order has been shipped! We have attached the tracking information to this email so that you can track the status of your order.

Please note that the tracking number is[Tracking Number]. You can use this number to track your order on the carrier's website. We recommend that you check the status of your order regularly to ensure that it is on track for delivery.

Please also note that the estimated delivery time is[Estimated Delivery Time]. If you have any questions or concerns about the delivery status, please feel free to contact us.

We value your business and look forward to providing you with the best possible service. Thank you for your attention and support. We look forward to hearing from you soon.

Best Regards.

[Your Name]

[Your Position]

[Your Contact Information]

（4）货物丢失，客户申请退款或重新下单。

Dear[Customer Name],

Thank you for bringing to our attention the missing order and your request for either a refund or a resend of the product. We apologize for the inconvenience caused by the loss of your order.

We have investigated the matter and determined that the order was not delivered to the provided address. We suggest that you check with your local post office or sorting facility to see if the package has been misdirected or is waiting for pick-up. Sometimes, packages may take longer than expected to arrive due to various reasons.

If the package cannot be found, we would be happy to issue a refund for the purchase amount. Please confirm the refund amount and provide us with any relevant information or documents to process the refund. We will work on processing the refund as soon as possible.

Alternately, if you would still like to receive the product, we can offer you a replacement order at no additional cost. Please confirm if you would like to proceed with the replacement order.

Please note that we take every effort to ensure that our customers receive their orders as expected. In cases where there are any issues, we are always willing to work with you to find a resolution. Please contact us if you need any further assistance.

We value your business and look forward to providing you with the best possible service. Thank you for your attention and support. We look forward to hearing from you soon.

Best Regards.

[Your Name]

[Your Position]

[Your Contact Information]

3. 产品关联

（1）向老客户推介新产品给予优惠。

Dear[Customer Name],

We would like to extend a special offer to you, our loyal customer, as we introduce our latest product line. We are confident that you will find these new products to be of interest and value.

To show our appreciation for your continued support, we would like to offer you a special discount on these new products. Please use the code[Discount Code] at checkout to apply the discount.

We hope that you will enjoy this offer and take advantage of the opportunity to explore our new products. If you have any questions or need assistance, please feel free to contact us.

Thank you for your loyalty and support. We look forward to your continued patronage.

Best Regards.

[Your Name]

[Your Position]

[Your Contact Information]

（2）客户不满意所选产品，推介关联产品。

Dear[Customer Name],

We would like to take this opportunity to thank you for your purchase. We are sorry to hear that you are not satisfied with the product you selected. We understand that sometimes our products may not meet every customer's needs.

To address your issue, we would like to recommend some related products that may be more suitable for your requirements. These products are either complementary to the original product or similar in nature, offering additional features or better fitting your specific needs.

Please take a look at the related products we have recommended below and let us know if any of them interest you. We are confident that these products will provide you with better value and satisfaction.

[Product 1] -[Product 1 description and benefits]

[Product 2] -[Product 2 description and benefits]

[Product 3] -[Product 3 description and benefits]

If you need any further assistance or have any questions, please do not hesitate to contact us. We value your business and are committed to providing you with the best customer service possible.

Thank you for your attention and support. We look forward to hearing from you soon.

Best Regards.

[Your Name]

[Your Position]

[Your Contact Information]

实训五 跨境电商售后沟通与服务

任务描述

AAA 有限公司近期产生了大量的订单，为给客户提供更好的服务，售后客服将如何和客户互动订单的进展情况以及解决客户的问题呢？

实训目标

通过实操训练，熟悉跨境电商售后客服工作内容和工作技巧。

实训要求

学生分为若干小组，完成跨境电商售后客服工作内容工单。

实训成果

1. 完成跨境电商售后沟通与服务工作内容。
2. 绘制跨境电商售后沟通与服务思维导图。

在客户即将收到货物或是在收到货物进行安装和使用的过程中会遇到许多问题，这就要求售后客服具备专业知识和技能，能够根据客户描述快速发现问题，并提供专业准确的解决方案。同时，售后客服还需要善于利用沟通技巧和优质服务妥善处理客户投诉，维护不良评论，以提升店铺评价和客户满意度。

一、跨境电商售后服务的定义及原则

1. 跨境电商售后服务的定义

跨境电商售后服务是指跨境电商平台上的客户服务人员，在产品销售之后为客户提供订单查询、跟踪指导、包裹预期到货时间咨询以及产品售后对接等服务。售后客服主要负责处理客户在产品使用过程中遇到的问题，包括故障排查、产品使用说明、注意事项、推荐使用场景、退换货指导、客诉处理等。

2. 跨境电商售后服务的原则

（1）客户满意度优先。售后客服应始终以客户满意度为首要考虑，尽最大努力解决客户的问题，提供优质的服务。

（2）快速响应。售后客服需要快速响应客户的问题和需求，及时解决客户的问题，提高客户满意度。

（3）专业解答。售后客服需要具备专业的产品知识和服务技能，能够准确判断和解决客户遇到的问题。

（4）诚信和透明。售后客服需要诚实守信，尊重客户的权益，提供真实准确的解决方案，不夸大宣传。

（5）持续改进。售后客服需要不断总结经验，提高服务水平，不断改进售后服务，提高客户满意度。

二、跨境电商售后工作内容

1. 产品退换货处理

对于客户的退换货需求，售后客服需要积极响应并协助处理，包括退款、换货、退货等操作。在处理过程中，需要了解客户的需求和要求，并尽可能满足他们的合理要求。

2. 投诉处理

如果客户对购买的产品或者服务有投诉，售后客服需要及时处理和解决客户投诉。在处理投诉时，需要耐心倾听客户的问题和意见，理解客户的立场和需求，并采取积极的措施解决问题。

3. 客户关系维护

售后客服需要与客户保持良好的沟通和联系，及时回复客户的邮件和消息，提高客户满意度和忠诚度。在沟通过程中，需要注意沟通方式和语气，尽可能让客户感受到亲切和热情。

4. 定期回访

售后客服需要定期回访客户，了解产品的使用情况和服务满意度，及时解决客户的问题和需求。通过定期回访，可以增强客户对品牌的信任感和忠诚度。

5. 差评维护

如果产品页面出现差评，售后客服需要及时联系客户并解决问题，争取恢复客户的满意度。同时，需要建立差评维护机制，及时发现和处理问题，避免差评的出现对品牌形象的影响。

6. 退换货政策制定

售后客服需要根据公司的实际情况和市场环境，制定合理的退换货政策。在制定政策时，需要考虑产品的特点、运输成本、客户的需求和公司的利益等因素。

7. 退换货数据统计与分析

售后客服需要对退换货数据进行统计和分析，了解产品的质量状况和客户的需求与反馈，为公司的产品和服务改进提供参考。

三、跨境电商售后常见问题

1. 客户未对产品进行评价

Dear[Customer Name],

We would like to express our sincere gratitude for your purchase from our e-commerce platform. We value your business and strive to provide you with the best possible shopping experience.

One of the ways we can improve our products and services is through your valuable feedback. We noticed that you haven't provided a review yet, and we would be grateful if you could take a few minutes to share your thoughts and experiences with us.

Please use the following link to access our evaluation form: [Link to evaluation form]. You can rate our products, services, and overall shopping experience, as well as provide any additional comments or suggestions. Your feedback will help us identify areas where we can make improvements and continue to serve you better.

We promise to listen carefully to your feedback and take appropriate actions to address your concerns. Your opinions and suggestions are invaluable to us, and we are committed to using them to enhance our products and services.

Thank you in advance for your time and effort. We look forward to hearing from you soon.

Best Regards.

[Your Name]

[Your Position]

[Your Contact Information]

2. 对客户好评进行回复

Dear[Customer Name],

We would like to express our heartfelt gratitude for your positive feedback regarding our products and services. We are thrilled that you are satisfied with your purchase and experience with us.

Your kind words of encouragement and support are truly. We value your business and appreciate your trust in our products.

If there is anything else that we can assist you with or if you have any further suggestions to improve our offerings, please do not hesitate to contact us. We are always here to help and ensure that your needs are met.

Thank you again for your positive feedback and continued support. We look forward to serving you in the future.

Best Regards.

[Your Name]

[Your Position]

[Your Contact Information]

3. 对客户差评进行回复

Dear[Customer Name],

We would like to express our sincere apologies for any dissatisfaction you have experienced with our product. We value your feedback and take your comments seriously.

We would appreciate the opportunity to better understand your concerns so that we can take appropriate action to address your issues. Please provide us with more details about your experience by answering a few short questions. Your responses will help us identify the problem and take appropriate measures to improve our products and services.

Please describe the specific issues you encountered with our product.

Could you please share any photos or screenshots that demonstrate the problem?

Have you attempted to contact our customer service team for assistance? If so, what were the results?

Is there anything else you would like to share or suggest to improve our products and services?

We promise to listen carefully to your feedback and take appropriate actions to address your concerns. Your opinions and suggestions are invaluable to us, and we are committed to using them to enhance our products and services.

Thank you for taking the time to provide us with your feedback. We value your business and appreciate your patience and understanding as we work to resolve this issue. We look forward to hearing from you soon.

Best Regards.

[Your Name]

[Your Position]

[Your Contact Information]

项目总结

通过本项目的学习与训练，我们对跨境电商交易中的订单处理及客户服务有了全面的认识，掌握了跨境电商订单处理流程、商品打包及发货等环节的注意事项；了解了跨境电商客户服务的内容、店铺后台管理促进销售等职能，熟悉并掌握了客服工作的范畴、技能与技巧。

巩固练习

一、多选题

1. 跨境货物包装的步骤有（　　）。

A. 包装的选择　　B. 打包

C. 封装　　D. 打印并粘贴物流面单

2. 跨境电商客户服务工作的技巧包括（　　）。

A. 换位思考　　B. 促进交易

C. 持续学习　　D. 不择手段消除差评

二、简答题

1. 包装跨境货物时应注意哪些事项？
2. 跨境电商客服的工作内容有哪些？
3. 跨境电商客户服务工作需要具备哪些技能？
4. 跨境电商售前服务的原则有哪些？
5. 跨境电商售前工作要点有哪些？

项目九　跨境电商产品页面优化

知识目标

1. 了解用户行为和情感需求，制定符合用户习惯和需求的产品页面设计策略。
2. 掌握用户行为数据，为产品页面优化提供数据支持。
3. 掌握页面设计和排版原理，熟悉色彩、字体、排版等设计要素与理论。
4. 了解不同国家和地区的用户偏好和购买习惯，以获得更多有效流量。
5. 针对用户痛点进行优化和改进，并不断迭代完善产品页面，提高转化率。

能力塑造

1. 根据用户行为习惯和需求，对产品页面进行设计和优化。
2. 通过跨境电商平台提供的数据分析，掌握产品页面的访问量、转化率等信息，从而有针对性地进行下一步优化。
3. 熟悉跨境电商平台的营销原理和推广方式，通过各种渠道向潜在用户宣传产品页面，并反复测试不同策略结果。
4. 能够从用户痛点入手，围绕产品页面进行各种形式的快速迭代。

素质培养

1. 具备严谨、规范、主动学习的工作作风。
2. 具备踏实、严谨的劳动精神。
3. 具备岗位分工的责任意识。
4. 具备迎合社会科技进步的创新精神和创新意识。

商务情景导入

AAA有限公司跨境电商运营团队在进行了一段时间的店铺运营后，整个店铺营业额一直处于亏损的状态，仓库货品积压。经过店铺整体诊断后发现，在店铺整体优化上存在很大问题。针对这一情况，运营团队打算从以下几个方面入手对店铺进行优化，逐步调整店铺状态。

实训一　浏览量的查询

任务描述

AAA有限公司要求跨境电商运营团队进行一次集中培训学习，通过对跨境电商后台用户数据的分析，针对如何提高店铺或产品浏览量进行学习研讨。

实训目标

通过学习研讨，了解跨境电商后台对应的用户数据。

实训要求

学生分为若干小组，对后台店铺浏览量数据进行分析，通过不同的渠道去解决浏览量问题，提出有效的解决方案，在小组内讨论交流并形成总结报告。

实训成果

1. 了解浏览量的组成因素。
2. 总结跨境电商浏览量容易出现问题的方面有哪些。
3. 列出团队待解决问题清单。

浏览量（PV）是指店铺或产品详情页被访问的次数。同一访客多次访问同一页面会被记录多次，浏览量直接反映了店铺或产品详情页被访问的频率和热度。可以通过曝光率和点击率等主要指标进行分析和评价跨境电商店铺或产品的浏览量，从而了解店铺或产品的受欢迎程度、用户黏性以及流量来源等信息。同时，这些指标也可以作为优化店铺或产品运营策略的依据，提高店铺或产品的曝光率和转化率。

一、曝光率高点击率低

曝光率高点击率低可能意味着店铺或产品的广告或内容吸引了目标受众的目光，但没有很好地激发他们的兴趣去点击或进一步互动，运营团队可以从以下几个方面去改善此类情况。

1. 重新审视目标受众

检查店铺或产品的广告或内容是否能够真正吸引和满足目标受众的需求。对于目标受众人群，也应该多方面考虑：在地域角度上，不同的目标受众分布在不同的地域，对于产品的需求也会有所不同，因此会影响相关产品的浏览量；在语言方面也要进行精准的调整，不同的目标受众可能使用不同的语言，因此店铺需要提供多语言支持，以便满足不同语言的受众需求；在产品种类上也要进行设计和筛选，不同的目标受众所关注的产品种类也不同，因此店铺需要根据目标受众提供相关产品种类的推荐和展示。此外，还可以根据个人喜好不同，店铺在产品展示中可根据需要提供个性化推荐，以便更好地满足受众的需求。

2. 简化广告或内容

尽可能将信息简化以提供更明确的信息，清晰的标题、简洁的文字和简单的图像都可以增强广告或内容的影响力。清晰简洁的广告图如图 9-1 所示。

从图 9-1 不难看出清晰简洁的广告推广内容能够对店铺的浏览量产生积极的影响，因为它能够吸引更多的目标受众，让他们更清晰地了解和认识产品或服务，从而提高他们对店铺的兴趣和信任，进而促进浏览量的增长。具体在实施的过程中应注意以下几个方面：首先是吸引注意力，清晰的广告设计和有吸引力的文字，能够吸引目标人群的眼球，从而提高品牌曝光率和知名度；其次是要在目标受众人群中，提高产品认知度和服务的特点及价值，引起受众的兴趣和信任；最后，清晰的广告内容能够让目标受众更加理解产品或服务的优势和使

图 9-1　清晰简洁的广告图

用方法，从而增加他们购买或使用的意愿和行动。

3. 测试不同格式

通过 A/B 测试探索其他广告及其格式（如视频、图片、单页等），以查看是否有更适合本店铺目标受众的广告形式和最佳综合效果。在测试中可以分以下几个方面进行测试。

（1）功能测试。测试产品展示、搜索、订购、支付和配送等核心功能，以保证系统的稳定性和用户体验。

（2）兼容性测试。测试跨不同平台、不同操作系统、不同浏览器及不同设备［如个人计算机（PC、手机、平板电脑）］的兼容性，以确保店铺在各种情况下性能和可用性的一致性。

（3）安全性测试。测试店铺的安全性，以确保用户信息的保护和交易过程的安全。

（4）性能测试。测试店铺的性能和负载能力，以确定店铺的响应时间、吞吐量和并发用户数，以确保系统的稳定性和可扩展性。

（5）用户体验测试。测试店铺的用户界面、店铺内容、用户操作体验等，以确保店铺的易用性和用户的满意度。

（6）国际化测试。测试店铺在不同语言环境和文化背景下的表现，以确保店铺能够在跨境电商环境中为用户提供一致的体验。

总之，跨境电商测试需要从多个方面进行测试，以确保店铺的性能、功能性、可用性、安全性、兼容性和用户体验都能够满足用户的需求和期望。

4. 改进营销策略

重新审视营销策略是吸引更多目标受众的关键。收集来自过去的指标并尝试建立更优化的策略，如社交媒体的特定时间发布、技术升级结果分析等。可以从以下几个方面对营销策略进行调整。

（1）内容营销。以文章、图片、视频等丰富多样的形式为用户提供有价值的内容，吸引用户访问，增加用户的停留时间，提高店铺曝光率和知名度。

（2）搜索引擎优化。通过优化店铺的关键词、描述、标题等，提高店铺在搜索引擎中的排名和曝光率，增加店铺的点击量和浏览量。

（3）社交媒体营销。通过社交媒体平台为店铺提供宣传和推广渠道，吸引潜在用户的访问，提高店铺的曝光率和口碑效应。

（4）广告投放。通过展示吸引人的广告内容在相关的网站、App、社交媒体等平台中，吸引用户点击，提高店铺的曝光率和点击量。

（5）口碑营销。通过店铺提供优质的服务和产品，获得良好的口碑和口耳相传的效应，增加店铺的信任度、曝光率和浏览量。

5. 跟进数据分析

从广告到点击再到互动，跟踪广告投放的各种数据，并分析它们所带来的信息。这些都可以帮助卖家了解哪些策略最有效，哪些方面可以改善，并做出相应的改变以提高整体互动率。

课堂讨论

跨境电商中影响店铺浏览量及曝光率的因素有哪些？如何应对浏览量或曝光率不高的问题？请给出有效的解决方案。

二、曝光率和点击率都很高，但是无转化

跨境电商曝光率和点击率都很高，但是无转化的原因可能有以下几种。

（1）竞争激烈。跨境电商市场竞争激烈，同类产品众多，用户容易被其他卖家或品牌所吸引，影响转化率。对于此类情况，可通过对用户的购买记录、浏览历史、兴趣偏好等进行分析，为用户提供个性化的产品推荐，促进用户的购买行为。

（2）用户体验问题。产品信息展示、页面排版、支付方式、物流等方面的用户体验不好，也可能导致用户不愿意购买。

（3）价格问题。因为跨境运输成本等原因导致售价偏高，用户可能会选择其他平台或渠道购买，也会影响转化率。

（4）目标受众不匹配。广告推广可能会吸引没有实际购买意愿的人群，无法实现转化。

针对以上这些问题，可以考虑采用以下方案进行改进。

（1）提高产品品质和服务水平，从而获得用户口碑的正面评价，提高用户忠诚度和转化率。

（2）充分了解用户和竞争对手，对用户体验进行优化，确保网站和 App 的易用性和稳定性，同时整合有效的付款和物流渠道，提供多种支付方式。

（3）设计合理的定价策略，尽量降低运送成本，提供具有竞争力的售价。

（4）通过多种渠道如搜索引擎、社交媒体、广告投放等，扩大品牌曝光率，吸引更多潜在用户，进一步优化广告定位、投放和转化跟踪，确保广告的精准性和针对性，将宣传预算投放到最具潜力且有实际购买需求的人群中。

课堂讨论

在跨境电商中曝光率和浏览量都很高的情况下，没有成交率，应如何解决？

三、没曝光率也没点击率

如果跨境电商店铺或产品没有曝光率和点击率，那么有可能是以下几个原因。

（1）没有进行有效的市场推广。如果没有投放广告或进行其他营销活动，则很难让用户

知道该电商平台或电商店铺的存在。

（2）网络流量有限。该电商平台的流量来源有限，如没有得到搜索引擎的良好排名、社交媒体的宣传或其他流量入口。

（3）电商平台存在技术问题。电商网站或 App 的性能或设计存在问题，导致用户不愿意浏览或购买。

（4）网站或 App 内容不具吸引力。产品信息不饱和、界面设计陈旧、售后服务不完备等问题都会影响用户的体验。

针对上述问题，可以尝试以下解决方案。

（1）通过市场调查分析目标市场，了解目标市场的文化、购买习惯、口味偏好、竞争状况等情况，针对分析结果，增加市场推广活动，多途径营销，如使用社交媒体、电子邮件优惠券、与网站和 App 类似的流量平台、线下营销活动等，来吸引潜在的用户。

（2）优化网站内容和设计，提高搜索引擎排名。可以从产品拍摄的图片质量，以及后期的图片优化排版进行重点处理；在网站内容上，要尽量突出产品特点或属性来吸引用户。

（3）优化网站和 App 设计，提高性能，提供丰富的产品信息、灵活的支付和物流等服务，提高用户体验。可以着重把内容重心放在整体的产品价值和浏览便捷度上，产品文案的内容以及产品的图片展示尽可能的清晰直观，不要有太多的其他次要元素干扰。

（4）增加产品和用户互动，如增加评论区、实时聊天、产品多角度图片或者视频等。可以利用除图片以外的其他产品展示手段，比如在很多的跨境电商店铺中，视频类展示会更能让用户对店铺产品产生好感，增加用户黏性。

课堂讨论

分析跨境电商店铺会有哪些因素造成没有曝光率和点击率，应如何解决？

实训二　标题搜索优化

任务描述

在完成实训一跨境电商浏览量和曝光率任务之后，为了 AAA 有限公司的产品顺利进军跨境电商领域，在产品上架前各团队需要根据产品定位及属性拟定产品标题，各团队需要结合浏览量及曝光率问题在产品标题上进行优化。

实训目标

通过对数据的收集、整理、分析，对店铺内的产品标题进行优化，实现产品转化率的提升。

实训要求

学生分为若干小组，对不同的跨境电商产品进行调研分析，拟定产品标题编写，上架并观察一段时间后，对标题进行再次优化，小组内讨论交流并形成总结报告。

实训成果

1. 了解标题优化内容。
2. 掌握跨境电商产品标题组成方式、展示形式等。
3. 列出团队未解决问题清单。

跨境电商产品标题搜索优化是提高产品曝光量和吸引潜在用户的关键策略。本实训主要从标题的格式、关键词设置、产品标题优化技巧三个方面进行学习与训练，以提高跨境电商产品标题的搜索优化效果，吸引更多潜在用户的关注，并提高产品的曝光量和销量。

一、标题的格式

在跨境电商中，标题是非常重要的元素，好的标题可以增强吸引用户的注意力，提高点击率和销售额。以下是跨境电商中标题的常用格式。

（1）产品名称+特点描述，如“美国原装进口红酒+世界葡萄酒评分 top10”。

（2）产品名称+适用场景/人群，如“充电宝+适用于三星品牌手机”（图 9-2）。

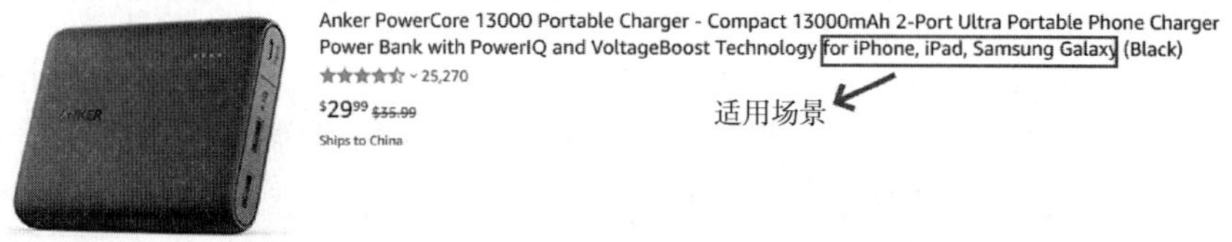

图 9-2 适用场景关键词

（3）产品名称+品牌特点描述，如“日本玛丽黛佳面膜+自然温和保湿面膜”。

（4）产品名称+数量+重要属性，如“法国原装进口奶酪礼盒+5 种口味+优质品质”。

（5）产品名称+特别优惠，如“澳洲海参+买一送一”。

了解了标题的常用格式后，在标题格式编写中，还需要注意以下几种情况。

（1）突出产品的特点和优势，吸引用户点击。

（2）使用简短、明了、易懂的语言。

（3）避免过于夸张和虚假的宣传，以免影响用户信任度。

（4）根据目标受众的文化和语言特点，进行相应的调整。

二、关键词设置

在跨境电商中，关键词设置的重要性不言而喻，以下是一些跨境电商关键词设置的建议。

（1）设置核心关键词。选择和产品最相关的核心关键词，这将有助于提高产品的搜索排名和展示广告的质量分，如图 9-3 所示。

（2）设置长尾关键词。长尾关键词中包含了更多的关键词短语，可以更准确和有针对性地匹配目标市场，如图 9-4 所示。

（3）设置地域性关键词。跨境电商推销产品时要考虑定位网络搜索地域，从而选择不同的适合地域的关键词，达到更精准的推销目的，如图 9-5 所示。

图 9-3　核心关键词的设置

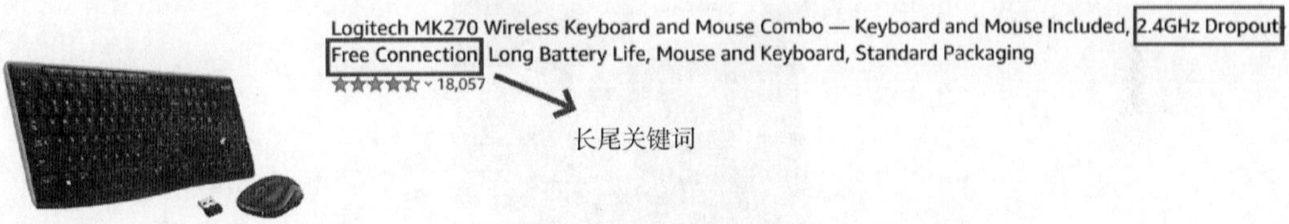

图 9-4　长尾关键词的设置

图 9-5　地域性关键词的设置

（4）设置种类关键词。在电商平台上销售产品时，所有关键词类型都需要列入其中。种类关键词的设置，要考虑产品类别，包括品牌、颜色、型号、材质等，如图 9-6 所示。

（5）设置竞争关键词。在竞争激烈的市场中，为了让产品更突出，可以使用与竞争对手不同的关键词。

在设置关键词时，同样需要注意以下跨境电商产品标题拟定规则。

图 9-6　种类关键词的设置

（1）关键词不能出现拼写错误。目前，境内卖家在主流跨境电商平台（如亚马逊、eBay、全球速卖通、Wish、敦煌网等）上销售产品时，主要使用英语完成产品页面编辑。无论使用何种语言，核心词、修饰词、其他词等信息词的外语表达很重要，尤其是用来表达产品“是什么”的核心词要尽量准确，在产品标题中出现的关键词一定不能出现错误词汇或单词拼写错误，因为买家用产品名称搜索产品的频率很高，若表达不准确，由于此原因导致买家搜寻不到卖家的店铺产品，比较得不偿失。而且显示出产品所在团队做事不够严谨，不够细心。图 9-7 中的标题拼写就不太准确。

图 9-7　关键词拼写错误

在某跨境电商平台随意点击了打底裤销售火爆的几个产品，或多或少会存在单词拼写错误，建议将图 9-7 中的单词“Seamlessly（无缝地）”修改为“Seamless（无缝的）”。

还有在服饰产品中，比如女士衬衫一般用“Blouses”表示，而不是“Shirts”，因为“Shirts”通常指男士衬衫。因此，女士衬衫产品的标题中用“Blouses”更准确，更容易被买家搜索到，而“Shirts”仅在字符数允许时考虑以“Women Shirts”的形式加入标题。

（2）标题关键词切忌重复堆砌。标题关键词重复堆砌指的是产品标题中某些词被多次使用。重复使用，势必影响搜索排名。比如销售手机，就不用同时出现 Mobile Phone、Cell Phone、Mobile Telephone；又如销售服装，就不要同时出现服装类的所有单词（Clothes、Dress、Blouse、Jacket 等），必须找到最精准的表示此款产品的关键词。

标题重复堆砌的例子如“Scan LED Laser Light Laser Stage Lighting Disco Light LED Light

（LED 扫射激光灯/激光灯/舞台灯光/迪斯科灯/LED 灯）”；又如“Silk Dress Long Dress Maxi Dress Beaded Dress（丝绸连衣裙/长款连衣裙/大码裙子/串珠连衣裙）”等。同一单词“Light”或“Dress”出现了 3 次及以上的这种现象一方面违反了平台规则，因为大部分平台都认为这是一种搜索作弊行为，会给予卖家搜索排名靠后的处罚；另一方面占用了有限的标题字符，卖家不得不舍弃其他可能更有用的信息。因此卖家需要避免此类情况的发生，如可以将“Silk Dress Long Dress Maxi Dress Beaded Dress”改为“Silk Maxi Beaded Long Dress（丝绸大码长款连衣裙）”，这样买家搜索“Silk Dress（丝绸连衣裙）”“Long Dress（长款连衣裙）”“Maxi Dress（大码裙）”“Beaded Dress（串珠连衣裙）”时同样有可能搜到这款产品。

（3）格式符合平台要求。跨境电商产品标题通常都是由多个单词组成，平台对产品标题的格式都会有具体的要求，大多数平台的规则是关键词之间最好通过空格间隔，尽量避免使用标点符号。

（4）排列顺序正确。标题关键词的排列也要遵循英文正常的排列顺序，比如“中号毛绒泰迪熊”，就不能写成“泰迪毛绒中号熊”。

（5）注意不同平台标题发布要求。比如亚马逊平台上不允许包含促销信息、物流方式，如：Promotion、Great discount、Bonus、Coupons、DHL shipping、Free Shipping、Drop Shipping。全球速卖通和 eBay、敦煌网则没有明确要求。

（6）熟识目标市场英语文化，选择合适单词，不要盲目模仿。目前，跨境电商卖家的外语能力参差不齐，设置标题时可能会力不从心。有的卖家利用百度翻译工具完成翻译，可能会出现前述的外语表达不准确的情况；有的卖家则自作聪明地模仿，甚至直接盗用搜索排名靠前的标题，而盲目模仿不一定能带来同样大的流量。一方面，若是一个新店铺，在没有销量支撑的情况下，雷同率高的热搜词并不能帮助产品排名靠前；另一方面，若产品的目标市场不同，同样的词也会产生不同的效果，如美国买家习惯用“Facial Cleansing”“Cleansing Brush”“Facial Cleansing Brush”等搜索洁面刷，但其他国家或地区的买家在搜索同类产品时，用词也许会有差别，如他们更习惯用“Face Brush”来搜索。也就是说，标题设置需符合目标市场买家的搜索习惯，而不能盲目地模仿他人。

（7）切忌标题与产品不匹配。标题与产品不匹配主要有两种情况：一种是卖家为了引流在标题中加入与产品不符的词。例如，产品是连衣裙“One Piece Dress”，卖家却在标题里加入迷你半身短裙“Mini Skirt”，甚至加上一些知名品牌的名称，以增加流量。另一种是标题与产品上传时选择的属性或产品详情页描述不匹配。例如，标题写了塑料板“Plastic Sheets”，但产品详情页却在描述塑料管或其他与标题相关性不高的产品。卖家这样做的目的是引流，但这样的引流往往是无效的。一个想买迷你半身短裙的买家，点进产品详情后看到的却是连衣裙，在这些情况下，买家下单购买的可能性很低，他们甚至会反感卖家的错误设置。同时，这可能也违反了平台规则，产品会被平台强制下架。

三、产品标题优化技巧

1. 利用平台内的数据分析工具进行优化

跨境电商平台内都会有一些数据分析工具，可以帮助卖家优化关键词。以全球速卖通为例，卖家可以利用后台的“数据纵横—商机发现—搜索词分析”功能，获得近一周或近一个月的针对特定国家（地区）的买家有关某类产品的热搜词、飙升词、零少词的信息。热搜词是指搜索引擎中带来最多流量的几个或几十个关键词，可以按搜索人气、搜索指数、单击率、浏览—支付转化率、竞争指数排名，还可以知道特定热搜词排名前三的热搜国家（地区）是哪几个；飙升词指的是在市场行情里，短时间内搜索热度增幅比较大的词，可以按热搜指数、搜索指数飙升幅度、曝光产品数增长幅度、曝光卖家增幅排名；零少词指的是有一定的搜索量，但搜索结果很少、竞争力较弱的词，零少词有变成热搜词的潜质，具体要看契机和是否有人愿意做营销宣传。这些词均可下载到 Excel 中做具体分析，以分析出具有竞争力、有流量、处在上升期或有营销潜质的关键词，然后用作优化产品标题。例如，全球速卖通的搜索词分析工具可以帮助卖家了解按搜索人气排名的近一周美国买家对服装/服饰配件类产品的热搜词，这些热搜词依次为“Summer Dress（夏季裙子）”“Dress（裙子）”“Swimsuit（泳装套装）”“Maxi Dress（大码裙子）”“Jump Dress（连体衣）”“Sunglasses（太阳镜）”等，可以参考这些信息对标题进行优化。

2. 利用第三方关键词挖掘工具优化

标题搜索排名表现不好，很重要的一个原因可能是卖家不了解买家使用最多的搜索词是哪些。例如，睡衣的英文是“Pajamas”，可是在美国市场买家更喜欢称其为“Pyjamas”，如果卖家主营目标客户来自北美洲市场，卖家在标题中只设置了“Pajamas”，则会影响该产品的曝光率。而一些第三方关键词挖掘工具可以解决这个问题，如 Google Trends、Google AdWords、Keyword Discovery，以及目前仅支持在全球速卖通和 eBay 上使用的蚂蚁提名等第三方工具。

以 Google AdWords 为例，其主页上“工具与分析”中的“关键词规划师”可以帮助卖家获取针对不同目标市场用户群或不同跨境电商平台的关键词参考信息，如图 9-8 所示。

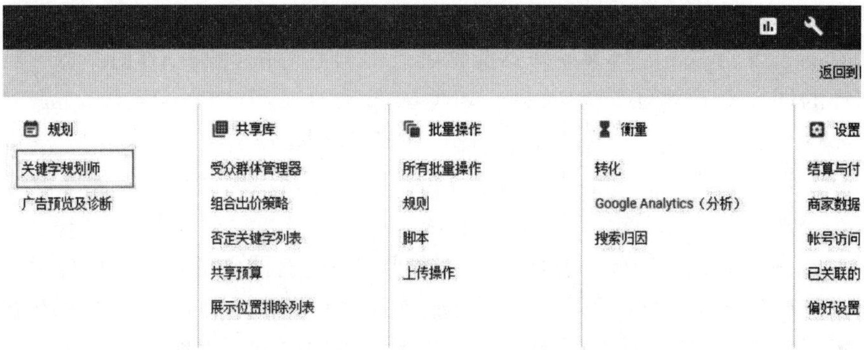

图 9-8　Google AdWords 工具的关键词规划师功能

例如，某卖家经营的产品品类为“Dress（裙子）”，其目标市场为北美洲、英国、法国、西班牙，那么卖家可以在“关键词规划师”中的“定位”栏对地理位置及语言进行设置，从而获得目标市场客户群的关键词参考信息，这些信息可按相关性、月搜索量、竞争度排名。若该卖家仅想知道敦煌网对“Dress”这类产品的关键词信息，那么在“关键词规划师”中的“目标网页”中输入敦煌网的网址即可。当然，这些工具给出的一些热搜关键词提示并不一定适用于所有卖家，卖家首先要结合经验选择相对适合自己的词，然后将这些词放到谷歌和各个跨境电商平台上进行搜索，查看有多少同行在用。若碰到一个词，它的搜索量不低，但同行用得不多，甚至没有人用，那卖家可以试着把这个词加到标题里，这样做可以提升搜索排名。

3. 借鉴优秀卖家的产品标题做优化

“他山之石，可以攻玉。”除了利用平台内外的工具优化标题，卖家还可以通过访问竞争对手的页面，发现并借鉴同类产品优秀卖家设置的产品标题，以此来优化标题。例如，卖家可以在全球速卖通平台上参考销量表现不错的同类产品的标题，在产品页面上方的排序方法“Sort by”处单击订单排序“Orders”选项，如图 9-9 所示。

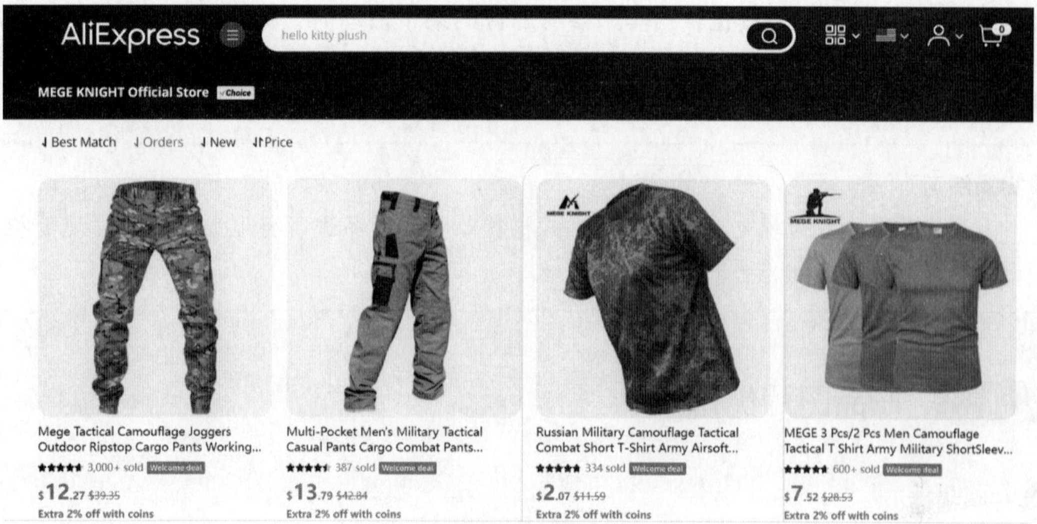

图 9-9　借鉴优秀卖家的产品标题

课堂讨论

1. 跨境电商企业为什么要在产品的标题优化上下这么大功夫？
2. 除了以上提到的注意事项和优化技巧外，你还有哪些好的建议？

4. 优化排版以提升标题视觉效果

除了优化标题内容，卖家还可以优化标题排版，以提升标题视觉效果，提升用户体验。一长串、不做分割的标题，虽然给买家带来了大量信息，但同时也有一种令人眼花缭乱的感觉。优化标题时要注意标题单词不要全小写，建议每个单词的首字母大写，介词、连词小写，特别重要或想突出的词全部大写。例如，用“with”“of”“for”等做分割，如“Men Chinese Dragon Shirt Kung Fu Coats China New Year Tang Suit Traditional Chinese Clothing for Men Jackets Hanfu Men Clothing（男士中式龙衫/功夫外套/中国新年唐装/男士传统中式服装夹克/汉服/男士服装）”。

5. 结合平台或客户端差异做优化

在跨境电商交易中，有的卖家同时在几个不同的跨境电商平台售卖同一产品，这时他们会发现同一标题在不同平台的搜索排名表现是不同的。例如，从标题简洁性来看，Wish 和亚马逊要求产品标题简洁明了，而在全球速卖通平台设置的标题则相对复杂得多。如果同时在全球速卖通和亚马逊上售卖产品，那么在全球速卖通上设置的复杂标题也许可以获得较好的排名表现，但将其放在亚马逊上就未必有同样的效果。也就是说，标题的设置与优化不能一概而论，卖家要结合平台的规则与特点，区别设置与优化各平台的产品标题。此外，卖家还需注意同一跨境电商平台PC端和移动端的区别。例如，同样是全球速卖通，其PC端平台可以正常显示标题的所有信息，而移动端平台只能显示标题的前半段信息，所以卖家在设置产品标题时要注意标题信息的排序，尽量按“先重点后次要”的顺序排列，以便买家第一眼就能看出“售卖的是什么产品”，以提升用户体验。

根据以上建议优化标题并不是一劳永逸的。例如：服饰类产品对季节变化很敏感，当季节变化的时候，买家的搜索内容会发生较大的变化；当热门事件发生、新产品发布之后，热门搜索词也会发生变化；当卖家参与平台的某个活动时，标题内容也需要做相应的优化调整。因此，卖家需要时刻关注产品的搜索排名变化，并根据实际情况不断优化产品标题。

实操练习

可以收集一些跨境电商产品案例，并根据收集的产品进行整理成册，对发现的相应标题或影响曝光转化率的问题进行研讨。

实训三 产品图片优化

任务描述

在分析了跨境电商店铺曝光率及浏览量问题以后，AAA有限公司运营团队需要从产品最直观的展示手段——图片入手来提升产品吸引力。接下来运营团队需要对店铺产品进行全方位的图片优化升级，包括主图、附加图片及详情页面的优化调整，以提升跨境电商产品的竞争力。

实训目标

通过访问全球主流跨境电商平台店铺，了解平台产品的展示形式，深刻了解产品属性及行业作用，通过产品图片设计优化，掌握提升产品竞争力和店铺形象的运营手段。

实训要求

学生分为若干小组，设计主流跨境电商平台店铺产品的主图、附加图片及详情页面的图片制作。建议学生在进行图片优化之前，可访问各大主流跨境电商平台，了解相关产品的卖点展示及属性展示的图片制作技巧。

实训成果

1. 完成主流跨境电商产品主图和附加图片的制作。
2. 完成主流跨境电商平台产品详情页面的展示优化。
3. 列出团队待解决问题清单。

跨境电商产品图片优化是提升产品吸引力和提高销售转化率的关键步骤。本实训主要从产品主图+附加图片优化、产品详情页优化两个部分给出优化建议；练习制作的主图和附加图片要符合简洁明了、贴合产品、高清清晰、多角度展示、本地化、人性化设计等要求，以帮助卖家优化跨境电商产品图片。

一、主图+附加图片优化

在跨境电商中，对于跨境卖家来说，产品图片的采集与处理工作非常重要。精美的图片能轻松获得店铺转化率和产品搜索排名的双重提升。因此主图和附加图片也是促进销量的关键因素之一，在发布产品的过程中，在平台产品页面展示出来的跨境电商图片，一张是主图，其他是附加图片。那么卖家做优化的时候，就需要分两方面去进行优化，即对主图和附加图片分别进行优化。

主图出现在搜索结果的首页，也就是在搜索结果中，在和产品标题同等的位置出现的就是产品的主图，如图 9-10 所示。主图在很大程度上承担着让用户去点击的作用。

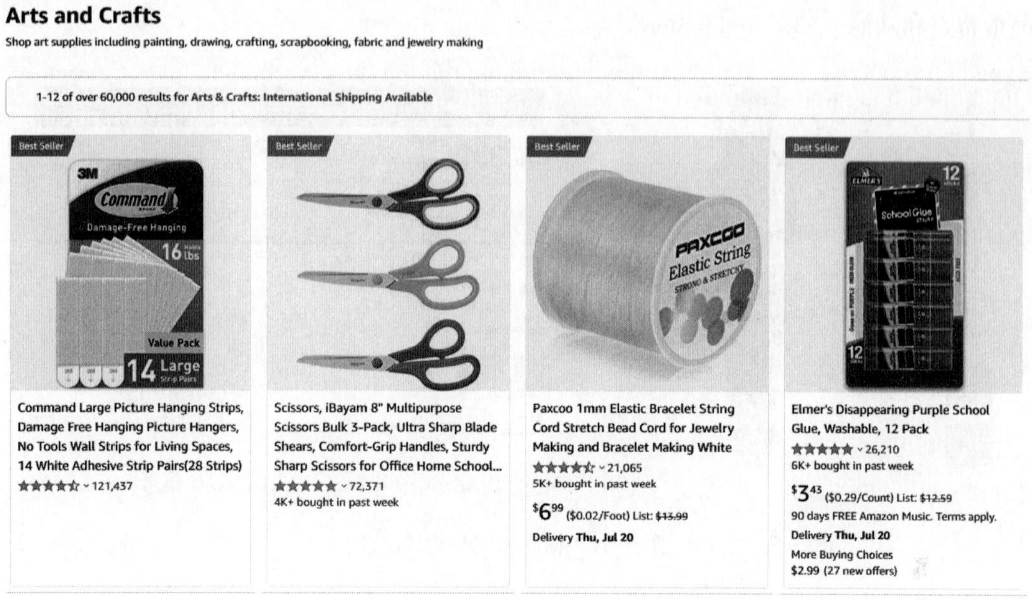

图 9-10　产品主图展示

对于主图，以跨境电商平台亚马逊为例，要求必须是真实的产品图片，也就是说产品主图不能是手绘图，不能是一个渲染图，同时亚马逊要求主图需要采用纯白背景。

这样的底色会带来一个什么样的结果呢？对于一个黑色的产品可以清晰地展示，但是如果所选产品正好是白色的，该怎么样去呈现？这里建议参考竞争同行。如果很多的竞争同行都是用黑底的或者其他颜色的图片，那么卖家也可以参考采用。但是严格意义上来说，非白底的图片都是亚马逊平台不允许的。但这种的不允许，亚马逊的处理一般不是特别严重。

产品的主图中产品在图片里占的空间不要太大，也不要太小。如果产品图上下左右四个边都压边了，这种情况下整个图片会显得不协调，让用户觉得很压抑。如果图片太小，用户可能会觉得产品小，那么整体的感受也不会特别强，所以一般建议产品在图片中的比例大概是 85%。在像素方面，亚马逊平台规定是 1000×1000 的像素，这样能够让图片在展示之后有一个放大的效果，但是不要大于这个像素，因为太大会造成打开图片太慢而流失掉用户。

在主图以及附加图片的拍摄过程中，需要特别注意的是什么呢？为了让图片的立体感更强，所有的图片都不要采取横平竖直的方式去拍摄。建议采用 45°角或者 60°角去拍摄，这样有了一定的角度之后，拍摄出来的图片就会显得更吸引人。如果用横平竖直的方式去拍摄图片，那么造成的结果是用户看到的仿佛是看到了一个平面图，平面图是不吸引人的。当然了，关于图片制作，并不是要求我们每个人都必须学会拍图，可以学习一些图像处理软件（如 photoshop 等）的使用方法对图片进行处理。

以下是一些主图和附加图片的制作建议。

（1）简洁明了。采用简单、明了的图片和文字，表达产品的真实外观和特点。不要使用过多的文字和花哨的图案，以免影响用户体验。

（2）贴合产品。主图和附加图片要与产品相吻合，并呈现出产品的特点、用途和功能等信息。在使用图片时可通过增加标签、文案、描绘产品特色等方法凸显产品特点。

（3）高清清晰。图片要求清晰度和质量高，以便用户不仅能清晰地看到产品的外观和细节，还能感受到其品质。

（4）多角度展示。在主图和附加图片中要展示产品的不同角度和细节，这将更好地展示产品的特点和功能，如图 9-11 所示。

图 9-11　商品主图和附加图片

（5）人性化设计。考虑到用户体验，要特别关注用户单击中心位置更容易让用户了解到产品详情的事实，绝不要喧宾夺主，冗长的图片和文字信息会轻易失去用户的兴趣。

（6）本土化。根据目标市场及目标受众的文化、习惯等特点，进行相应的图片及文字本土化处理，吸引更多的目标用户。

二、产品详情页优化

跨境电商产品详情页优化的目的是提高产品的曝光量、引起潜在买家的兴趣并促使他们进行购买。在竞争激烈的跨境电商市场中，优化产品详情页面是至关重要的一环。通过合理的布局、精心撰写的描述、吸引人的图片和多样化的信息展示，可以更好地吸引潜在买家，并向他们传递产品的卖点、特色和价值，增加购买的可能性。

（1）产品详情页优化的目的是提高产品的曝光量。在跨境电商平台上，有数以百万计的产品在线销售，买家往往会通过搜索功能或浏览分类目录来寻找他们感兴趣的产品。通过优化产品详情页面的关键词、标题和副标题，可以增加产品在搜索结果中的排名并提高曝光量。一个吸引人的标题和副标题能够让买家点击进入产品详情页面，进而了解产品的更多信息。

（2）产品详情页优化的目的是引起潜在买家的兴趣。一个经过优化的产品详情页面应该能够吸引潜在买家的注意力，并根据其需求和兴趣点激发他们进一步了解和购买产品的欲望。通过精心选择和编辑的产品图片、描述和要点，可以突出产品的特点、功能、优势以及与竞争产品的差异化。清晰准确的文字描述、高品质的图片和吸引人的要点展示能够使潜在买家对产品产生兴趣，并增加他们下单购买的可能性。

（3）产品详情页优化的目的是向买家传递产品的卖点、特色和价值。买家在购买产品时往往关注产品的特点、性能、品质等方面。通过优化产品详情页面的描述和要点，可以向买家清晰地传达产品的核心卖点和独特价值。例如，通过突出产品的材质、工艺、功能、适用场景等信息，能够让买家了解到产品的优势和价值，进而增加他们对产品的信任和购买的意愿。

（4）产品详情页优化的目的是提供全面的信息展示。一个优化的产品详情页面应该能够提供全面、详尽的产品信息，以满足买家对产品的各种需求。除了描述和要点之外，还可以通过尺寸、重量、配送方式、售后服务等详细信息来提供更多的信息。此外，还可以考虑添加买家评价、常见问题解答（FAQs）等内容，以帮助买家更好地了解产品的使用体验和解决疑惑。

（5）产品详情页优化的目的是提供购买的便利性，一个优化的产品详情页面应该能够让买家便捷地了解产品并进行购买。在页面设计上，应该注重页面布局的清晰、易读性的提升，通过合适的字体大小、颜色和格式，让买家更容易阅读并获取信息；在购买操作上，应该提供一键购买、加入购物车等便捷的操作方式，减少购买过程中的复杂性和障碍，如图 9-12 所示。

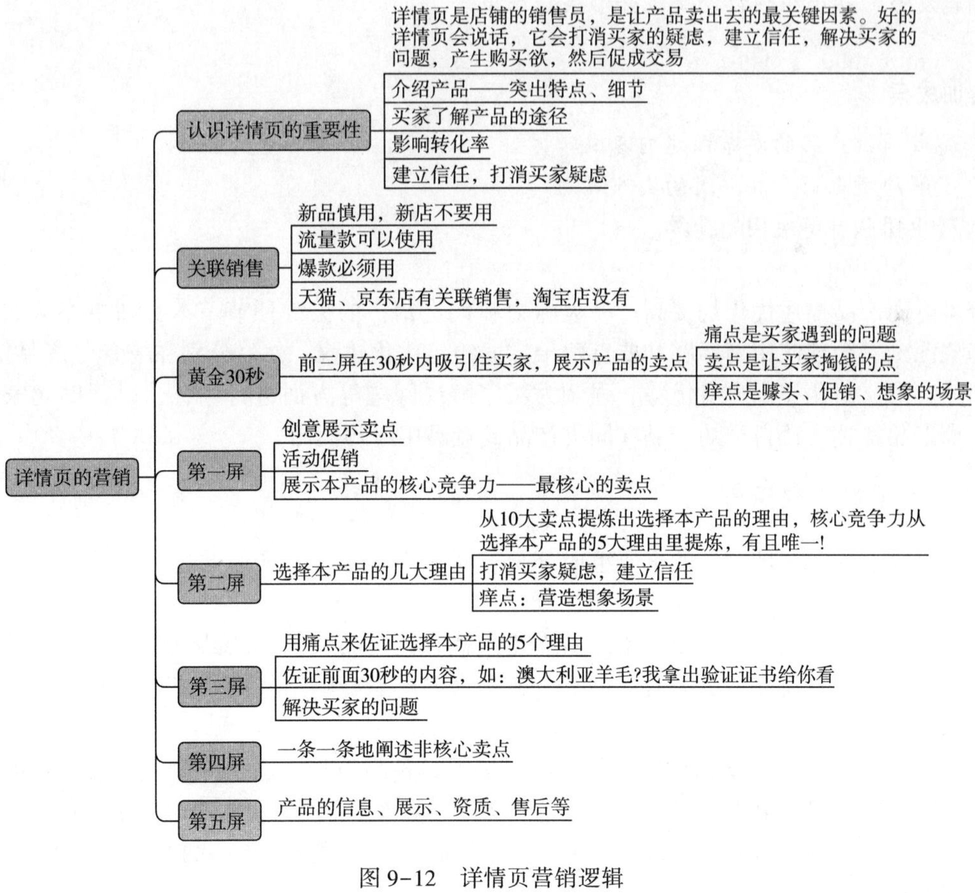

图 9-12　详情页营销逻辑

综上所述，跨境电商产品详情页优化的目的是多方面的，通过优化产品详情页面可以向买家传递产品的卖点、特色和价值，提供全面的信息展示，并提供购买的便利性；通过精心设计和优化产品详情页面，可以提高产品的转化率和销售额。

实训四 产品描述优化

任务描述

在对店铺浏览量及曝光率转化问题分析后，AAA 有限公司运营团队需要更深入地对产品每个需要优化的关键点进行发掘提炼，产品描述是接下来需要解决的问题。产品标题和图片决定了买家要不要点击继续了解详细信息，而产品描述则直接影响到产品的转化效果。

实训目标

通过对产品描述的进一步优化提升，增加店铺产品转化率。

实训要求

学生分为若干小组，筛选出几款不同类型或行业产品，根据产品提供的信息进行产品描述的编辑发布，在小组内讨论交流并形成总结报告。

实训成果

1. 完成店铺产品的发布描述内容编辑。
2. 了解跨境电商产品描述的发布规则。
3. 列出团队待解决问题清单。

跨境电商产品描述优化是提高产品吸引力和促进销售的关键环节。本实训主要从如何使买家印象深刻、合理使用副标题和要点两个方面给出优化建议；然后分别在场景化产品描述、增强信任背书、对比突出自身优势、强调为买家解决问题等方面进行训练，以帮助卖家优化跨境电商产品描述，让自己的产品在同类产品或竞品中脱颖而出。

一、让买家印象深刻

跨境电商已成为全球贸易的重要组成部分，对于卖家来说，如何通过产品设置让买家印象深刻是至关重要的。

对于大多数卖家而言，仅需调整产品描述，就有让产品在同类产品或竞品中脱颖而出的效果。如果买家浏览完详情页面后，仍不了解卖家的产品能够给他们带来什么好处，他们很有可能离开卖家的店铺。

（1）一个能给买家留下深刻印象的产品，必须具备高质量。这意味着，卖家需要选择可靠的供应商，并确保产品在质量和设计上达到买家的期望。卖家要严格把关产品的生产过程，确保每个环节都符合质量标准和认证要求。只有如此，卖家才能以更高的质量击败竞争对手，赢得买家的认可。

（2）一个能给买家留下深刻印象的产品，必须提供清晰明了的产品信息。卖家要在产品页面上提供详尽的描述，包括产品的尺寸、材料、功能等。这样一来，买家能够更好地了解产品，更有信心地做出购买决策。卖家要尽可能地准确描述产品的特点和优势，突出产品的独特之处，这样才能吸引买家的注意力。

（3）一个能给买家留下深刻印象的产品，图片必须高清。图片是直观展现产品外观和细节的方式，卖家要确保图片的质量。高清的产品图片能够更好地展示产品的特征和优势，让买家可以直观地了解产品。此外，卖家还可以提供多角度的产品展示，通过多个角度的图片和视频，让买家可以全方位地查看产品，进一步增强他们对产品的了解和认识。

（4）一个能给买家留下深刻印象的产品，应具有真实的用户评价和反馈。在产品页面上，卖家要展示真实的用户评价和反馈，让买家可以了解其他用户对产品的体验。这种口碑传播能够更好地建立起买家对品牌和产品的信任感。卖家要及时回复买家的问题和反馈，并提供满意的解决方案，这样既能增加买家的购买动力，也能提高他们的满意度和忠诚度。

（5）一个能给买家留下深刻印象的产品，应配备优质的客户服务。卖家要提供及时有效的客户服务，并解决买家的问题和疑虑。无论是在订单处理还是物流配送中，卖家都要确保顺畅的沟通和高效的服务。一个良好的客户服务能够增强买家对品牌和产品的好感度，从而建立起长期的合作关系。

（6）一个能给买家留下深刻印象的产品，应具有退款和售后服务政策。卖家要提供明确的退款政策和售后服务，让买家在购买时更加放心。这样一来，买家在面对问题时能够得到及时的支持和解决方案，增加他们对产品质量和品牌的信任度。

因此，要想让买家印象深刻，在产品描述优化上卖家需要注意以下几点。

（1）场景化产品描述。卖点不是产品功能的罗列，卖点是把产品功能，以场景和痛点、痒点的形式呈现出来，如针对宠物家庭推出的吸尘器产品可以强调该吸尘器在家里使用不仅可以快速清理包括床铺、沙发、衣物上的所有毛发，还非常静音，不会影响家里的“毛孩子”。使用图片和视频还可以更直观地展现吸尘器的吸力、清洁能力、缝隙角落清洁能力、对灰尘的反应、通用性和清理设备本身的便利性。

另外，还需要尽量使用高频的场景，如通勤、做饭、陪孩子，场景越普通买家接触的概率就越大，记住产品信息的机会就更大。如果产品有特别的功能或者用法比较复杂，可以考虑在产品页面添加视频。

卖家可以利用大数据（如 Shopee 的知虾数据、Lazada 的萌啦数据）来进行一个分析参考，了解市场行情、产品信息、店铺数据等，更好地分析出产品的热销词，并添加到产品描述中。

（2）增强信任背书。把握买家的从众心理，用真实案例（如买家的产品评价或评分）为产品提供“社会证明”。此外，塑造专业可信任的形象能带来更显著的效果，如展现品牌、产品认证、权威人士代言、网红推荐等。

（3）对比突出自身优势。客观且直观地展示自家产品和竞争对手、竞争款式的优势，从技术、成分、效果、原理等多个角度，去挖掘等价对比的参照体，进而凸显产品的某个核心亮点，让买家更容易理解和记忆，巧妙地突出自身的优点。

此外也要简化那些复杂或过于专业的描述，把买家不熟悉的点，与其熟悉的事物或概念类比，让买家更容易理解。比如直接讲镜头像素，买家不一定会有体验感，但如果用图片直接对比不同手机在十倍焦段下的拍摄成像，买家则更容易感受到产品价值，买家节省时间的同时，购买率也会大大提升！

（4）强调为用户解决问题。产品的价值体现在解决问题上，可以通过使用前与使用后的差距对比，改变当前不好的现状，如夏季空调房内手部干燥，涂抹完这款护手霜后，皮肤立刻恢复水润。但也需要提供科学的数据佐证来说服买家，如描述美白面膜的功效，可以强调成分浓度，该成分与其他成分抑制黑色素能力对比，体验者使用×次后的肌肤色度改变，并附上专利证书等证明信息。

（5）强化产品卖点的可感知性。网购时由于买家无法触摸，亲眼看到产品。因此，卖家可以通过语言、视频、图片先让他们有类似的体验。买家多数会凭借一些表象或者感觉做出判断，卖家这时候就要集中展示自己产品的某些特性，用事实说话。例如，行李箱突出其结实、抗弯曲特点时，可拍摄人踩在上面的场景。

（6）突出产品带来的服务价值。通常表现在提供更快的物流时效，退换售后服务等。比如加入 Lazada 海外仓的产品，同样的产品，卖家能提供本地发货、快至 1 日达物流时效、退换售后服务等。又如美甲工具，卖家可以提供视频教程以及持续的时兴款式 DIY 教学等。

总之，在跨境电商产品描述的优化中，需要考虑到目标市场和目标受众的文化、语言、消费习惯等特点，以此来优化产品描述，提高买家购买意愿和满意度。同时应该关注用户体验，要让买家对跨境电商产品产生深刻印象，以及深度挖掘买家的潜在需求，并尽快回答买家的疑问或投诉，不断维护和优化产品描述以及客户服务，提高买家的满意度。

课堂讨论

让买家印象深刻的操作有哪些？用发散思维展开讨论。

二、合理使用副标题和要点

合理使用副标题和要点在跨境电商中起着重要的作用，可以吸引和引导买家，建立品牌形象，提供关键信息，区分竞争对手，提升搜索引擎优化，提醒购买动机等。

（1）合理使用副标题和要点可以帮助吸引和引导买家。在竞争激烈的市场中，吸引买家的注意力是至关重要的一环。一个引人注目的副标题可以引起买家的兴趣和好奇心，激发他们进一步了解产品或品牌的欲望。通过独特的文字和精确的表达，副标题可以用短短几个词的篇幅吸引买家的目光，并引导他们深入了解产品的特点和优势。

例如，一款跨境电商产品是一款智能手表，副标题可以运用诱人和引人注目的词语，如“掌握时间的智慧”“时尚与科技的完美融合”等，来吸引买家的兴趣。这样的副标题可以让买家产生好奇心，让他们更愿意点击查看产品详情，并探索产品的功能和设计优势。

（2）合理使用副标题和要点对于建立品牌形象至关重要。在跨境电商中，品牌形象是买家决策的一个重要因素。通过精心构思和选取的副标题，可以传达品牌的核心理念、独特卖点和品牌个性。无论是表达品牌的专业与权威感，还是强调品牌的创新与时尚性，副标题都可以帮助塑造出个性化的品牌形象，吸引目标买家的注意，并留下深刻的印象。

以一家跨境电商公司为例，其专注销售健康食品，副标题可以运用诸如“天然有机，为您的健康保驾护航”“美味与营养的完美结合”等词语来传达品牌的理念和卖点。这样的副标题可以让买家感受到该品牌对于健康和品质的关注，吸引他们与品牌建立起信任和认同。

（3）合理使用副标题和要点可以提供关键信息。当买家在浏览产品页面时，他们通常会迅速浏览副标题和要点来了解产品的基本信息。在有限的字数和空间内，副标题可以用简明扼要的方式表达产品的关键特点、功能和用途，让买家能够迅速了解产品的核心卖点。

以一家跨境电商公司销售户外运动装备为例，副标题可以使用诸如“轻盈耐磨，为冒险者而生”“防风防水，抵御自然力量”等词语来描述产品的特性。通过简明扼要的副标题，买家可以迅速了解到该产品的轻便耐用、防风防水等关键特点，从而更有针对性地进行选择和购买。

（4）合理使用副标题和要点有助于区分竞争对手。在竞争激烈的跨境电商市场中，产品的差异化非常重要。通过巧妙地运用副标题和要点，可以突出产品的独特卖点和价值，与其他竞争对手形成差异化。通过强调产品的特色、创新的设计或独特的功能等，可以吸引买家的注意力，让他们选择卖家的产品而不是其他竞争对手的产品。

以一款跨境电商销售的智能家居设备为例，副标题可以使用诸如“一键智能控制，轻松打造智能生活”“智能家居安全护航，让您守护家的每一寸空间”等词语来突出产品的智能化和安全性。通过这样的副标题，买家可以知道该产品可以提供便捷的智能控制体验以及高水平的安全保障，从而产生与其他竞争对手产品的区别和优势。

（5）合理使用副标题和要点有助于提升搜索引擎优化。在撰写副标题和要点时，应该考虑到潜在买家的搜索习惯和关键词。通过合理运用相关的关键词和短语，有助于提高产品在搜索引擎结果中的排名，增加曝光和点击率。这样买家更容易发现卖家的产品，并有更大的机会点击查看产品详情。

例如，一家销售化妆品的跨境电商，副标题可以使用诸如“零售行业知名化妆品”“纯天然有机修护肌肤套装”等词语来提升搜索引擎优化效果。这样的副标题能够满足买家搜索纯天然化妆品或修护肌肤套装的需求，在搜索引擎结果中更容易被买家找到。

（6）合理使用副标题和要点有助于提醒购买动机。通过巧妙地使用诱惑性的语言和表达方式，副标题可以激发买家的购买欲望，提醒他们购买产品的理由和好处。例如，副标题可以运用诸如“限时特惠，抢购价低至××元”“独家优惠，购买即赠送精美礼品”等词语来促使买家立即行动。

以一家跨境电商公司销售家居装饰品为例，副标题可以使用诸如“让家更温暖的细节装点”“为您的家增添艺术品的魅力”等词语来提醒购买动机。这样的副标题能够让买家产生对于装饰品的需求和渴望，激发他们购买的欲望，并促使他们立即采取行动。

总之，合理使用副标题和要点在跨境电商中非常重要。通过吸引和引导买家、建立品牌形象、提供关键信息、区分竞争对手、提升搜索引擎优化以及提醒购买动机等，卖家能够更好地吸引买家的注意力，建立品牌声誉，并促使买家做出购买决策。因此，在撰写产品描述和展示页面时，卖家应该认真考虑和运用副标题和要点，以获得更好的销售效果。

实训五 产品价格优化

任务描述

跨境电商同行业产品竞争非常激烈，在同等产品质量和优势的情况下，价格成了最后有力的营销策略，AAA 有限公司运营团队需要在利润和销量中找到一个平衡点，产品价格至关重要。团队的任务是找到如何对产品价格进行优化的方法，让公司产品在众多竞品中脱颖而出。

实训目标

通过对产品价格的进一步优化提升，促进店铺利润增长。

实训要求

学生分为若干小组，筛选出几款不同类型或行业产品，根据产品提供的信息进行产品定价的编辑发布，在小组内讨论交流并形成总结报告。

实训成果

1. 完成店铺产品定价的编辑及发布。
2. 了解跨境电商产品定价规则。
3. 列出团队待解决问题清单。

跨境电商产品价格优化是一个关键的营销策略，它涉及多个因素，包括成本、市场需求、竞争环境以及目标市场的文化、消费习惯等。

一、知己知彼参考竞品价格

跨境电商参考竞品价格是一项重要且必不可少的任务，可以帮助卖家了解市场行情、竞争对手的定价策略和趋势以及产品的定价空间。

1. 确定竞争对手

一开始，卖家需要确定主要的竞争对手。这些竞争对手可以是在同一细分市场中销售类似产品的跨境电商卖家，他们可能来自国内或国外。通过市场调研和行业分析，卖家可以识别出主要的竞争对手。

2. 收集竞品数据

确定竞争对手后，卖家需要收集竞争对手的产品信息和定价数据。

（1）通过竞争对手的官方网站进行调查，收集产品的规格、特点、定价等信息。

（2）利用跨境电商平台的搜索功能，通过关键词搜索竞争对手的产品，对比价格并进行记录。

（3）选择一些主流的跨境电商平台，如亚马逊、eBay、全球速卖通等，观察竞争对手的产品定价和销售情况。

可以使用电子表格或专业的竞争分析工具来整理和分析收集到的数据，以便更好地理解市场行情和竞争对手的定价策略。

3. 分析竞品定价策略

在收集到竞品数据后，卖家需要对竞争对手的定价策略进行深入的分析。

（1）价格区间。了解竞争对手产品的价格区间，即同一类别的产品在市场上的价格范围。这将帮助卖家了解市场定价的底线和上限，并确定自己的产品在市场上的定位。

（2）价格水平。对比自己的产品与竞争对手的定价水平。如果卖家的产品价格明显高于竞争对手，卖家需要考虑是否能提供更高的品质、服务或独特的价值来支撑这样的定价策略。如果卖家的产品价格明显低于竞争对手，卖家需要关注自己的盈利能力，并考虑是否有其他方式来实现竞争优势。

（3）价格变动趋势。观察竞争对手的定价趋势，了解他们是否经常进行价格调整，以及他们如何应对市场需求和竞争压力。这将帮助卖家预测市场的价格动态和竞争对手的策略。

（4）促销活动。关注竞争对手的促销活动，如限时折扣、买一送一、优惠券等。了解竞争对手的促销策略，可以帮助卖家评估竞争对手在不同时间段的价格调整策略和销售策略。

4. 评估自身竞争优势

在参考竞品价格时，卖家还需要评估自身产品的竞争优势和定价空间。这包括产品的独特卖点、质量和品牌影响力等因素。如果卖家的产品具有独特的特点或高品质，卖家可以在竞争对手定价之上进行定价，以反映产品的附加价值。

5. 确定定价策略

根据对竞品价格的分析和对自身的评估，卖家可以制定适合自己产品的定价策略。

（1）持平定价。根据竞品的定价水平和市场需求，选择与竞争对手持平或略低的定价策略。这可以帮助卖家的产品在价格上具备一定的竞争力，并吸引更多的买家。

（2）高端定价。如果卖家的产品在质量、功能或品牌上具有明显的优势，卖家可以选择高端定价策略。这样可以传递出产品的高品质形象，并吸引追求高品质产品的买家。

（3）低价策略。如果卖家的产品是市场上的新进入者或者竞争对手的价格相对较高，卖家可以选择低价策略。这有助于吸引更多的买家，并建立起用户群体和市场份额。

（4）动态定价。根据市场需求和竞争环境的变化，卖家可以采用动态定价策略。这意味着卖家可以根据不同的市场情况和竞争对手的定价调整自身的价格，以获取最大的销售效益。

6. 监测和调整

定价工作并非一次性的工作，卖家还需要不断监测市场和竞争对手的动向，并根据情况做出相应的调整。

（1）定期跟踪竞品价格。保持对竞争对手定价的持续跟踪，尤其是针对关键产品和重要市场。建立一个定期的竞品价格监测系统，通过监测竞品定价的变化，及时获取市场动态，判断竞争对手的策略，并做出相应调整。

（2）评估调整效果。在调整自己的产品定价后，应该密切关注销售数据和市场反馈。分析调整后的销售情况，以及买家对调整后定价的反应。根据实际情况评估调整的效果，并从中得出经验教训，为后续的定价优化提供参考。

（3）与其他因素综合考虑。定价决策不仅仅依赖于竞品价格，还需要综合考虑其他因素，如产品质量、品牌形象、销售渠道、目标市场需求等。在制定定价策略时，需要综合这些因素考虑，以实现最佳的销售效果。

总之，跨境电商参考竞品价格是一项关键任务，可以帮助卖家了解市场行情、竞争对手的定价策略和趋势，以及卖家产品的定价空间。通过确定竞争对手、收集竞品数据、分析竞品定价策略、评估自身竞争优势和制定定价策略等步骤，卖家可以做出明智的定价决策，并持续监测和调整以适应市场变化。这将帮助卖家在跨境电商市场中保持竞争优势，实现可持续的销售增长。

课堂讨论

具体实施参考竞品价格的方案操作还有哪些？

二、临界点价格设置技巧

在跨境电商中，临界点价格的设置是一个关键的决策，它直接影响到销售额、利润和市场竞争力。以下是临界点价格设置的操作步骤，可帮助卖家在跨境电商中设定合适的临界点价格。

1. 研究市场需求和竞争情况

卖家应该深入研究目标市场的需求和竞争情况，了解目标市场的消费者喜好、购买力和偏好，以及竞争对手的产品定价、品牌形象和市场份额等信息。通过市场研究和竞争分析，卖家可以获得关键的市场洞察，以制定合适的临界点价格。

2. 计算产品成本

了解产品的成本是设定临界点价格的基础。卖家应该准确计算产品的生产成本、运输成本、关税和税费等费用。此外，还需考虑其他经营费用，如仓储费、推广费用等。通过计算产品成本，卖家可以确定最低的销售价格，以确保盈利。

3. 预估销量和利润目标

在设定临界点价格之前，卖家应考虑预期的销量和利润目标。这涉及对目标市场的销售潜力和市场份额进行估计，以及对预计的利润率进行分析。通过设定合理的销量和利润目标，卖家可以更好地确定临界点价格，以实现预期的利润水平。

4. 确定定价策略

根据对市场需求、产品成本和目标利润的分析，卖家可以制定定价策略。有几种常见的定价策略可供选择，如成本加成法、市场定价法、竞争定价法等。每种策略都有其优点和适用场景，卖家应根据实际情况选择最合适的定价策略。例如：如果市场竞争激烈，可能需要采取更具竞争力的价格定位；如果产品有独特的品牌形象或附加值，可以考虑高价定位。

5. 考虑价格弹性

价格弹性是指价格变化对需求量变化的敏感程度。卖家应该考虑产品的价格弹性，并在定价时进行分析。如果产品的价格弹性较低，即需求量对价格变化不敏感，那么可以考虑设定较高的临界点价格。相反，如果产品的价格弹性较高，即需求量对价格变化非常敏感，那么可能需要设定较低的临界点价格以吸引更多消费者。

6. 实时监测和调整

在设定临界点价格后，卖家应实时监测销售数据和市场反馈。通过分析销售情况、消费者反馈和竞争动态，卖家可以及时调整临界点价格。例如：如果销售额低于预期，可能需要降低价格以增加销量；如果产品市场反响热烈，可以考虑适度提高价格以提高利润率。

7. 不断优化和创新

为了保持竞争力和持续增长，卖家应不断优化和创新临界点价格的设定。这可以通过以下方式实现。

（1）了解市场趋势和变化。卖家应关注市场趋势和变化，包括消费者行为、竞争对手的动态、新技术的应用等，及时调整临界点价格，以适应市场的变化，满足消费者需求，并提前应对潜在的竞争挑战。

（2）进行A/B测试。卖家可以利用A/B测试来确定最佳的临界点价格。通过尝试不同的定价策略和价格水平，观察不同价格对销售额和利润的影响，从而找到最优的临界点价格。

（3）与供应商谈判。卖家可以与供应商进行合作和谈判，以降低采购成本，从而能够在更有竞争力的价格上设定临界点。有效的供应链管理和合理的采购决策可以帮助卖家提高利润水平。

（4）强化品牌价值。通过品牌建设和市场营销活动，卖家可以提高产品的知名度和品牌价值，从而为产品设定更高的临界点价格。品牌的价值定位和独特性可以使消费者接受较高的价格，并在市场中占据竞争优势。

（5）提供附加值和个性化定制。除了产品本身，卖家可以通过提供附加值和个性化定制的服务来增加产品的竞争力和价值。这样可以为产品设定较高的临界点价格，并吸引更多愿意为独特体验买单的消费者。

（6）考虑价格策略的长期影响。卖家在设定临界点价格时，应考虑其长期影响和可持续性。过低的价格可能会导致利润不足，而过高的价格可能会使消费者选择竞争对手的产品。因此，应综合考虑市场需求、竞争压力和盈利目标，制定一个既能保持盈利又能保持市场竞争力的临界点价格。

总之，跨境电商中临界点价格的设置是一个复杂而关键的决策过程，要考虑多个因素并进行不断的优化和创新。通过市场研究、成本分析、价格弹性判断和实时监测等方法，卖家可以制定合适的临界点价格，实现长期盈利和市场竞争力的双赢局面。

课堂讨论

临界点价格在设置时须注意哪些事项？以小组为单位进行讨论，并记录、总结。

项目总结

通过本项目的学习与训练，我们对跨境电商产品页面优化有了全面的认识，能够对店铺浏览量数据进行分析，掌握了标题搜索优化、产品图片优化、产品描述优化的方法，同时能够制定自己产品的定价策略。

巩固练习

一、名词解释

曝光率　点击率　搜索引擎优化

二、简答题

1. 在设置产品关键词时应注意哪些问题？
2. 做产品标题优化时有哪些技巧？
3. 做产品图片优化时应该注意哪些问题？
4. 要想让买家印象深刻，在产品描述优化上卖家需要注意什么？
5. 如何制定适合自己产品的定价策略？

附录

附录一 跨境电商英语常见术语及短语

序号	术语及短语	含义
1	firm (definite) offer	实盘
2	non-firm (indefinite) offer	虚盘
3	offerer	发盘人
4	offeree	收盘人
5	inquiry	询盘
6	quotation	报价
7	bid/bidding	递盘
8	bid firm	递实盘
9	counter offer	还盘
10	reference price	参考价
11	usual practice	习惯做法
12	business negotiation	交易磋商
13	time of validity	有效期限
14	general terms and conditions	一般交易条件
15	purchase contract	购货合同
16	sales contract	销售合同
17	purchase confirmation	购货确认书
18	sales confirmation	售货确认书
19	subject to seller's confirmation	需经卖方确认
20	subject to our final confirmation	需经我方最后确认
21	export credit	出口信贷
22	export subsidy	出口津贴
23	dumping	商品倾销
24	exchange dumping	外汇倾销
25	special preferences	优惠关税

续表

序号	术语及短语	含义
26	bonded warehouse	保税仓库
27	favorable balance of trade	贸易顺差
28	unfavorable balance of trade	贸易逆差
29	import quotas	进口配额制
30	free trade zone	自由贸易区
31	value of foreign trade	对外贸易值
32	value of international trade	国际贸易值
33	freight	运费
34	wharfage	码头费
35	total value	总值
36	landing charges	卸货税
37	customs duty	关税
38	stamp duty	印花税
39	net price	净价
40	price including commission	含佣价
41	port dues	港口税
42	return commission	回佣
43	discount/allowance	折扣
44	port of destination	目的港
45	port of shipment	装运港
46	port of discharge	卸货港
47	retail price	零售价
48	current price/prevailing price	现行价格（时价）
49	import licence	进口许可证
50	export licence	出口许可证
51	spot price	现货价格
52	forward price	期货价格
53	world（international）market price	国际市场价格

续表

序号	术语及短语	含义
54	free on board（FOB）	离岸价（船上交货价）
55	cost and freight（C&F）	成本加运费价（离岸加运费价）
56	cost，insurance and freight（CIF）	到岸价（成本加运费、保险费价）
57	letter of credit（L/C）	信用证
58	documentary credit	跟单信用证
59	clean credit	光票信用证
60	revocable credit	可撤销信用证
61	irrevocable documentary L/C	不可撤销跟单信用证
62	confirmed L/C	保兑信用证
63	unconfirmed L/C	不保兑信用证
64	sight letter of credit	即期信用证
65	usance letter of credit	远期信用证
66	transferable L/C	可转让信用证
67	non-transferable L/C	不可转让信用证
68	revolving credit	循环信用证
69	standby letter of credit	备用信用证
70	applicant for the credit	开证申请人
71	the issuing bank	开证行
72	advising bank/transmitting bank	通知行/转证行
73	confirming bank	保兑行
74	beneficiary	受益人
75	bill of exchange	汇票
76	commercial invoice	商业发票
77	certificate of origin	原产地证书
78	packing list	装箱单
79	bill of lading	提单
80	insurance policy	保单
81	beneficiary's certificate	受益人证明书

续表

序号	术语及短语	含义
82	inspection certificate	检验证书
83	delivery	交货
84	shipment	装运，装船
85	charter	租船
86	time of delivery	交货时间
87	time of shipment	装运期限
88	voyage charter	定程租船
89	time charter	定期租船
90	shipper，consignor	托运人（一般指出口商）
91	consignee	收货人
92	regular shipping liner	班轮
93	lighter	驳船
94	tanker	油轮
95	shipping space	舱位
96	clearance of goods	报关
97	cargo receipt	陆运收据
98	to take delivery of goods	提货
99	airway bill	空运提单
100	optional port	选择港（任意港）
101	optional charges	选港费
102	immediate shipments	立即装运
103	prompt shipments	即期装运
104	consignment	寄售
105	auction	拍卖
106	invitation of tender	招标
107	submission of tender	投标
108	agent	一般代理人
109	general agent	总代理人

续表

序号	术语及短语	含义
110	agency agreement	代理协议
111	accumulative commission	累计佣金
112	processing on giving materials	来料加工
113	assembling on provided parts	来料装配
114	exclusive right	独家经营/专营权
115	exclusivity agreement	独家经营/包销/代理协议
116	quality	品质
117	original sample	原样
118	specifications	规格
119	duplicate sample	对等样品
120	reference sample	参考样品
121	pamphlet	宣传小册
122	sealed sample	封样
123	article No.	货号
124	representative sample	代表性样品
125	claim/claiming	索赔
126	disputes	争议
127	penalty	罚金条款
128	arbitration	仲裁
129	force majeure	不可抗力
130	arbitral tribunal	仲裁庭
131	inspection certificate of quanlity	品质检验证书
132	inspection certificate of weight（quantity）	重量检验证书
133	net weight	净重
134	gross for net	毛作净（以毛重作净重）
135	gross weight	毛重
136	capacity	容积
137	volume	体积

续表

序号	术语及短语	含义
138	more or less clause	溢短装条款（一种合同条款，允许在合同规定的数量、价格或其他条件上有一定的变动范围）
139	foreign exchange	外汇
140	foreign currency	外币
141	rate of exchange	汇率
142	hard currency	硬通货
143	direct quotation	直接标价
144	gold standard	金平价（确定全球各国货币间汇率的计算准则）
145	buying rate	买入汇率
146	fixed rate	固定汇率
147	devaluation	法定贬值
148	revaluation	法定升值
149	floating rate	浮动汇率
150	soft currency	软通货
151	indirect quotation	间接标价
152	gold standard systems	金本位制度
153	selling rate	卖出汇率
154	opening a store	开通商铺
155	releasing new products	产品发布
156	products management	产品管理
157	searching products	产品搜索
158	informing the order	订单通知
159	the selection of in-site	站内选品
160	the selection of trade	行业选品
161	the selection of kinds	种类选品
162	the selection of off-site	站外选品
163	managing the order	管理订单
164	making a deal	成交
165	the management of the account	资金账户管理

续表

序号	术语及短语	含义
166	evaluation of the deal	交易评价
167	prohibition and restriction	禁售与限售
168	intellectual property	知识产权
169	business express	商业快递
170	line logistics	物流专线
171	after-sale rules	售后规则
172	after-sale evaluation	售后评价
173	independent marketing	自主营销
174	expanding strategy	推广策略
175	sales promotion	促销活动
176	brand building	打造品牌
177	making a schedule	日程安排
178	compensation trade	补偿贸易
179	joint venture	合资经营
180	technology transfer	技术转让
181	business agency	商务代理
182	negotiating commission	洽谈佣金
183	negotiation on price	价格谈判
184	negotiating discount	洽谈折扣
185	making compromises	沟通协商
186	trademark registration	商标注册
187	making an appointment	预约
188	introducing new products	介绍新产品
189	asking price	卖方报价
190	refusing counter offer	拒绝还盘
191	ordering	订购
192	informing the shipment	出货通知
193	prompting the payment	催促付款

续表

序号	术语及短语	含义
194	postponing the payment	延期付款
195	returning the goods	退货
196	making up the loss	弥补对方损失
197	infringing the contract	违反合同

附录二　跨境电商常用专业术语（亚马逊平台）

序号	术语名称	含义及要求
1	listing（产品页面）	产品页面包含图片、标题、五点描述、产品描述、后台搜索关键词、评论和问答这七大要素。其中，亚马逊平台发布产品时可以上传 7 张产品图片，包括 1 张主图和 6 张附加图片。平台要求背景为白底，主图展示产品整体，附加图片展示产品的细节及性能。变体和单独的 ASIN 都称作一条 listing，所以一条 listing 可以指一个变体下面的五款产品，也可以指一个单独的产品。例如：如果销售的毛衣一共有五个颜色，组成了一个变体，那这就是一条 listing，我们在前台页面可以看到这五款产品绑在一块。如果销售的是一款鱼竿，只有一款单独的产品，没有颜色或者尺寸不同的产品和它一块组成变体，所以它只能单独上传，这也是一条 listing
2	title（标题）	标题需要讲清楚品牌名称、产品名称、产品卖点、产品属性及参数等
3	key product features/ bullet point（五点描述）	五点描述是卖家对产品功能、卖点、外观等五个方面进行详细的描述，补充其他重要卖点和属性的地方，目的在于让买家对产品有一个更深入的了解
4	product description（产品描述）	产品描述是对产品和服务进行更为详细的描述，可以对产品核心卖点和重要参数进行补充说明，同时也可以写售后服务、使用注意事项、包装配件等信息
5	search term（后台搜索关键词）	后台搜索关键词是卖家填入后台但不展示在前台的产品相关关键词，用来补充其他关键词的位置
6	variations（变体）	变体用于关联那些基本相同，但在一个或多个属性（尺寸或颜色等）方面不同的产品。变体分为父体（parent）和子体（child），一个变体只能有一个父体，但可以有多个子体，父体本身不是产品，父体相当于一个纽带，把子体捆绑在一块，子体就是独立的产品。和变体对应的是单独的 ASIN。例如：父体 SKU 可以写为 sweater-different color，子体如果是颜色不同就可以写为 sweater-red、sweater-white 等
7	buy box	buy box 简单来说就是黄金购物车，位于产品详细信息页面右侧的购买按钮。亚马逊根据多重因素评估卖家的绩效，合格卖家的产品有资格竞争及获得黄金购物车
8	product review	product review 是针对产品本身的评价，不涉及物流、客服质量，任何在亚马逊上的买家都可以评价，影响其他买家对产品的判断，不影响卖家绩效。可以采用打分和文字、图片、视频评论结合方式对产品进行评价。下单购买产品的买家所留在产品上的评价是 VP（verified purchase）评价，没有下单购买产品的买家也可以留评价，所留在产品上的评价不带 VP 标志
9	customer feedback	customer feedback 是指买家对店铺的评论，涉及产品、物流、客服等订单相关因素，只有下过订单的买家才能评论，并且一个订单只能评价一次，影响卖家 ODR。feedback 形式有文字、图片、视频

续表

序号	术语名称	含义及要求
10	FBA	FBA（fulfillment by Amazon，亚马逊物流），是指由亚马逊提供高标准的，包括仓储、拣货、包装、配送、客服和退货在内的所有物流服务。简单来说就是卖家订单由亚马逊仓库配送给买家。使用亚马逊物流，卖家只需将产品运送到亚马逊运营中心，亚马逊会负责取件、包装和配送，并为这些产品提供买家咨询、退货等客户服务，不过亚马逊会收取一定服务费用
11	FBA 头程	FBA 头程是指货物从国内至国外亚马逊仓库这一段运输，中间包括清关预付关税等服务
12	FBM	FBM（fulfillment by merchant，卖家自配送），是指订单由卖家自行配送给客户
13	SKU	SKU（stock keeping unit），即库存进出计量的单位，是卖家对店内产品的一个标识，每款产品都有一个 SKU，一款产品有多个颜色或者尺寸，就有多个 SKU。针对亚马逊电商而言，可以这样通俗地理解，一款产品有多个颜色，则有多个 SKU。例如：一件毛衣，有红色、白色、蓝色，则 SKU 编码也不相同，如果产品比较少可以给 SKU 命名为 sweater-red、sweater-white 等；如果是不同产品，SKU 却相同，则会出现混淆，发错货
14	UPC	UPC（universal production code）是美国统一代码委员会制定的一种商品用条码，外观是一种长度固定、连续性的条码，标准版由 12 位的 0~9 数字构成。卖家可到 GS1 官网购买 UPC。一个 SKU 需要一个 UPC，可仔细看下我们平时买商品都有一个条码，这就是用 UPC 生成的
15	EAN	EAN（European article number）是国际物品编码协会制定的一种商品用条码，由前缀码、商品项目代码、厂商识别码和校验码组成，在全世界通用
16	GCID	当卖家成功在亚马逊完成品牌备案后，亚马逊会提供一个 key attribute，自动生成十六位字符的 GCID（global catalog identifier，全球目录编码）。这个 GCID 码将等同于每一条 listing 里面的 UPC 码，UPC 码就可以省略
17	ASIN	ASIN（Amazon standard identification number，亚马逊标准标识号），是亚马逊根据 UPC 码自动生成的只适用于亚马逊的一种唯一的商品标识代码。ASIN 是亚马逊商品一个特殊的编码标识，每个商品的 ASIN 都不同。ASIN 是亚马逊随机生成的字母数字组合，一个 ASIN 可以对应多条 SKU。例如：红色毛衣的 SKU 是 sweater-red，假设既发了空运又发了海运，现在想给空运和海运的毛衣设置不同的价格，那么可以用同样的 ASIN 设置多条 SKU，sweater-red-air 和 sweater-red-sea，则这条 ASIN 下的每条 SKU 就可以设置不同的价格了

续表

序号	术语名称	含义及要求
18	ODR	ODR（order defect rate，订单缺陷率），是衡量卖家提供良好买家体验能力的主要指标。该指标涵盖在给定的 60 天时间段内存在一种或多种缺陷的所有订单占订单总数的百分比。计算方法是，在一段时间内所有涉及 1~2 星差评和纠纷（包括 A-to-Z 和退单）的订单除以这段时间内总订单数得出的这个百分比。这是账号绩效中最严格的一个指标：目标<1%，且必须达到，不然可能会被封号
19	A-to-Z	A-to-Z（Amazon A-to-Z guarantee，亚马逊索赔担保），是亚马逊做出的承诺，当买家购买由第三方卖家销售并完成的商品时，亚马逊将为其提供担保，如果买家不满意第三方卖家销售的商品或服务，买家可以发起 A-to-Z 索赔，保护自己的利益
20	KYC 政策	KYC（know your customer，充分了解你的客户）政策，旨在加强对账户持有人的审查。KYC 政策不仅要求金融机构实行账户实名制，了解账户的实际控制人和交易的实际收益人，还要求对客户的身份、常住地址或企业所从事的业务进行充分的了解，并采取相应的措施，了解资金来源合法性。一般 KYC 审核要求提供的资料如下：公共事业单位开具的以公司名称为开头的水电煤话网账单；公证处公证过的法人身份证和户口本；公证处公证过的公司营业执照
21	CPC	CPC（cost per click，点击付费）：每点击一次付费，卖家仅为用户点击广告的行为付费，而不再为广告的显示次数付费。买家搜索关键词看到广告位以后，点击进入就形成一次收费，所以 CPC 也表示点击一次的成本
22	HAS	HAS（headline search ads，标题搜索广告）：可在买家关键词搜索结果页面优先展示卖家的广告，这个广告位有利于推动销售和增加品牌知名度。它包含了一个品牌店铺介绍和 3 个产品详情页，适用于品牌商
23	product display ads	product display ads（产品展示广告）：产品展示广告拥有多个展示区域，可以展示在产品详情页面的侧面和底部、买家评论页、亚马逊以外的网站以及优惠信息页面顶部，甚至还可以出现在竞争对手的产品详情页面上
24	ACOS	ACOS（advertising cost of sale，广告成本销售比）：是用来衡量卖家在亚马逊市场的广告投入表现的关键指标，即在广告上的支出占销售收入的比例。ACOS 值=广告花费/销售额×100%，是判断一个广告优劣的重要因素，在不考虑其他因素的情况下，ACOS 值越小越好
25	CTR	CTR（click through rate，点击率）：每次展示会带来多少次点击。CTR 值=实际点击次数/展示量。例如：广告曝光 1000 次，点击 10 次，CTR 就是 1%

续表

序号	术语名称	含义及要求
26	best seller	best seller 简单来说就是销量第一。有 best seller 标识的产品，排名第一，就意味着在该产品同一个产品类目中，这个产品近期的销量比其他任何产品都要好
27	Amazon's choice	Amazon's choice 字面意思就是亚马逊精选。Amazon's choice 是亚马逊给买家推荐的一些产品标识，为了让买家在购物时节省时间。亚马逊系统会根据 listing 的表现而给部分产品分配 Amazon's choice 这个标识。有 Amazon's choice 这个标识的产品，会被亚马逊自己开发的 Alexa、Echo AI、Echo 和 Echo Dot 等硬件收录到语音购买的推荐里去
28	new releases	new releases（新品热销产品），即上架时间不太久的新品，在某个类目下，给销售最好的 listing 的一个奖励标识（这里的销售最好是在同一类目下与它上架周期上架时间相近的产品进行比较）
29	add-on item	add-on item（我们通常称为凑单商品），这类商品通常售价比较低，对买家来说非常划算，一般来说这类商品都是一些很小的便宜商品，如剪刀、灯泡、香皂等。add-on item 需要和其他商品同时购买，或者全部只购买 add-on item，只要总金额（包括 add-on item）超过 25 美元就行。不能单独购买是这个标识的弊端，也会影响产品的转化率
30	sessions（访问量）	官方解释：Sessions are visits to your Amazon. com page by a user. All activity within a 24-hour period is considered a session. 可以理解为独立 IP 访问量。在 24 小时之内，一个 IP 访问某个页面不管点击几次都只计算一次。
31	impression（曝光量）	impression 是产品展示在买家浏览界面的次数，只能通过广告报表查看
32	click（点击数）	click 是买家点击产品的次数，由于同一 IP 可以多次访问同一产品形成多次点击，所以 session 值通常小于 click 值
33	CVR	CVR（conversion rate，转化率）：session 出现 10 次，出单 1 次，CVR 就是 10%
34	coupon	coupon 是用以享受某种特价或优惠的“折价券”，是卖家在后台设置的，给予买家固定金额优惠或者是比例优惠的折扣券，这个优惠券有专门的流量入口可以领取，所以买家既可以从亚马逊 coupon 专区进入，也可以在浏览商品的时候看是否有优惠券
35	sponsored products	sponsored products 是亚马逊的产品广告，是依靠关键词的竞价排名，和淘宝直通车、百度竞价等类似，设定关键词，设定价格，关键词被搜索时有机会展现产品，被点击时付费
36	CPA	CPA（cost per action）指的是成交一单所花费的广告成本，如果 CPA 超过毛利，就说明这个广告尽管带来了出单但是仍然是亏钱的

续表

序号	术语名称	含义及要求
37	hot new releases	hot new releases 是亚马逊提供的“热点最新产品”。它出现在小类排名页面的第三行左边位置，点击它可以不仅了解到正在热卖的产品，还可以根据畅销品清单预测到下一批热销的产品。new releases 标识是奖励那些某一个类目下，新版本中销售最好的 ASIN 产品，可以有效地提升 2%~5%转化率。new releases 定义根据每个类目不同而不同，主要是以上架的时间或者发布的时间为依据。也可以通过人工刷新获取 new releases 标志
38	分类审核	为了确保买家在亚马逊购物有高质量的体验，特定商品和品类必须经过亚马逊的批准，即分类审核。分类审核通过之后，再发布此类的商品和品类就无须再经审核，直接发布
39	prime	prime 是指亚马逊会员体系，亚马逊官方会给予会员配送费优惠，还有会员促销活动优惠等。会员服务（$99 年费），任何亚马逊自营（sold by Amazon）或者负责物流（FBA）的商品，无论价格多少，均享受免费两日送达服务
40	亚马逊全球开店	亚马逊全球开店是国内的卓越亚马逊针对国内卓越亚马逊卖家推出的辅助在全球亚马逊开店的帮助计划，前提是需要卖家的身份是公司性质
41	品牌备案/品牌备案 2.0	品牌备案是指在亚马逊上申请品牌保护。在亚马逊品牌备案后可获得 GCID 码来取代 UPCs 以及 EANs，GCID 是独一无二的！到哪个国家都一样，不像 ASIN，到不同的国家会有不同的数值！亚马逊是用这个 GCID 值来检查能不能跟卖！申请品牌备案是最好的防跟卖的方式。同时品牌备案后还可以添加 A+页面，同时如果 listing 出现问题，还可以联系品牌卖家支持，发起品牌卖家 case（通常指卖家在平台上遇到的具体问题、咨询或请求，比如关于订单、产品、账户管理等方面的问题，他们向亚马逊提交这些问题以寻求帮助或解决方案），相比于普通卖家处理权重更高
42	Amazon business	Amazon business 是亚马逊推出的类似 B2B 批量采购的项目，企业卖家可以申请注册成 Amazon business seller，企业买家可以注册成 Amazon business customer。对于在亚马逊注册过的企业买家，可以享受 Amazon business seller 所设置的批量折扣，而注册 Amazon business seller 的卖家可以提高店铺的权威性

附录三 外贸常见缩略词

序号	缩略词	英文全称	中文全称
1	CFR	cost and freight	成本加运费价
2	T/T	telegraphic transfer	电汇
3	D/P	document against payment	付款交单
4	D/A	document against acceptance	承兑交单
5	C. O	certificate of origin	一般原产地证
6	G. S. P.	generalized system of preferences	普惠制
7	CTN/CTNS	carton/cartons	纸箱
8	PCE/PCS	piece/pieces	只、个、支等
9	DL/DLS	dollar/dollars	美元
10	DOZ/DZ	dozen	一打
11	PKG	package	一包、一捆、一扎、一件等
12	WT	weight	重量
13	G. W.	gross weight	毛重
14	N. W.	net weight	净重
15	C/D	customs declaration	报关单
16	EA	each	每个，各
17	W	with	具有
18	W/O	without	没有
19	FAC	facsimile	传真
20	IMP	import	进口
21	EXP	export	出口
22	MAX	maximum	最大的，最大限度的
23	MIN	minimum	最小的，最低限度的
24	M 或 MED	medium	中等，中级的
25	M/V	merchant vessel	商船
26	S. S	steamship	船运
27	MT 或 M/T	metric ton	公吨
28	DOC	document	文件，单据
29	INT	international	国际的

续表

序号	缩略词	英文全称	中文全称
30	P/L	packing list	装箱单，明细表
31	PCT	percent	百分比
32	REF	reference	参考，查价
33	EMS	express mail special	特快专递
34	STL.	style	式样，款式，类型
35	T 或 LTX 或 TX	telex	电传
36	RMB	renminbi	人民币
37	S/M	shipping marks	装船标记
38	PR 或 PRC	price	价格
39	PUR	purchase	购买，购货
40	S/C	sales contract	销售确认书
41	L/C	letter of credit	信用证
42	B/L	bill of lading	提单
43	FOB	free on board	离岸价
44	CIF	cost insurance and freight	到岸价
45	CR	credit	贷方，债主
46	DR	debt	借贷方
47	Exp	expense	花费，费用
48	OH	overhead	常用开支
49	TC	total cost	总费用
50	FC	fixed cost	常设费用
51	VC	variable cost	变动费用
52	P	profit	净利润
53	S	sales	销售总额
54	Rev	revenue	利润
55	MC	marginal cost	费用差额
56	GM	gross margin	毛利
57	MR	marginal revenue	利润差额
58	AR	account receivable	待收款

续表

序号	缩略词	英文全称	中文全称
59	AP	account payable	代付费
60	PMT	payment	支付款
61	NI	net income	纯收入
62	AMT	amount	数额
63	DCT	discount	打折

参考文献

[1] 伍蓓．跨境电子商务概论［M］．北京：人民邮电出版社，2022.
[2] 张谦，王会芳，王蕾．跨境电商多平台操作实务（微课版）［M］．北京：人民邮电出版社，2021.
[3] 创想外语研发团队．商务精英：跨境电商英语必会口语表达［M］．北京：中国水利水电出版社，2018.
[4] 创想外语研发团队．商务精英：高频商务语汇、金句一本通［M］．北京：中国水利水电出版社，2018.
[5] 阿里巴巴（中国）网络技术有限公司．从 0 开始：跨境电商实训教程［M］．北京：电子工业出版社，2016.
[6] 刘瑶．跨境电商运营实务（微课版）［M］．北京：人民邮电出版社，2021.